B. J. Hermann

Katharina Lutherin geb. von Bora

Vom Teppich meines Lebens

ML

1517

B·J·HERMANN

KATHARINA LUTHERIN
GEB. VON BORA

VOM TEPPICH MEINES LEBENS

eine luther chronik

KOEHLER
HERFORD

CIP-Kurztitelaufnahme der Deutschen Bibliothek
Hermann, J. B.:
Vom Teppich meines Lebens: e. Luther-Chronik / von J. B. Hermann. – Katharina Lutherin geb. von Bora. – 3. Aufl. – Herford: Koehler, 1983.
ISBN 3-7822-0290-2
NE: Luther, Katharina (Angebl. Verf.); HST

ISBN 3 7822 0290 2

Umschlag, Einband und Innentitel
wurden von Martin Andersch, Hamburg
unter Verwendung von Holzschnitten von Lucas Cranach d. Ä.
und Drucker-Ornamenten der Zeit gestaltet
Gesamtherstellung: Mohndruck Graphische Betriebe GmbH, Gütersloh
Printed in Germany

Was die Chronik erzählt

Verzeichnis der Bildbeigaben

Zu Wittenberg im Schwarzen Kloster, den 18. 4. 1546

SELTSAM, wie die Leute von Wittenberg acht Wochen nach dem Hinscheiden des Doktors Martinus Luther sich mir gegenüber verhalten! In den ersten Wochen nach jenem für mich so dunklen Sterbetage des Doktors sagte mir jeder, wie sehr ihm meine Betrübnis leid tue. Heute gebärdet man sich so, als müsse man an jener Betrübnis und ihrer Ursache ängstlich vorbeigehen, wohl in der Meinung, es sei mir bitter, daran erinnert zu werden.

Ich bedarf nicht des Vergessens. Ich würde schwach werden für das Leben, das mir als einer Witwe bestimmt ist, wenn ich danach strebte und es gelänge mir, meinen Doktor aus meinem Leben auszuschalten.

Freilich, der Tod führt ein grausames Schwert. Wenn ich seinem starken Anschein glaube, so hat er auch den schmalsten Steg von mir zu meinem Doktor zerschlagen. Aber ich gehöre zu denen, die dem Tode solch vernichtende Macht nicht glauben.

Nicht als ob ich seit jenen Todestagen einfach die Augen geschlossen hätte vor dem, was mit dem leiblichen und scheinbar auch geistigen Wesen meines Doktors geschehen ist. Auch ich erstarrte, als die Nachricht zu mir kam. Und nachher lösten sich Schrecken und Qual in Tränen und Klagen, und wochenlang war ich so einsam wie eine Hütte im Weinberg. Denn auch ich habe erfahren müssen, daß der

Herr Gott mit den Hinterbliebenen umgeht, als habe er alle Welt und alles Leben auf ein Unmaß von Schmerzen gegründet, als habe er dem Tode anheimgegeben, den Lebenden einen letzten noch möglichen Schmerz anzutun.

Aber nun ist mir geschehen, daß von einer gewissen Nacht an die Wolken des Schweigens langsam sich öffnen, wie ein schmalster Türspalt zuerst. Jenseits vernahm ich eine Stimme, so leise, daß ich angestrengt lauschen mußte, und den Sprechenden sah ich nicht. Dann aber, mit jeder Nacht deutlicher, hörte und erkannte ich die Stimme meines Doktors. Zuletzt öffnete sich die Tür ganz und gar, und ich sah den Sprechenden mit diesen meinen Augen und sehe ihn seitdem. Anders zwar sehe ich ihn als etwa meine Kinder, den Wolf Sieberger oder einen der Professoren. Ich habe keine Worte dafür, höchstens, daß ich sagen könnte, mein Doktor ist in eine andere Gestalt getreten. Nein, nicht in eine andere Gestalt, vielmehr kommt er in derselben Gestalt, aber sie ist ... wie ein Bergkristall ist sie, wie das Durchscheinende und Leuchtende eines Tautropfens in der Morgenstunde.

Vom klösterlichen Frieden einer Braut Christi und von einem Mönch, der mit Gott und dem Teufel ringen mußte.

Als ich ein Mägdlein war, gerade fünf Kinderjährlein, starb mir die rechte Mutter.

Damals hätte mein lieber Herr Vater bei den Sorgen um sein kränkliches Gut Lippendorf der Hausmagd mich anvertrauen müssen. Jedoch mein Herr Vater besaß Einsicht genug, zu wissen, Magd sei Magd, es sei denn, sie habe ein großes, mütterliches Herz. Aber auch in der Obhut einer guten Magd hätte ein Kind von fünf Jahren nach dem Vater gerufen, um Liebe, Aufwartung, Spiel, Märlein und dergleichen. Dann hätte der mit der Arbeit des Tages hart beladene Vater gesagt: »Auf den Abend, Käthe.« Und wäre auf den Abend nicht gekommen, weil dies und das noch zu tun blieb in Hof und Stall. Zu schweigen von Lehre und Zucht!

Also gab der Herr Vater mich ins Kloster, nicht zunächst, mich eine Nonne werden zu lassen, sondern weil im Kloster für Aufwartung, Zucht, Lehre, auch Märlein und Spiel genug der Frauen waren.

Das geschah Anno 1504. Ich wurde Pflegekind bei den Klosterfrauen des heiligen Sankt Benedictus zu Kloster Brehna. Vier Jahre zahlte mein Vater dort für meines Leibes und der Seele Notdurft.

Wie mir dort geschehen ist, weiß ich nicht mehr zu berichten. Zuweilen kommen mir Träume, verworren wie Blockflöten, die von vielen Bergen herab eine jede für sich auf mich einspielen. Da sind Klosterfrauen, Kinder, kalte, dunkle Korridore, Kirchenschiffe, Kirchenbänke, Schulzimmer, Gesang, Gebet, Spiel und Strafe, Sonne und Schnee, Blumen in Gärten und Frieren in zugigen Stuben. Aber ich weiß nicht, wohin eigentlich die Träume gehören, ob nach Kloster Brehna oder nach Kloster Maria Thron zu Nimbschen.

Maria Thron ist meine zweite Herberge geworden nach den vier Jahren im Kloster des heiligen Sankt Benedictus zu Brehna. So mag es geschehen, daß Kloster Brehna und Kloster Nimbschen ineinanderfließen.

Anno 1504, das Jahr meines Eintrittes ins Kloster! Heute macht mich diese Zahl still, besinnlich, staunend und dankbar. Damals wußte ich nichts von ihrer Bedeutung für mein ganzes Leben. Ahnungslos begann ich einen Weg zu gehen, dem ein sicheres Ziel bestimmt war. Als ein Kind lebte ich in beständiger Gegenwart.

Anno 1505! Zu Erfurt promoviert ein Baccalaureus der Freien Künste zum Magister, ein gewisser Martinus Luther, im Januar dieses Jahres.

Derselbe Magister klopft den siebzehnten Juni 1505 an die Klosterpforte der Augustiner-Eremiten zu Erfurt, legt sein weltliches Gewand ab, wird Novize und beginnt die zwanzig ihm bestimmten Jahre als ein Mönch »mit Beten, Fasten, Wachen und Frieren, daß ich allein vor Frost möchte gestorben sein, und mir so wehe getan, als ich nimmermehr tun will, ob ich gleich könnte«.

Das Mägdlein Käthe von Bora ward ins Kloster getan, weil ihm die Mutter fehlte. Die Klosterfrauen sind ihm Mutter geworden. Not des Leibes und der

Seele hat das Kind kaum oder gar nicht gekostet, damals bei den Benedictinerinnen zu Brehna oder bei den Zisterzienserinnen zu Nimbschen. Der Herr Vater zahlte seine Gulden, die Klosterfrauen gaben mütterliche Liebe, eine jede nach ihrer Art, soviel sie vermochten. Darüber waltete der Herr Gott. Er wohnte ja bei uns im Kloster als ein guter Herr und Erzabt, dessen die Kinder fast nur Gutes sich versahen. Wie im Paradies war es, wo der Herr Gott nach dem Rechten sah bei Tag und Nacht. Dafür erfreuten ihn die Kinder mit der klösterlichen Zucht, mit Schweigen bei Tisch und im Schlafsaal, mit fleißigem Abc, mit den Rechenkünsten des Adam Riese und mit dem Latein des Meisters Donat, mit Zwetschgen, die man tapfer liegen ließ unter den Bäumen im Garten und mit sonstigem Artigsein, Beten, Singen, Beicht und Rosenkranz, Fähnleintragen am Tage Fronleichnam und Tränen am Schwarzen Freitag in der Marterwoche. Ach ja, alles war schön und rund, ordentlich, wohl bemessen und sicher, daß wir aus Herzens Grunde singen mochten:

»Himmelreich, ich freu mich din,
daß ich da mag schauen
Gottvater und die Mutter sin,
unser schöne Frauen,
dazu Engelein mit Krone,
die singen gar in süßem Tone.
Des sind sie fröhlich.
Gottvater und die Mutter sin,
Hüt' euch für Sünden,
das ist tugendlich.«

Und das Himmelreich, das war ja schon um uns, wir fühlten es in uns, wir Kinder ohne Arg. Noch hatten wir kein Ohr für die Versucherstimme: »Sollte Gott gesagt haben ... ?«

Aber der andere, Frater Martinus bei den Augustiner-Eremiten zu Erfurt! Zu gleicher Zeit!

»Wahr ist's, ein frommer Mönch bin ich gewest und so gestrenge meinen Orden gehalten, daß ich sagen darf: Ist je ein Mönch gen Himmel kommen durch Möncherei, so wollt ich auch hinein gekommen sein. Das werden mir zeugen alle meine Klostergesellen, die mich gekennet haben. Denn ich hätte mich, wo es länger gewährt hätte, zu Tode gemartert mit Wachen, Beten und anderer Arbeit.«

Ich sage, dem Mägdlein Käthe von Bora fehlte die Mutter, so tat man es in ein Kloster, auf daß es viele Mütter habe. Dem Doktor Martinus Luther hat der Vater gefehlt. Nicht der leibliche Vater. Der sorgte sich daheim als ein bescheidener Bergmann genug um den Sohn. Sondern der Vater, zu dem wir beten: »Der du bist im Himmel.« Nicht als ob mein Doktor durch sündiges Aufbegehren seinen Vater Gott verloren hätte. Vielmehr so, wie mein Doktor oftmals mir gedeutet hat: Seine leiblichen Eltern hätten ihn so gar streng gehalten, daß er darüber ein zaghaftes Büblein geworden sei, obwohl die Eltern es herzhaft gut gemeint hätten mit ihm. »Aber ihr ernstes und gestrenges Leben, das sie mit mir führten, das verursachte mich, daß ich danach in ein Kloster lief und Mönch wurde.« Denn wenn schon die Mutter oder der Vater um einer Nuß willen oder aus anderer geringer Ursache ihn stäupten und blutig schlugen, wie viel mehr mußte der schrecklich gerechte Gott Fehl und Sünde sehen und stäupen! Dieser schrecklich gerechte Gott forderte Heiligkeit. Aber des Leibes Schwachheit, die Versuchungen der Welt, des Teufels Arglist und Bosheit, die allesamt Behausung hatten im Herzen, Gott und der geforderten Gerechtigkeit zuwider, die waren dem jungen, ernsten und ängstlichen Menschen Ursache vielerlei Not und Qual. Und da der heilige Gott mit Zorn, Blitz, Donner und Tod neben den frommen und ach so lebensfrohen Scholaren sprang, da war es gar aus, da stammelte der erschütterte Mensch: »Hilf, heilige Mutter Anna, ich will ein Mönch werden!«

Und wurde ein Mönch.

Der wollte Buße tun, wollte Werk auf Werk häufen, bis der gerechte Herr die Schuld für bezahlt und abgegolten erkennen wollte und danach das andere Gesicht seines Wesens herwandte: das Gesicht des gütigen himmlischen Vaters. Bis dahin mußte und wollte Magister und Frater Martinus Luther den fast grausam harten und, wie er glaubte, einzigen Weg gehen. Danach gab es den Frieden.

Über Klosterpforten stand ja das Wort »Pax« geschrieben, drei Buchstaben nur, aber so voller Verheißung, daß es sich lohnen mußte, anzuklopfen unter dem Wörtlein »Friede«.

Ich, meines Doktors Ehegemahlin, kann bezeugen: Hat einer um diesen Frieden sich abgemüht, so ist es der Luther gewesen, nicht nur als Mönch im Kloster, bis an seinen Tod. Da erst hat sich seines Lehrmeisters Sankt Augustinus Wort vollendet: »Unruhig ist unser Herz, bis es Ruhe gewann in dir.«

Das Wörtlein Pax hat manch friedloses Fischlein wie mit einer Angel gelockt und gefangen. Käthe von Bora bedurfte der Angel nicht. Ohne Begreifen und Wollen stand sie eines Tages im Kloster und besaß mühelos fast alles, was ein Kinderherz begehren kann. Ich lebte nicht wachend wie Frater Martinus, träumend wuchs ich dem Bräutigam Jesus Christus entgegen, ganz erfüllt davon, daß der himmlische Bräutigam meiner wartete. Wie geschrieben steht im Hohen Liede Salomonis: »Siehe, er steht hinter unserer Wand, sieht durch das Fenster und guckt durch das Gitter: Steh auf, meine Freundin, meine Schöne, und komm her!«

Oh, ich wußte nichts von irdischer Liebe und war doch angefüllt mit Liebe. Der Liebe Gottes war ich gewiß.

Martinus Luther hingegen? Er flüchtete ins Kloster. Aber der Jäger, vor dem er flüchtete, ist ihm nachgestiegen. Gott hat nicht nachgelassen, mit Pfeil und Speer nach ihm zu schießen. Den Frieden, den der Mönch erhoffte, fand er nicht. Sondern der Angst, des Quälens, des Verzagens und also des Unfriedens ward immer mehr. »Ich habe auch wollen ein heiliger und frommer Mönch sein und habe mich mit großer Andacht zur Messe und zum Gebet bereitet. Aber wenn ich am andächtigsten war, so ging ich ein Zweifler zum Altar, ein Zweifler ging ich wieder davon. Hatte ich meine Buße gesprochen, so zweifelte ich doch, hatte ich sie nicht gebetet, so verzweifelte ich abermals. Denn wir waren schlicht in dem Wahn, wir könnten nicht beten und würden nicht erhört, wir wären denn ganz rein und ohne Sünde wie die Heiligen im Himmel.«

Ist solche Not Ursache geworden »der dunklen Nacht der Seele«?

Oder hat der Herr Gott selber all seine Nächte auf den armen Mönch geworfen?

Oder war die dunkle Nacht der Seele vielmehr schon Erbarmen?

Über Tisch hat mein Doktor einmal gesagt: »König

David hat unserem Herrn Gott können gute Worte geben und sagen Miserere mei Deus! Das konnten die anderen nicht tun, und damit brach er auch unserem Herren Gott das Herz.« Der Mönch hat dem Herren Gott damals das Herz nicht brechen können mit noch so viel Miserere mei!

Später hat mein Doktor von dieser Zeit sagen müssen: »Die Peinen waren so groß und höllisch, daß keine Zunge es aussprechen, keine Feder niederschreiben, keiner glauben kann, der es nicht selber gelitten. Da gibt es keine Flucht, keinen Trost, weder von innen noch von außen, sondern ringsherum allein Anklage und Verdammnis. Da spricht der Mensch weinend: Verworfen bin ich vor Deinen Augen. Da gibt es keinen Winkel in der Seele, der nicht erfüllt wäre von bitterster Bitterkeit, Schrekken, Entsetzen, Trauer, alles unendlich, ewig. Es ist eine Höllenqual, solch unerträglicher, allen Trostes barer Schrecken. Und brennt weit heftiger innen, als ein äußerlich Feuer brennt.«

Ich hörte von Meister Ekkehard die Worte: »So verwunderlich der Menschen Sinn ist, so verwunderlich ist der Weg zu Gott. Den einen zieht er mit Lust zu sich und andere mit Ungemach und Schlägen.«

*

So weit gedieh mir das Schreiben vor fünf Nächten. Indem ich die letzten Worte schrieb, trat mein Doktor Martinus so groß und klar in die Stube, da ich saß, daß ich des Schreibens unmächtig wurde.

Ich sah ihn als einen, der der ganzen Menschheit Not zu tragen hat in seinem einen Herzen, auf seinen zwei alleinigen Schultern.

Ich legte die Feder auf den Tisch, neben meines Doktors Ehering. Ich schloß die Augen.

Ich sah den Kreuzträger Luther.

Wie klein und schwächlich war ich neben ihm, ich, die doch Gesellin hätte sein müssen diesem Manne, die in sein Herz hatte schauen dürfen und müssen wie sonst keiner!

Danach sind die Tage hart gewesen. Zu Bergen steigen mir Sorgen auf und wachsen noch zu jeder Stunde. Nun der heutige Tag mich entließ zur stillen Nacht, will ich der Sorgen nicht mehr achten. Viel zuwenig habe ich meines Doktors Zuversicht mir zu eigen gemacht, ein jeder Tag werde schon Sorge tragen für das Seinige.

An einem Abend vor Zeiten, da er noch mit mir war, las mein Doktor mir eine Mahnung des Meisters Ekkehard, daß ich sie wohl bedenke: »Laß Gott wirken in dir, dem gib das Werk und bekümmere dich nicht, ob er wirkt mit der Natur oder über der Natur! Beide sind sein, die Natur und die Gnade. Was geht es dich an, womit es ihm gefällt zu wirken oder was er wirke in dir oder in einem andern? Er soll wirken, wie oder wo oder in welcher Weise es ihm gefällt.«

Spät vernahm ich diese Mahnung, spät habe ich das Wirken Gottes erkannt. Aber seitdem höre ich den Herren Gott wirken am Teppich unseres Lebens.

Mein Herr Vater hat Anno 1505 zum anderen Male geheiratet, um der Kinder und des Gutes Lippendorf willen. Nicht um meinetwillen. War ich doch in guten Händen, und meine Stiefmutter dachte nicht daran, mich zurückzuholen nach Lippendorf. Mein Herr Vater und die neue Gutsherrin mußten gar gering und genau rechnen. Ein Esser mehr am Tische, und sie wären nicht mehr zu Rande gekommen. Denn das Gut Lippendorf ging den Krebsgang. Bald schon kam es dort an, wo der Gutsherr zum »armen Konrad« gezählt wurde. Von seiner Habe blieb gerade genug, das kleine Gut Zülsdorf erstehen zu können.

Von da an langten die Gulden nicht mehr, dem Kloster Brehna Entgelt zu leisten für der Tochter Notdurft.

Aber es fand sich Hilfe: Zu »Maria Thron« im Kloster der Zisterzienserinnen bei Nimbschen regierte als Äbtissin die Ehrwürdigste Mutter Abatissa von Haubitz, eine Schwester meiner rechten Mutter. Was in Brehna nicht geschehen mochte um Gottes Lohn, das war im Kloster zu Maria Thron möglich um des Blutes willen: Käthe von Bora siedelte von den Benedictinerinnen über zu den Zisterzienserinnen des Klosters Maria Thron. Anno 1508.

O Teppich unseres Lebens! O der Meister, der ihn geknüpft hat! Im selben Jahre 1508 ward der Augustiner-Eremit und Magister der Freien Künste zu Erfurt nach Wittenberg beordert, Mönch zu sein im dortigen Schwarzen Kloster und Lehrer der Freien Künste an der Hohen Schule, die unser weiland gnädigster Herr Kurfürst Friedrich 1502 gegründet hatte.

Dem jungen Mönch und Magister war das nicht genehm. Aber als Mönch folgte er gehorsam, vertraute der Vorsehung Gottes, und also konnte er einem Freunde schreiben: »So bin ich denn jetzt auf Befehl oder doch mit dem Willen des Herrn zu Wittenberg. Wollt Ihr von meinem Ergehen Kunde haben: Dem Herren sei Dank, ich befinde mich wohl. Aber mir ist ein Lehramt aufgedrungen worden, sonderlich die Philosophia, die ich von Anfang an am liebsten vertauscht hätte mit der Theologia, eine

Theologia, die den Kern der Nuß, das Innere des Weizenkorns, das Mark des Knochens ergründet. Aber Gott ist Gott, wir Menschen irren oft, vielmehr stets in unseren Ratschlägen. Dieser ist unser Gott. Freundlich wird er uns leiten immerdar.«

Auf solche Weise hat der Herr Gott den Doktor Martinus in das Schwarze Kloster zu Wittenberg geführt, wo hernach einmal unser beider Leben in eines zusammenfließen sollte. Darüber mußten noch etliche Jahre vergehen. Indessen lebten der Mönch und die Käthe unter Gesetzen klösterlichen Lebens, gleichen Grundes und gleicher Weise, aber eines jeden innerliches Leben war anders getan.

In dem einen klagte es wie im Propheten Jeremia: »Ich bin ein elender Mann, der die Rute seines Grimmes sehen muß. Er hat mich geführt und lassen gehen in die Finsternis und nicht ins Licht. Er hat seine Hand gewendet gegen mich und handelt gar anders mit mir für und für. Er hat mir Fleisch und Haut alt gemacht und mein Gebein zerschlagen. Er hat mich verbaut und mich mit Galle und Mühe umgeben. Er hat mich in Finsternis gelegt wie die, die längst tot sind. Er hat mich vermauert, daß ich nicht heraus kann, und mich in harte Fesseln gelegt.«

So hat mein Doktor den Propheten verdolmetscht und hat sich selbst dazu bekannt: »Ich kannte Christum nicht anders denn als einen strengen Richter, vor dem ich fliehen wollte und konnte doch nicht entfliehen. So riet mir mein Prior Staupitz oft: Wenn du über die Vorherbestimmung disputieren willst, so fang bei den Wunden Christi an, dann wird auf einmal die Disputatio über die Vorherbestimmung aufhören.«

Aber bis solch ein Disputieren ein Ende nahm,

mußte der Mönch durch greuliche Finsternis. Die Finsternis ist Gnade gewesen. Die großen Werke Gottes geschehen in Nächten, wie zu lesen steht: »Es war finster auf der Tiefe, und der Geist Gottes schwebte auf dem Wasser. Und Gott sprach: Es werde Licht! Und es ward Licht.«

Mich aber hat der Herr Gott wachsen lassen, einfältig, wie die Blumen auf dem Felde wachsen. Ich fürchtete den Herren Christus nicht, ich lief ihm nicht davon, ich meinte, allüberall ihm in die Arme zu laufen. Lasen wir unbeschwerten Jungfräulein doch in des Thomas a Kempis Nachfolge Christi: »Eija, gläubige Seel, bereite diesem Bräutigam dein Herze, damit es erwürdigt werde, daß er zu dir komme und wohne in dir! Gib Christo Raum, allen anderen versage dich! Wenn du Christum hast, bist du reich und zufrieden. Er selbst wird für dich sorgen, ein getreuer Fürsorger. So hast du nicht nötig, auf Menschen zu hoffen.«

Auch ich hatte Anfechtungen zu bestehen. Aber sie waren meistens nur lästig wie Blindfliegen am Rande des Klosterwaldes. Sie standen nicht auf aus gelehrtem Studium heiliger Schrift, noch aus Zweifel und Angst, sondern allein aus den kleinen und großen Schwachheiten der Klosterschülerin oder der jungen Nonne. Die wollte ja vor lauter Heiligsein gar aus einer Mücke einen Elefanten machen und kam sich groß wichtig dabei vor. Aber mein guter und ernster Beichtvater hat es mir abgenommen und getadelt in der Beichte: »Zehn Gebote hat der Herr Gott gesetzt. Was machst du zwanzig daraus und diese aus Strohhalmen? Sieh zu, daß du über deinen Strohhalmen nicht purzelst in eine Grube, darin Bosheit auf dich lauert, dich zu einer echten Sünderin zu machen! Wer Sünde macht, was nicht Sünde ist, wächst groß heran bis zum Pharisäer, er reinigt die Schüssel von außen, wo doch sein Herz das garstige Gefäß ist.«

Woher sollten mir andere Anfechtungen kommen, als ich genannt habe? Von mancherlei Unheil im Reiche Gottes erfuhren wir zu Maria Thron kaum ein Geringes. Das Kloster mit seiner strengen, sauberen Lebensweise war für uns ohne allen Zweifel »das Reich Gottes, das Reich Christi, die Kirche«, zumindest heiliges Land. Jenseits der Klostermauern lag das böse Reich dieser Welt. Drang aber bisweilen doch ungute Botschaft zu uns in die reine klösterliche Luft, etwa aus Rom, so hielten wir sie für üble Nachrede, vom Teufel angestiftet, Gottes Reich zu beleidigen und unseren Klosterfrieden zu stören. Zwar unsere Äbtissin von Haubitz, dazu die Priester, die uns predigten, warnten uns vor der bösen Welt, die wir nicht kannten. Sie wußten diese Welt wirklich und gefährlich nahe bei der Klostermauer: An Kirchweihtagen hörten wir sie über die Mauer her dudeln, pfeifen, singen, tanzen. Manche Klosterfrauen hielten sich vorsichtig oder angewidert die Ohren zu. Aber wir, noch Mägdlein oder Jüngferlein, fanden die jenseitige Welt gar nicht so böse. Manch eine von uns jungen Dingern kletterte geheim auf die Mauer, berichtete uns, was sie erspähte, und wir tanzten hinter einem uns verbergenden Heckenrosenbusch zur Musik aus der jenseitigen Welt und hatten unsere reine Freude. Später, als ich zur Klosterfrau eingesegnet war, lauschte ich der Musica wohl auch, hielt das aber einer Braut Christi für unwürdig und trug es beschämt in die Beichte. Nein, mehr wußte ich nicht von der bösen Welt. Daher wohl war mir das Klosterleben so einfach und fast leicht, daß ich weder an Brehna noch an Maria Thron Erinnerungen habe, die auch nur sehr entfernt wären den Erlebnissen und Erfahrungen des Mönches zu Wittenberg. Und so sehr war ich einig mit klösterlicher Weise, daß ich nicht recht hätte gehen, stehen und Habit tragen können, wäre mir Befehl geworden, außerhalb der Klostermauern über eine Straße oder gar einen Markt mich zu bewegen. Hin und her geschwankt wäre ich wie ein Kind ohne Mutterhand, wie ein Bäumlein ohne Pfahl und Band, hätte nicht gewußt, wohin mit den Händen, meine Augen wären mir in den Kopf gesunken vor Scham unter den vielen weltlichen Blicken der Männer, der Frauen und der Kinder.

Was Wunder, daß ich ein einfältiges Nönnlein gewesen bin! Zufrieden mit der klösterlichen Weise, hielt ich mein Leben für den höchsten Gottesdienst. Er füllte mich aus und verhieß mir Gottes Gnade und am Ende seinen Lohn.

Und so habe ich mich einsegnen lassen zur Zisterzienserin des Klosters Maria Thron am 8. Oktober 1515.

Danach ist im Kloster lange Zeit nichts Großes mehr geschehen an mir, in mir und um mich her. Hie und da verschwand lautlos eine Klosterfrau, keiner wußte, wohin, wenige nur, aus welcher Ursache. Ich forschte wohl die Ehrwürdigste Mutter aus oder die Siechenmeisterin, meine Tante Magdalena von Bora. Sie sagten nur: »Bete für die unglückliche Braut Christi!«

Die Klostertage liefen ab an der Kette des bunten Kirchenjahres, auch an der gleichmäßigen Kette der vierundzwanzig Stunden eines Klostertages wie die

Perlen an unseren langen Rosenkränzen. In fester Ordnung wiederholte sich alles, die Hochfeste mit ihren Zeiten, im Chor die Stundengebete mit der Prim am Morgen und der Komplet am Abend. »In deine Hände, Herr, befehle ich meinen Geist«, das war in Summa der Inhalt meines Lebens.

Bis zur Heiligkeit habe ich es nicht gebracht. Andere gaben sich redlichere Mühe, dahin zu gelangen. Ich bin jedoch keine schlechte Klosterfrau gewesen, ob auch der Fehler genug in mir saßen: ein groß redseliges Mundwerk, daran später mein Doktor Martinus seinen reichlichen Ärger und auch Spott und Freude hatte, dazu Besserwissen, Trotz, Härte, Junkerinnendünkel, der Herr Gott weiß wohl noch mehr zu zählen. Er weiß aber auch, wie ich mich des Gebetes freute, des lauten sowohl als auch des lautlosen, weiß auch meine Liebe zu den Kindern, meine gute Hand, Kranke zu pflegen mit der Heilkunst, die mich meine Tante lehrte, die Siechenmeisterin Magdalena von Bora. Alles in allem reichte das nicht aus zur Heiligkeit. Aber für ein junges Weib, dem es weder wohl noch wehe getan hat, ins Kloster geraten zu sein wie ein vom Ast gestoßenes Samenkorn des Ahorns, für ein solches Weib hat es wohl gereicht. Zumal, weil dieses junge Weib nicht nach eigenem Willen, sondern auf Beschluß der Eltern ins Kloster kam und im Kloster blieb. Und vor allem, weil es nicht bestimmt war zur Nonne auf ewig, sondern bestimmt zur Ehefrau und Magd dem Manne, der zu Wittenberg im Schwarzen Kloster mit dem Herren Gott rang, und bestimmt zu einer Mutter von sechs Kindern. Magdsein, das habe ich im Kloster gelernt und geübt. So konnte ich es, als ich Herrin wurde im Schwarzen Kloster.

Doktor Martinus betritt das Forum der Welt.

Es KOSTET mich Überwindung, nicht zu klagen wegen meiner beladenen Gegenwart in dieser heutigen Nacht, die mich wieder an meines Doktors Arbeitstische sieht. Ein Mensch läßt sich am Abend gerne in den müden See sinken, der aus Kümmernissen zusammengeflossen ist. Sie sind zwar nicht mehr reißende Wasser, sie brausen und schäumen nicht mehr. Sie liegen still um das Menschenherz herum und erfüllen es mit wehmütiger Traurigkeit. Sie sind jedoch gefährlich. Wie leicht kann einer von neuem beginnen, sich selbst zu bedauern und zu beklagen, wenn er alle Ursachen seiner Traurigkeit betrachtet und beurteilt! Was hilft das schon? In kurzer Zeit habe ich gelernt, was das in sich hat: hinterlassene Witwe. Aber sie darf nicht schwach werden. Sie muß versuchen, sich zu behaupten, sich durchzusetzen. Das vermag sie nur in der Zuversicht, auch diese düstere Gegenwart gehöre noch zum Teppich ihres Lebens. Ist doch dieser Teppich erst vollendet, wenn Gott den letzten Faden verknotet und abschneidet.

So will ich denn in Zukunft in solchen Nächten der Gegenwart nicht mehr gedenken. Vielmehr will ich mit Augen und Zeigefingern nachgehen den vielfältigen bunten Fäden, die schon geknüpft sind, dankbar für jeden Faden, dessen Bahn und Sinn ich allmählich zu erkennen glaube. Und will's im übrigen mit meinem Doktor halten, der als Gebet und eigenen Trost niederschrieb: »Eben, da ich am tiefsten im Tode war, da kamst du mit deiner Macht und Wunderwerk und führtest mein Leben aus dem Tode und Verderben. Also, wenn der Strick am härtesten hält, so bricht er. Es muß zuvor alles zu Trümmern gehen und die Ochsen am Berge stehen und die Saite aufs höchste gezogen sein, daß sie jeden Augenblick zerspringen will, das Wasser muß über die Berge und Tal gehen, ehe denn sie von den Ägyptern erlöst werden.«

O Teppich unseres Lebens!

Den 4. Oktober Anno 1512 promovierte mein Martinus zum »Doktor biblicus«, nicht aus Eitelkeit und Ehrsucht, sondern genötigt von seinem Klosterprior Staupitz. Danach begann mein Doktor Vorlesungen über die Heilige Schrift.

Das schreibt sich so leicht hin, weil es dem gewöhnlichen Wege zu entsprechen scheint: Man hat Gaben des Verstandes, treibt sein Studium, macht ein paar Examina und steht eines Tages auf dem Katheder, göttliche Weisheit zu lehren. Es ist nicht recht, zu denken, bei solchem alltäglichem Werden und Geschehen habe der Herr Gott seine Hand nicht im Spiele. Gott hat seine Hand allerwege im Spiel, weil der Mensch Gottes ist. Aber bei meinem Martinus hat Gott in absonderlicher Weise sich eingeschaltet. Gar hart ist Gott mit meinem Doktor umgegangen, so hart wie mit Jeremia, den er in den Schandblock legen ließ, wie mit Johannes Baptista, der seinen Kopf hergeben mußte, wie mit Sankt Paulus, den er aus dem Sattel geworfen hat. In die Nacht hat er den Mönch gestoßen, schon im Kloster zu

Erfurt, tiefer noch im Schwarzen Kloster hier zu Wittenberg. Wenn ich durch die Korridore, Stuben, Kammern und Treppen des Schwarzen Klosters schreite, ist mir zu Zeiten, ich hörte den Mönch seufzen, flüstern, reden, rufen, hörte seine Geißel klatschen oder sähe ihn gebeugten Hauptes auf dem Wege zur Zelle des Priors, beladen mit einer Frage, mit hundert Fragen, Zweifeln und Verzweiflungen. Auch ist mir schon geschehen, daß ich aus der Zelle des Priors die eindringliche Mahnung zu vernehmen wähnte: »Wenn du über die Vorherbestimmung disputieren willst, so fang bei den Wunden Christi an, dann wird auf einmal die Disputatio über die Vorherbestimmung aufhören.« Ja, die Luthernot und ihre Stimmen sind in den Räumen des Schwarzen Klosters wohnen geblieben bis auf den heutigen Tag.

Aus vielen Jahren gemeinsamen Lebens weiß ich, mein Doktor war von Wesen ein schwermütiger Mann. Oft sind gerade die schwermütigen Menschen begnadet oder auch geplagt mit einem empfindsamen Gewissen. Kaum je sind sie zufrieden mit sich selbst. Sie urteilen über sich selber aufrichtig ohne Hinterhalt und mit restloser Offenheit vor Gott, wenn es möglich ist, sogar strenger als der Herr Gott. Solch ein Mann der Schwermut ist mein Doktor gewesen. Das kann ich bezeugen, besser als andere, die ihn nur sahen und hörten im Streite, auf der Kanzel oder in seinen Büchern, nicht aber in der Verborgenheit dieses Hauses. Sicher hat seine Glaubensnot Ursache gehabt in der Schwermut, aber nicht allein in ihr, vielmehr in dem schwermütig erlebten und erlittenen Zwiespalt, in den er geraten war durch einen »Gottesgelehrten« – ich halte denselben nicht für einen »Gottesgelehrten« –, durch den Franziskanermönch Wilhelm von Occam. Vor zweihundert Jahren soll er gelebt haben. Seine düstere Theologie hat viele Christen auf den Holzweg geführt. Gerade für einen Menschen der Schwermut war Occams Lehre rechtes Gift. Denn wenn ein Mensch wie mein Doktor ins Kloster lief, um Frieden mit Gott zu finden, wie konnte er je dahin gelangen, wenn nach der Lehre des Occam der Herr Gott ein willkürlicher Herrscher ist, der vor ein jedes seiner zehn Gebote statt »Du sollst!« ebensogut stellen durfte »Du sollst nicht!«

Ein Gott des Widerspruchs gegen sich selbst ist nicht ein Gott des Friedens. Wie kann ein Mensch noch leben, wenn er nie weiß, woran er mit Gott ist? Wie aber, wenn ein Mensch mit einem vollkommen freien Willen vor Gott alle Gebote bis auf den Punkt erfüllen kann, wenn er gute Werke auf gute Werke zu häufen vermag, was hilft ihm das alles, wenn er fürchten muß, der unzuverlässige Gott verwerfe all sein Tun, als sei es durch und durch sündig! Liest er dann noch des Apostels Wort: »Wir sind allzumal Sünder und mangeln des Ruhmes, den wir vor Gott haben sollen«, dann steht er sicherlich am Rande der Verzweiflung.

Diese Lehre hat mein Doktor als Lehre der Kirche zu hören bekommen, im Kloster zu Erfurt und danach auch im Schwarzen Kloster. Viele Zeit stand er auf dieser Lehre, er nannte Occam seinen »lieben Lehrer« und bekannte sich zu dessen Gefolgschaft. Ihm, seinen Klostergesellen und der Christenheit wäre vieles erspart geblieben, wenn mein Doktor gewußt hätte, daß die Lehre des Occam als gotteslästerliche Lehre von der Kirche längst verworfen war.

Es hat so wohl müssen geschehen. Mein Doktor mußte durch die Gespenster des Occam. So erst hat er des Paulus Ruf gehört: »Schaffet, daß ihr selig werdet mit Furcht und Zittern!« Und hat solches Schaffen versucht mit verzagender Mühe. Und hat danach und immer wieder aufs neue mit Sankt Paulus gestammelt: »Wollen das Gute habe ich wohl, aber vollbringen das Gute habe ich nicht. Ich unglückseliger Mensch! Wer wird mich befreien von diesem todgeweihten Leibe?« Hier steht das Geheimnis Gottes auf, meine ich ungelehrte Käthe: Durch meines Doktors Not ist eine falsche Frömmigkeit bekämpft worden, die Frömmigkeit der Pharisäer: »Herr, ich danke dir, daß ich nicht bin wie die übrigen Menschen. Ich faste zweimal in der Woche und gebe den Zehnten von allem, was ich besitze.« Solche Frömmigkeit ist meinem Doktor zerbrochen. Statt ihrer fand er: Zuerst und zuletzt ist alles Gottes Gnade!

Der Wächter ruft Mitternacht. Was schrieb ich? Als gehörte ich zur Zunft der Gottesgelehrten und wollte mich ergötzen und stillen mit meiner Weisheit. Mitnichten! Sondern ich geriet in ein Disputieren mit Occam, weil ich den bitteren Zwiespalt meines Doktors zu öfteren Malen mitgelitten habe und weil ich mitleidend sein Leid auslöschen wollte, wie eine Mutter das Leid ihres Kindes nicht wahrhaben will, indem sie jammert: »Nein, nein! Das kann doch nicht, darf doch nicht sein!« Fast möchte ich aufbegehren: »Herr Gott, warum hast du diese Irrungen meines Doktors geschehen lassen?« Er hat sie geschehen lassen. Sie müssen in seinen Plan gehört haben.

Ich lege die Feder auf meines Doktors Tisch, neben seinen Ehering, und grübele... Waren die großen Propheten Gottes nicht immer auch die großen Irrenden? Neben dem Ring liegt sein Büchlein »Sermon von den guten Werken«. Darin steht zu lesen: »Hier ist er verborgen wie die Braut, sagt das Hohe Lied: Sieh, er steht hinter der Wand und sieht durch die Fenster, das heißt soviel wie unter den Leiden, die uns von ihm scheiden wollen wie eine Wand, ja wie eine Mauer, da steht er doch verborgen und sieht auf mich und läßt mich nicht. Denn er steht und ist bereit, in Gnaden zu helfen, und durch die Fenster des dunklen Glaubens läßt er sich sehen.«

Damals zu Maria Thron sangen wir Klosterfrauen vor der Nacht die Komplet: »In manus tuas commendo spiritum meum.« So bete ich jetzt: In deine Hände befehl' ich meinen Geist.

*

Die folgenden Jahre hat sich nichts Absonderliches ereignet, weder bei meinem Doktor noch bei mir. Bei mir war solches gewiß nicht zu erwarten. Aber auch der Mönch Martinus lebte in Verborgenheit, wenn auch innerlich anders als seine Klostergesellen. Daher sagen die Menschen, der Mönch habe in jener Zeit gelebt wie die anderen, als Klostermann, Doktor und Professor. In Wirklichkeit wuchs er von Tag zu Tag heran zu der Aufgabe, die er einmal zu erfüllen hatte. Nur ahnte er nicht, was ihm beschieden war.

Das Absonderliche ist jene Stunde gewesen, in der ihm zum ersten Male Paulus ein Wort in die gequälte Seele gerufen hat: »So halten wir denn dafür, daß der Mensch gerecht werde ohne des Gesetzes Werke, allein durch den Glauben.« Absonderlich? Ja, die größte Stunde seines Lebens. Mein Doktor glaubte eine ganz neue Entdeckung gemacht zu haben. Er konnte sie nicht für sich behalten. Er trug sie seinem Prior vor. Der sagte ihm aber, ohne Zweifel sei des Paulus Wort Glaube und Lehre der Kirche. Mein Doktor widerstritt ihm. Der Prior verwies ihn auf ein Wort des Sankt Thomas von Aquin: »Nicht in den Werken der Zeremonien und des Sittengesetzes besteht Hoffnung auf Rechtfertigung, sondern allein im Glauben. Wir glauben, daß der Mensch durch Glauben ohne Werke des Gesetzes gerecht werde.« Aber mein Doktor: »Die alltägliche Weise der Christenheit zeigt mir, daß die Kirche nicht bei Sankt Paulus steht, sondern bei Occam.« Da war nicht zu helfen. Der harte Kopf meines Doktors ist oftmals auch seine Schwäche gewesen.

Dieses aber ist in Summa das Ergebnis der äußerlich stillen Jahre im Schwarzen Kloster zu Wittenberg: Meines Doktors grenzenloses Vertrauen auf die Gnade Jesu Christi. »Es ist Zeit, daß wir Jesum Christum kennenlernen, den Gekreuzigten.«

Absonderlich ist es nicht, daß mein Doktor auch nicht äußerlich ein stilles Klosterleben hat führen können wie die meisten anderen Mönche im Schwarzen Kloster. Beizeiten haben seine Oberen den hohen Geist, die Tüchtigkeit und die aufrichtige Frömmigkeit ihres Ordensbruders erkannt und also eine Fülle von Aufgaben ihm anvertraut. »Ich hätte eigentlich zwei Schreiber oder Kanzlisten nötig, denn fast den ganzen Tag tu ich nichts als Briefe schreiben. Ich bin Klosterprediger und Tischprediger, täglich werde ich angelaufen um den Predigtdienst in der Pfarrkirche.

Ich bin Leiter der Studienanstalt unseres Ordens, ich bin Ordensvikar, daß heißt elfmal Prior, ich habe die Einkünfte des Fischteiches in Litzkau einzuziehen und in Torgau die Sache der Herzberger Mönche zu führen, ich halte Vorlesungen über Paulus, ich sammle Erklärungen zu dem Psalter, endlich liegt schwer auf mir mein zeitraubender Briefwechsel. Selten habe ich Zeit, die Stundengebete regelrecht zu verrichten, ganz zu schweigen der Anfechtungen des Fleisches, der Welt und des Teufels, mit denen ich zu kämpfen habe. Ihr seht, wie es um meine Ruhe bestellt ist.«

Nein, von einem beschaulichen Leben, wie ich es zur gleichen Zeit geführt habe, kann bei meinem Doktor wahrhaft nicht gesprochen werden. Er war damals schon ein unermüdlicher Arbeiter Gottes. Und wenn jene Zeit noch als Lehrlingszeit angesehen werden soll, so muß ich sagen, mein Doktor hat einen überaus harten Lehrmeister und also eine überaus harte Lehrzeit bestehen müssen. Der Herr Gott wußte, warum er ihn so hart anpackte.

*

Alles, was ich bis hierhin aufgezeichnet habe, erklingt wohl wie ein Präludium, etwa als ob unser Kantor Johann Walther in der Stadtkirche an der Orgel säße und bereite mit verhaltenen Akkorden und Harmonien, auch bitteren Disharmonien die Gemeinde vor auf den Gottesdienst. Derweilen schreitet Doktor Martinus in der Sakristei mächtig auf und ab, über der Mönchskutte die priesterliche Stola, die Bibel in der Hand, in Kopf und Herz das Evangelium. Und in der Kirche fragt ein Unkundiger seinen Nachbar: »Wer tut die Predigt?« Der Nachbar weist auf die Sakristei: »Doktor Martinus Luther.« Das Präludium dauert seine Zeit, die Gemeinde singt ihr Lied, ein Vikar versieht am Altare den heiligen Dienst. Und plötzlich steht auf hoher Kanzel Doktor Martinus Luther.

Bevor ich meinen Erinnerungen weiter nachgehe, muß ich eines Mannes gedenken, mit dem mein Doktor Anno 1517 eine Fehde hat bestehen müssen auf Hieb und Stich und Leben und Tod. Der Mann hieß als Kardinal Johann Medici, von 1513 an nannte er sich Leo X. und war der Papst zu Rom.

Als Zisterzienserin habe ich diesen Papst verehrt als »Gottes Stellvertreter auf Erden«. Heute weiß ich, er war, wie einige andere Päpste vor ihm und nach ihm, des Amtes nicht würdig, das zu verwalten er vorgab. Ein hochgelehrter, kunstliebender Mensch mit vielen anderen guten Eigenschaften, aber auf den Stuhl des heiligen Petrus gehörte er nicht. Wenn ich jetzt zornig über ihn spräche, wer, der seine Kirche liebt, könnte es mir verargen? Wenn gar sein eigenes Kardinalskollegium sich gegen ihn verschwor, ihn zu ermorden, wie arg muß es um ihn bestellt gewesen sein! Solches ist Anno 1517 geschehen. Wetterleuchten über Rom, über Deutschland, über der ganzen Christenheit.

Anno 1517! Und zu Maria Thron betet ahnungslos eine Klosterfrau Katharina von Bora am Schwarzen Freitag dieses Jahres: »Lasset uns auch beten für unseren Heiligen Vater, Papst Leo X., daß unser Gott und Herr, der ihn zum Oberhirten erkoren, ihn heil und unversehrt seiner heiligen Kirche bewahre, damit er Gottes heiliges Volk regiere!«

Anno 1517! Und in der Kirche des Schwarzen

Klosters zu Wittenberg betet Doktor Martinus Luther am gleichen Schwarzen Freitag dasselbe Gebet. Noch ist die Kunde von jener Kardinalsverschwörung nicht bis nach Wittenberg gedrungen. Und noch ahnt der Mönch nicht, daß er für den Hohen Priester betet, der schon bald den Bannfluch über ihn sprechen wird.

Lebe ich in einem ungläubigen, unchristlichen Jahrhundert? Seit meiner Flucht aus dem Kloster habe ich nach und nach gelernt, Augen und Ohren aufzutun. Heidentum aller Art erfuhr ich in üppiger Blüte an Höfen, in Städten, in Dörfern, bei Menschen jedweden Standes. Aber auch erfuhr ich aufrichtige Frömmigkeit, Sehnsucht nach Erlösung und Gottesfrieden und einen Eifer in religiösem Tun, daß wir Klosterfrauen von damals oft genug beschämt wurden. Bei Gott, dieses unser Jahrhundert erscheint mir als ein Jahrhundert, in dem Christus von neuem sich zeigen will. Da wundert es nicht, daß der Teufel sich gebärdet aller Wege als der Herr der Welt. Aber da heben die vom Geiste der Welt Bedrängten in Angst und Verlangen oder auch am Rande der Verzweiflung die Hände: »Tauet, ihr Himmel, den Gerechten!« Und heben die Augen auf, wie ihnen denn gesagt ist: »Darum, wenn ihr dies alles seht, erhebet eure Augen, weil das Heil nahe ist!« So sehe ich dieses unser Jahrhundert. Es ist eine reife Zeit, meine ich, reif geworden im Feuerofen vieler und großer Leiden, innerlich und äußerlich.

Ich wundere mich heute gar nicht mehr, daß Anno 1517 der große Ablaß, den Leo verkaufen ließ – ja, verkaufen! – durchaus gierig begehrt wurde vom größten Teil der Christenheit in den drei Bistümern

Mainz, Magdeburg und Halberstadt des Erzbischofs von Mainz, Albrecht von Brandenburg. Ich wundere mich nicht, daß der Dominikanermönch Tetzel als Ablaßprediger einen solchen Zulauf und Verkauf dem Erzbischof als seinem Herrn vermelden konnte. Bot doch der Ablaßprediger vollkommenen Frieden mit Gott an, Vergebung aller Sünden und Sündenstrafen auf eine seltsam einfache Weise: durch einen Ablaßbrief, den man nach erhaltener großzügiger Absolution in der Beichte für mehr oder weniger Gulden, je nach Reichtum oder Armut, gewinnen konnte. Die Hungrigen wurden alle gesättigt, und der Schatz der Kirche nahm nicht ab. Die von der Angst der bedrohten Welt Geplagten griffen nach solchem Heil. Jetzt endlich einmal zeigte Gott sich wahrhaft großmütig, großzügig, über alles Erwarten grenzenlos gnädig. So haben wir auch zu Maria Thron geglaubt, da wir von diesem Ablaß hörten. Bei uns hat zwar kein Tetzel gepredigt, aber die Christenheit war so voll des Rühmens, daß der laute Jubel auch in unsere Zellen und Herzen gedrungen ist. Nur waren wir Klosterfrauen bei der gelobten heiligen Armut zumeist nicht in der Lage, den für »Unbemittelte« festgelegten halben Gulden für den Ablaß zu leisten. Wir durften ihn durch gute Werke gewinnen, die im Verstand der Einfältigen doch sicher die zwanzig Ablaßgulden der Hohen und Reichen übertreffen mußten.

Andere waren mit diesem Ablaß wie mit den zahlreichen älteren Ablässen, vor allem mit der Predigtweise des Tetzel und seiner Gehilfen nicht einverstanden. Aber der einzige, der mutig war und dem Gott, wie er selber sagte, die Schelle angehängt hatte, der war der Mönch Martinus Luther. Der wagte es, in der Stadtkirche zu Wittenberg und in der Hohen Schule zu lehren und zu predigen: »Jeder Christ hat, wenn er in aufrichtiger Reue steht, vollkommenen Erlaß von Strafe und Schuld, der ihm auch ohne Ablaßbrief gebührt. Jeder wahre Christ, ob lebend oder tot, hat Anteil an allen geistlichen Gütern Christi und der Kirche. Gott hat ihm diesen auch ohne Ablaßbriefe gegeben.« Etwas später standen diese beiden Sätze in den fünfundneunzig Thesen an der Schloßkirche zu lesen.

Aber damals wußten weder mein Doktor noch wir noch die anderen Christen, wozu der Ablaß mißbraucht wurde: zu einem schmählichen Geldgeschäft des Papstes und des Erzbischofs von Mainz. Daß der Papst mit dem Ablaß Geld in die Baukasse des Petersdomes gewinnen wollte, dem darf man zustimmen, wenn die Geldspende der Christen allein und rein der Ehre Gottes dienen sollte. Daß aber der Erzbischof von Mainz mit einem beträchtlichen Teil der Ablaßgelder seine 24000 Dukaten Schulden bereinigen wollte und durfte, das ist die Schande, mit der die Kirche Roms noch lange zu tun haben wird. Hätte mein Doktor und hätten die Christen solchen Handel zuvor gewußt, Tetzels Predigten und Geschäftsgebaren wären ohne Erfolg geblieben. Jedoch auch ohne dieses Wissen hat Doktor Martinus sich genug gegrämt, er, der inzwischen gelernt hatte, alles auf Gottes Gnade und Barmherzigkeit zu setzen. Aber als das Ärgernis dieses Ablaßhandels durch die Lande zog und einen großen Teil der Christenheit zum Widerspruch reizte, konnte mein Doktor nicht mehr schweigen.

Ich kenne meinen Doktor zu gut, als daß ich nicht wüßte, wie dieser gewissenhafte Mann vor Gottes

Angesicht Gegenwart und Zukunft der Christenheit sorgenvoll und empört durchlitten hat. Auch hat er mir in Gesprächen über die betrübliche Spaltung der Kirche bekannt, wie er in jenen Tagen in seiner Zelle auf den Knien gelegen und Gott gefragt habe: »Ist es Gottes Wille, daß ich mit meinem abfälligen Urteil über die wachsende Menge der Ablässe noch mehr Unruhe in die Gemeinden trage, als schon besteht? Schade ich nicht der Kirche? Gefährde ich nicht das Ansehen des Oberhauptes der Kirche, von dem doch die Ablässe gewährt worden sind? Muß ich ihm nicht gehorchen und also schweigen?« Und als er des Predigers Tetzel Weise der Ablaßverkündigung erfahren habe, sei ihm das Blut in die Stirnadern gesprungen, schon am folgenden Tage habe er durch eine heftige Predigt gegen den Mißbrauch des Ablasses streiten wollen, aber sein Ordensprior Staupitz habe ihn zurückgehalten, die Dinge seien gewiß nicht so arg wie ihre Gerüchte. So hat mein Doktor zunächst noch geschwiegen. Doch in den Nächten stellte er jene fünfundneunzig Thesen zusammen, nicht, um sie als Flugblätter unter das Volk zu werfen und seine Gedanken auf die Straße zu bringen. Sondern er wollte zu gegebener Zeit mit gewissenhaften Gelehrten gewissenhaft prüfen und beurteilen, was der Prüfung und Beurteilung bedurfte. Nicht Streit wollte er, den hätte er auf der Kanzel führen und schüren können. Er suchte die Wahrheit und Reinheit der Kirche. Nun erwiesen sich aber die Gerüchte über Tetzels und der anderen Ablaßprediger Verhalten gar bald als zum großen Teile wahr. Da hielt es meinen Doktor nicht mehr. Er legte seine Thesen dem Prior vor. Der urteilte, bis auf diesen und jenen Satz entsprächen sie wohl der Lehre der

Kirche. Es sei jedoch ratsam, einiges zu streichen. Der Doktor habe ja wohl nicht die Absicht, Ketzer zu werden. »Bei Gott nicht«, hat mein Doktor geantwortet, »ich kann wohl irren, aber Ketzer will ich nicht sein.« Er wies seinen Prior auf die Worte hin, mit denen die fünfundneunzig Thesen eingeleitet wurden: »Liebe zur Wahrheit und der Wunsch, sie an den Tag zu bringen, sind die Gründe meiner Thesen.« Dabei ist es geblieben.

Anderen Tages, den 31. Oktober 1517, mittags zwölf Uhr, sahen die Wittenberger den Mönch Professor Luther, wie er sich am Portal der Schloßkirche zu schaffen machte. Als er weggegangen war, hing da ein Papier, eine Elle lang, eine halbe breit. Sie traten hinzu. Lateinisch! Wohl wieder so eine hochgelehrte Professorensache. Geht uns nichts an. Doch fragten sie einen Studenten. Der verdolmetschte, was da geschrieben stand: Doktor Luther lädt die Gelehrten ein, mit ihm zu disputieren wegen des Ablasses.

Ho, der Ablaß! Der Tetzel! Sein Ablaßkasten! Seine Ablaßbriefe! Vierundzwanzig Gulden oben, einen halben Gulden unten! Zeit ist, daß einer das Maul auftut. Leset, Herr Studiosus! Der las: »Nur wenige erwerben den Ablaß, weil nur selten jemand wahre Reue hat. Vollkommener Erlaß von Strafe und Schuld auch ohne Ablaß. An allen geistlichen Gütern Jesu Christi und der Kirche hat jeder wahre Christ auch ohne Ablaß Anteil. Vorsichtig soll man den Ablaß predigen, damit andere gute Werke ihren Wert nicht einbüßen. Den Armen und Bedürftigen geben ist besser, als Ablaß lösen. Der wahre Schatz der Kirche ist allein das allerheiligste Evangelium der Herrlichkeit und Gnade Gottes.«

Die Wittenberger jubelten nicht, sagten nicht ja noch nein. Sie kannten ihren Mönch Luther aus vielen Predigten, aber dies hier war eine noch nie gehörte Sprache. Die rüttelte an etwas. Woran rüttelte sie? Mit einem Schlage war man des alten Glaubens an die Ablässe nicht mehr sicher. Vorsichtig, hinter den Haustüren, begann schon die Disputatio, nicht der Gelehrten, sondern der einfältigen Leute, ganz gegen meines Doktors Absicht. Aber die Gottesgelehrten zuckten nur die Schultern, wenn einer aus dem Volke sie fragte. Sie lasen zwischen den Zeilen, da stand mehr als die fünfundneunzig Thesen.

Und auch das andere geschah, das der Mönch nicht gewollt hatte: Feindschaft kündete sich an zwischen Wittenberg und Rom. Noch waren nicht vier Wochen vergangen, und schon hatten meines Doktors Thesen ganz Deutschland durchlaufen. Sie weckten Zustimmung und Widerspruch. Bedrohliche Stimmen waren zu hören, das Schmähwort »Ketzer« lief in den Landen um. Aber der freundlichen Stimmen zählten mehr. Unser gnädigster Kurfürst Friederich, ein frommer und vorsichtiger Mann, neigte zu meinem Doktor. Von Rom aus wurde unser Kurfürst aufgefordert, den Mönch, der Unruhe in die Kirche gebracht hatte, nach Rom zu senden. Der Kurfürst lehnte ab. Auf dem Reichstag zu Augsburg sollte der Mönch verhört werden.

Oktober 1518. Mein Doktor reiste nach Augsburg. »Während der Reise war mein Gefühl: Nun muß ich sterben. Und ich stellte mir den gerüsteten Scheiterhaufen vor Augen und sagte oft: Ach, welche Schande werde ich meinen lieben Eltern sein? Dergestalt ängstigte mich das Fleisch.«

Zu Augsburg sprach der Legat des Papstes, Kardinal Cajetan: »Du hast das ganze Deutschland erregt mit deiner Disputatio vom Ablaß. Darum, willst du ein Glied der Kirche sein und einen gnädigen Papst haben, so widerrufe alles. Dann soll dir nichts widerfahren, denn ich höre, du seiest Doktor und sehr gelehrt in der Schrift und habest viele Schüler.«

Darauf sagt der Doktor nein, aber er erbietet sich, hinfort zu schweigen. Des anderen Tages fordert der Kardinal nochmals: »Widerrufe!« Mein Doktor bleibt beim Nein. Der Kardinal: »Widerrufe oder komme mir nicht wieder unter die Augen!«

Darauf hat mein Doktor heimlich die Stadt Augsburg verlassen.

Ich glaube die Wahrheit zu sagen: Mein Doktor ist vor dem Kardinal zwar »schellig« geworden, aber daß er hartnäckig geblieben ist hier in Augsburg und später anderswo und immer wieder, dessen ist Ursache nicht nur der harte Kopf meines Doktors, sondern ebenso die Weise des Kardinals, der von dem Vorgeladenen nichts weiter erwartete und forderte als ein simples »Widerrufe!« Wo doch nicht einmal besprochen und gedeutet wurde, was denn in Bausch und Bogen zu widerrufen sei.

Da nun unser gnädigster Kurfürst abermals aufgefordert wurde, den Mönch nach Rom auszuliefern, sagte er: »Ich weiß nichts Böses von ihm. Ich habe mit ihm nichts zu tun. Tut er etwas Unrechtes, so disputiert und unterrichtet Euch mit ihm zu Wittenberg. Da habe ich eine Universität. Er soll Euch Antwort stehen. Ich habe soviel gelehrte Leute zu Wittenberg. Täte er etwas Unrechtes, sie würden ihn nicht dulden.«

Zunächst geschieht nichts. Doktor Martinus arbeitet im Kloster, schreibt ein Buch nach dem anderen. Ein Büchlein hat mich besonders ergriffen, wegen des starken Trostes, der davon ausgeht, und mehr noch, weil es den lauteren Willen meines Doktors offenbart. Das Büchlein heißt »Die vierzehn Tröstungen«. Ich lese heute noch gerne darin: »Ich glaube an den heiligen Geist, eine heilige allgemeine Kirche. Darum im Leiden, Dulden, Sterben richte sich unser Blick hierher. Laßt uns tapfer glauben und gewiß sein, daß nicht wir oder wir allein, sondern daß Christus und die Kirche mit uns leidet, duldet, stirbt!«

Ich sagte, es sei nach dem ersten Turnier zwischen meinem Doktor und dem Kardinal Cajetan zunächst nichts weiter geschehen. Das will bedeuten, daß mein Doktor vorerst in der Stille seines Klosters weiter arbeiten konnte. Aber für andere Menschen war jedes seiner Bücher, die er in jener Zeit geschrieben hat, ein Angriff auf das Gewissen. Auch ich wurde davon berührt.

Anno 1520 kam mir meines Doktors Büchlein »Sermon von den guten Werken«, danach, wohl um den Januar 1521, sein anderes Buch »Von der Freiheit eines Christenmenschen« unter die Augen. Wie die beiden Schriften nach Maria Thron gelangten, weiß ich nicht. Unter uns Klosterfrauen ging das Getuschel, der Torgauer Kaufmann Leonhard Kopp, der unser Kloster mit Fisch, Bier und anderem zu versorgen pflegte, habe die Schriften der Küchenmeisterin zugesteckt. Andere wollten wissen, die Ehrwürdigste Mutter Äbtissin selber habe die Bücher von einer Reise mitgebracht. Auffällig ist mir und anderen geworden, daß die Ehrwürdigste Mutter in ihren mütterlichen Ermahnungen Aussprüche des Doktors hersagte, ohne des Doktors Namen zu nennen. Beim Lesen der Bücher stieß ich auf diese Worte und auch auf den Namen des Doktors Martinus Luther zu Wittenberg. Doktor Martinus Luther? Der Mönch, der vor einigen Jahren gegen den großen Ablaß gewettert hat? Davon war doch ein unklares Gerücht bis in die Klosterklausur gedrungen. Wir Klosterfrauen hatten uns darüber ein wenig empört, waren wir doch mehr als andere Christen tagtäglich und stündlich auf Ablässe aus. Damals stolperten wir über die Gerüchte, dann taten wir sie ab als weltliches Getümmel, durch das wir uns nicht um den Frieden bringen lassen wollten. Wir besannen uns wieder auf den seligen Thomas a Kempis: »Das Ordenskleid am Leibe und ein geschorener Kopf, die tun's nicht. Zu dienen bist du gekommen. Leiden und Arbeiten ist dein Beruf, nicht Müßiggang und törichtes Geplauder.« So wurden die Gerüchte und Doktor Luther vergessen.

Ich erinnere mich jedoch, daß unsere Ehrwürdigste Mutter nach dem Jahre 1517 noch sanfter und duldsamer geworden ist, als sie schon immer war. Auch, daß nicht wenige Klosterfrauen mehr und mehr mürrisch und reizbar erschienen, müde und wie hoffnungslos. Dazu gehörten vor allen anderen die Klosterfrauen, die später als die ersten mit mir dem Kloster den Rücken kehrten.

Erst 1520 bin ich von Doktor Martinus ergriffen worden, eben durch die zwei genannten Bücher. Vor allem durch das Buch »Von der Freiheit eines Christenmenschen«. Mußte es eine Klosterfrau, dazu eine gezwungene, nicht erschüttern, wenn sie plötzlich las: »Ein Christenmensch ist ein freier Herr über alle Dinge und niemandem untertan. Ein Christenmensch ist ein dienstbarer Knecht aller Dinge und jedermann untertan. Aus dem allem folgt der Beschluß, daß ein Christenmensch lebt nicht in sich selbst, sondern in Christo und seinem Nächsten, in Christo durch den Glauben, im Nächsten durch die Liebe. Durch den Glauben fährt er über sich in Gott, aus Gott fährt er wieder unter sich durch die Liebe und bleibt doch immer in Gott und göttlicher Liebe. Siehe, das ist die rechte, geistliche, christliche Freiheit, die das Herz frei macht von allen Sünden, Gesetzen und Geboten, welche alle andere Freiheit übertrifft wie der Himmel die Erde.«

O Gott! diese Worte bohrten sich unter mein ganzes vergangenes Leben. Vor meinen Augen stürzte es zusammen. Nicht als ob ich jedes Klosterleben nun mit einem Male verworfen hätte. Für den von Gott selber in die Klosterstille Gerufenen ließ ich das Klosterleben gelten. Und bin der Meinung, es könne von berufenen Klosterleuten viel echtes, geistiges Gut und Liebe ausströmen in die Menschen. Denn das Gute wächst durch Gutes und Liebe durch Liebe.

Der Augustiner-Eremit wird zum Junker Jörg. – »Was werden die Leute sagen? Eine ausgesprungene Nonne!«

Leo, Bischof, Knecht der Knechte Gottes zu ewigem Gedächtnis. O Herr, stehe auf und richte Deine Sache! Sei eingedenk der Schmähungen, die von den Toren täglich ergehen! Neige Deine Ohren auf unser Gebet! Denn es sind Füchse aufgestanden, die sich unterstehen, Deinen Weinberg zu verwüsten, dessen Kelter allein Du getreten hast, und, als Du zu dem Vater im Himmel aufsteigen wolltest, dieses Weinbergs Sorge, Regierung und Verwaltung dem Petrus als Oberhaupt und deinen Statthaltern, seinen Nachfolgern ebenso als der triumphierenden Kirche befohlen hast. Diesen Weinberg zu verderben, untersteht sich ein wildhauendes Schwein aus dem Walde und ein gar wildes Tier, ihn zu verzehren ... Wir wollen eben diesen Martinus, seine Beipflichter, Begünstiger, Anhänger und Unterhalter verdammen ... Weiter verbieten Wir allen Christgläubigen, daß sie sich in keiner Weise unterstehen, Schriften dieses Martinus zu lesen, auszusagen, zu predigen, zu loben, zu drucken. Ja, sie sollen dieselben verbrennen. Auch sollen sie den genannten Martinus und seine Beipflichter persönlich fangen und bis auf Unser Ersuchen gefangenhalten und Uns übersenden, wofür sie wegen eines so guten Werkes von Uns und dem päpstlichen

Stuhl eine würdige Belohnung und Vergeltung erlangen sollen . . .«

Geschehen zu Rom am 15. Juni 1520.

In diesem Bann wurde mein Doktor aufgefordert, innerhalb von sechzig Tagen zu widerrufen. Was sollte er widerrufen? Und war diese päpstliche Bulle eine Widerlegung des Doktor Martinus?

Was Wunder, daß mein Doktor diesen regierenden Papst nicht mehr als das rechtmäßige Oberhaupt der einen christlichen Kirche ansah, sondern als den Antichrist, der den Leib eines Papstes angenommen hatte! Denn das weiß ich, daß mein Doktor den Titel »Antichrist« nicht als eine persönliche Schmähung des Papstes hat aussprechen wollen. Sondern ihm ist es wahr und gewiß gewesen: Die vorhergesagte Zeit des Antichrist sei gekommen, die Kirche Jesu Christi zu verwirren und zu stürzen. Wer meinen Doktor begreifen will, der muß diese seine ernsteste Überzeugung und Angst begreifen. Ich weiß wohl, mein Doktor ist oft über das erträgliche Maß hinausgegangen und hat Schmähworte gesprochen und geschrieben nach dem Rezept: »Auf einen groben Klotz gehört ein grober Keil.« Aber hier hat er nicht geschmäht. Er sah sich dem Antichrist gegenüber, dem »Tier aus dem Abgrund«. Wie konnte ein Mann, der so glaubte, anderes tun als die Christen aufzuschrecken, für die er sich verantwortlich fühlte! Wenn er manche Taten und nun die beleidigenden Worte des Papstes sah und hörte, dann war es für einen so ernsten Christen wie Doktor Martinus nicht abwegig, Leo X. als den Antichrist zu sehen.

Und so ist es zu jenem 10. Dezember 1520 gekommen. An diesem Tage verbrannte Doktor Martinus die Bannbulle des Papstes mitsamt anderen kirchlichen Schriften, die mein Doktor in seiner radikalen und leidenschaftlichen Art vor dem Elstertore zu Wittenberg in Gegenwart seiner Schüler und einer großen Volksmenge dem Feuer übergab: »Weil du die Wahrheit Gottes verdorben hast, verderbe und verdamme dich heute dieses Feuer. Amen.«

Wir von Maria Thron hörten davon, Gerüchte, die auf dem Wege zu uns bald dieses, bald jenes Gewand angelegt hatten. Doch den Kern hörten wir unverwandelt: Doktor Martinus ist in den Kirchenbann getan, Doktor Martinus hat die päpstliche Bulle verbrannt!

Wir fragten einander: Was ist Luthers Sünde? Wegen welcher Ketzerei muß er exkommuniziert werden? Aufregung im Kloster! Chorgebet ohne Andacht! Bekämen wir doch klare Botschaft, was in der Kirche geschehen ist, daß ein Mönch es wagen kann, die Bannbulle des Papstes zu verbrennen! In den Nächten schlichen manche Klosterfrauen zu einer Mitschwester: »Weißt du Sicheres über diesen Luther? Was sagst du zu seinem Tun?« Antwort: »Ach, ich bin so verwirrt.« Am Tage fragten wir die Ehrwürdigste Äbtissin. Die antwortete: »Betet, betet! Die Zeit ist voller Unheil.« Wir fragten: »Und dieser Mönch?« Die Äbtissin seufzte. Sie war selber in Gewissensnot und Angst. Aber sie verriet sich weiter nicht, sie wollte uns nicht auf dem Gewissen haben.

Die Klostermauern hielten nicht mehr dicht. Je mehr sie durchließen, um so eifriger bedachten wir des Doktors Bücher, um so gequälter bewegten wir uns zwischen der Kirche und dem Mönch, der aus ihrer Gemeinschaft gestoßen worden war. Wir glaubten an die Kirche. Ob wir dem Doktor glauben konnten, das war die peinvolle Frage. Aber wenn wir die gewaltigen Sätze der Bücher des Martinus lasen, so meinten wir, die Apostel selber hätten nicht anders gesprochen als der Mönch von Wittenberg.

Es gab auch Klosterfrauen, die dem Doktor gram waren. Wir hielten ihnen vor, was der Mönch in seiner Schrift »An den christlichen Adel deutscher Nation von des christlichen Standes Besserung« gesagt hat: »Die Zeit des Schweigens ist vergangen, und die Zeit zu reden ist gekommen. Ich habe, unserem Vornehmen nach, zusammen getragen etliche Stücke, christlichen Standes Besserung belangend, dem christlichen Adel deutscher Nation vorzulegen, ob Gott wollte doch durch den Laienstand seiner Kirche helfen, sintemal der geistliche Stand, dem es billiger gebührt, ist ganz unachtsam geworden.«

Manches in dieser Schrift bereitete uns Beschwerden, wir konnten zu keinem klaren Urteil gelangen, wir waren wohl zu einfältig und der meisten Dinge unkundig. Aber das erkannten wir und ließen uns nicht davon abbringen: Der Mönch liebt die Kirche wie wir, trotz ihrer Mängel will er der Kirche nicht entlaufen, er will ihr helfen.

Es war damals eine bittere Zeit im Kloster. Erst als wir erfuhren, der Mönch sei auf einen Reichstag nach Worms geladen, sich zu verantworten oder zu rechtfertigen, atmeten wir auf: Auf dem Reichstag wird Doktor Martinus alle Zweifel lösen, da werden Papst, Legaten, der Kaiser, die Bischöfe, alle Priester und Fürsten dem Mönch die Hand reichen: »Jetzt wissen wir, worum es dir geht. So wollen wir gemeinsam das Unheilige beseitigen, auf das du uns gestoßen hast mit deinen trotzigen und scharfen Schriften und Predigten.«

Am 18. April 1521 stand der Mönch inmitten der hohen Versammlung vor des Kaisers Majestät, vor Geistlichkeit und Fürsten und bekannte und sagte: »Ich bitte durch die Barmherzigkeit Gottes Eure Majestät, Kur- und Fürstliche Gnaden, oder wer es tun kann, er sei hohen oder niederen Standes, daß sie wollten Zeugnis geben, mich mit prophetischen und apostolischen Schriften überweisen, daß ich geirrt habe. Alsdann, so ich dessen überzeugt werde, will ich ganz willig und bereit sein, allen Irrtum zu widerrufen, und der erste sein, der meine Büchlein ins Feuer werfen will.«

Wiederum, wie zu Augsburg damals, haben sie den Doktor aufgefordert, eine einfältige, runde und richtige Antwort zu geben, ob er in Summa revozieren und widerrufen wolle oder nicht. Der Doktor blieb bei dem, was er bereits gesagt hatte, er sprach es nur noch klarer und bestimmter aus. Sein letztes Wort: »Es ist nicht sicher noch geraten, etwas wider sein Gewissen zu tun. Gott helfe mir! Amen.«

Spät erst habe ich von diesen Geschehnissen zu Worms erfahren, das meiste aus meines Doktors Munde selbst.

Die erste Botschaft, die zu uns gelangte, hieß: »Der Kaiser hat die Reichsacht über den Mönch verhängt.«

Wir waren entsetzt, wir wollten es nicht glauben. Der Mönch war vogelfrei! Auch seine Bücher vogelfrei! Aber in unserem Kloster schlichen einige seiner Bücher von Zelle zu Zelle. Die Ehrwürdigste Äbtissin erfuhr es. Sie teilte uns des Kaisers Erlaß mit: »Ferner gebieten Wir auch allen bei den vorgeschriebenen Strafen, daß euer keiner des oben genannten Martin Luthers Schriften, die von Unserem Heiligen Vater Papst verdammt sind, als böse, argwöhnisch und verdächtig und von einem offenbaren Ketzer ausgegangen, kaufe, verkaufe, lese, behalte, abschreibe, drucke oder abschreiben oder drucken lasse, noch seiner Lehre zufalle, und sie nicht halte, predige noch beschirme, unangesehen, ob darin auch etwas scheinbar Gutes eingeführt wäre, einfältige Menschen damit zu betrügen.«

Die Ehrwürdigste Mutter hat auch bekanntgegeben, die Schriften des Doktors müßten verbrannt werden. Aber sie blieben im Kloster. Viele von uns, zu ihnen gehörte auch ich, hatten einen anderen Wunsch als der Kaiser: den Mönch sehen, den Mönch hören!

Der Mönch jedoch war wie vom Erdboden verschwunden. Einige behaupteten, »Der ehrwürdige Schurke«, wie des Papstes Legat ihn betitelte, sei mit zwei Wagen abgereist, nachdem er sich in Gegenwart vieler Personen eigenhändig viele Brotschnitten geröstet und manches Glas Malvasier getrunken, den er außerordentlich liebe. Nach Dänemark sei er entwichen oder nach Böhmen, oder der Teufel habe ihn geholt. Andere wollten wissen, irgendwo sei er von irgendeiner Obrigkeit verhaftet worden. Nach Wochen hörten wir, man habe seinen von einem Degen durchstoßenen Leichnam in einer Silbermine gefunden. Der Mord wurde dem päpstlichen Legaten nachgesagt, den man warnte, weil er selbst in den Armen des Kaisers nicht mehr sicher wäre.

Daß mein Doktor als irgendein Junker Jörg auf der Wartburg lebte, wohl verwahrt und behütet von fürstlichen Freunden, wußte keiner. Daß er gerettet war, wußten jedoch manche, denen er Botschaft hatte zukommen lassen, so der Maler Lucas Cranach zu Wittenberg.

Es war ein trauriger Winter von 1521 auf 1522. Und schon fingen wir an, ganz und gar zur alten klösterlichen Weise zurückzukehren. Denn die innere Not war kaum noch zu ertragen. Wir wollten ihr entfliehen.

In diesen winterlichen Tagen erschien der Kaufmann Leonhard Kopp von Torgau. Er schob der Pförtnerin ein Büchlein zu und flüsterte: »Zu Wittenberg sind aus dem Schwarzen Kloster dreizehn Augustiner ausgetreten. Lest das hier!« Und war wieder Kaufmann, der seine Waren aus dem Wagen ins Kloster trug. Das Büchlein bewies uns, daß der Luther lebe. »Über die Mönchsgelübde« hieß das Büchlein. Wir Klosterfrauen standen bald im Kreise um die Pförtnerin, die in dem Büchlein blätterte und las, aufgeregt, ihre Finger zitterten. Sie mußte laut lesen. Ehe sie hatte zu Ende lesen können, stand die Ehrwürdigste Mutter bei uns, sah das Büchlein, fragte nach dem Verfasser, und da sie des Doktors Namen hörte: »Laßt das! Es ist verboten.« Sie wollte sich entfernen, wendete sich jedoch, nahm der Pförtnerin das Büchlein fast furchtsam aus der Hand, las, reichte das Buch zurück, nicht der Schwester Pförtnerin, sondern in den Kreis hinein, ohne Absicht offenbar, bleichen Gesichtes und mit müder Gebärde. Sie raffte die schweren Falten ihrer Kutte über der Brust langsam zusammen und ging, das Gesicht gegen die Sandsteinfliesen gesenkt. Wir blickten ihr nach. Wo der Korridor nach links schwenkt, stand sie jäh, und jäh schritt sie weiter, so mächtig, daß ihre schwere Kutte fliegend die Säule an der Mauerecke streifte.

Hauben schoben sich zusammen, beugten sich über das Büchlein von den Mönchsgelübden. Was wir da lasen, war eigentlich nichts anderes als das, was wir schon in der Schrift »Von der Freiheit eines Christenmenschen« gefunden hatten. Die damit sich auseinandergesetzt hatten, waren mit einem Blick verständigt: Wir müssen den Schleier abtun!

Das war leicht gedacht, leichter noch gesagt. Wir waren Klostermenschen von Kind an. Kaum mehr, als was nötig war für Gottesdienst und gemeinsames Leben, hatten wir gelernt. Wahrscheinlich reichte es nicht aus für ein Leben jenseits der Klostermauern. Auch waren wir arm wie Kirchenmäuse. Und wie würden Eltern und Verwandte sich zu unserem Vorhaben stellen? Die waren ja froh, daß sie für unseren Unterhalt nicht zu sorgen brauchten. Und die Scham vor den Leuten: »Ausgesprungene Nonnen!«

Es gab schlimmere Nöte: die Nöte des Gewissens. Waren wir doch durch »Ewige Gelübde« für Lebenszeit gebunden. Ein Jahr lang und mehr haben wir mit und gegen Doktor Martinus gerungen um des Gewissens willen. Wir fragten unsere Beichtväter. Die waren hart oder wußten nicht Rat noch Hilfe.

An einem Tage, da meine Not am höchsten gestiegen war und ich also dem Priester klagte, ich sei des Klosters nicht mehr froh, antwortete mir dieser: »Liebe, arme Schwester, was für Leid legst du auf einen geringen Priester, daß er mit dir leide! Verstehe ich doch, wie du an der Geißelsäule stehst und Schmerzen erduldest. Aber keinen Rat weiß ich dir als diesen und darf dir keinen anderen geben: Bestürme Gott mit Schreien, Fasten, Nachtwachen und

Kasteien! So wird er dir gnädig sein, dich zu erlösen aus der Anfechtung. Aber wenn trotzdem der Teufel dich weiter versuchen will, wie den Herren Christus auf dem Berge, so gib Gegenrede: ›Was Gott gebunden hat, soll der Mensch nicht lösen.‹ Gilt solches von irdischer Ehe, um so mehr gilt es von der Braut Christi, die du bist nach freiem Willen und Beschluß.«

Ohne es zu wissen und zu wollen, gab mir der Priester das rettende Wort: Nicht Gott hatte mich ins Kloster gerufen, meine Eltern taten mich hinein. So bin ich den Gelübden zugewachsen, als sei das eine selbstverständliche Entwicklung. Ich nahm den Schleier nach dem Willen meiner Eltern, wie ein Fräulein den Mann heiratet, den die Eltern wollen. Ich nahm ihn, ohne vorher prüfen zu können, was denn Welt und Leben sei. Zwang und Unwissenheit, nicht Freiheit und taghelles Erkennen standen Pate bei meinem Klostergelübde. Dies alles in Summa sprach mein Gewissen frei, als ich mich entschloß, dem Rufe zu folgen, der von fernher kam wie ein Befehl.

Wiederum: Das alles ist heute leicht gesagt und geschrieben. Ein Leid verliert ja seine Glut und kann kaum noch nachempfunden werden, wenn die Jahre darüber hinweggegangen sind. Damals jedoch erfüllte es meine Tage und Nächte. Ausgesprungene Nonne? Nein, auf den Knien bin ich sozusagen hinausgeruscht, auf blutigen Knien. Hätte ich damals nur meines Doktors Schrift über die Mönchsgelübde gelesen, nicht auch jenes in tiefe Seelengründe führende, das erhabene Verhältnis Gott–Mensch beleuchtende Buch »Von der Freiheit eines Christenmenschen«, ich wäre wohl nicht an ein gutes Ende gelangt. So aber begleitete meine Tage und Nächte des Doktors tröstliche Einsicht: »Es hilft der Seele nichts, ob der Leib heilige Kleider anlege, wie die Priester und Geistlichen tun, auch nicht, ob er in den Kirchen und heiligen Dingen umgehe, auch nicht, ob er leiblich bete, faste, walle und alle guten Werke tue, die durch und in dem Leibe geschehen möchten ewiglich. Dieser Dinge reichet keines bis an die Seele, sie zu befreien oder fangen, fromm oder böse zu machen. Die Seele hat kein ander Ding, weder im Himmel noch auf Erden, darinnen sie lebe, fromm, frei und ein Christ sei, denn das heilige Evangelium, Wort Gottes, von Christus gepredigt: Ich bin das Leben und die Auferstehung! Wer da glaubt an mich, der lebt ewiglich. Glaubst du also, so hast du, glaubst du nicht, so hast du nicht. Wie das Wort Gottes ist, so wird auch die Seele von ihm, gleich wie das Eisen wird glutrot wie das Feuer, aus der Vereinigung mit dem Feuer. Also hat ein Christenmensch an dem Glauben genug, daß er fromm sei. Es bedarf keines Werkes, daß er fromm sei. Er ist entbunden von allen Geboten und Gesetzen, er ist gewißlich frei. Das ist die christliche Freiheit, der Glaube allein, der aber macht nicht, daß wir müßig gehen oder übel tun könnten, sondern nur, daß wir keines Werkes bedürfen, zur Frömmigkeit und Seligkeit zu gelangen. Aber der Glaube, gleich wie er fromm macht, so macht er auch gute Werke. Der Mensch muß aber zuvor fromm sein, ehe er wirkt. Kein Werk, kein Gebot ist einem Christen not zur Seligkeit, er ist frei von allen Geboten, aber aus lauterer Freiheit umsonst tut er alles, was er tut, in nichts sucht er damit seinen Nutzen oder seine Seligkeit (denn er ist schon satt und selig durch seinen Glauben und Gottes Gnade), sondern nur, um darinnen Gott zu gefallen. Ei, so will ich solchem Vater, der mich mit seinen überschwenglichen Gütern also überschüttet hat, wiederum frei, fröhlich, umsonst tun, was ihm wohlgefällt, und gegen meinen Nächsten auch werden ein Christ und nichts mehr tun, denn was ich nur sehe, daß ihm not, nützlich und selig ist. Also sehen wir, wie ein hohes, edles Leben es sei um ein christliches Leben, das leider nun in aller Welt nicht allein darniederliegt, sondern auch nicht mehr bekannt ist noch gepredigt ist.«

So bin ich unter viel und großer Not langsam zur inneren Klarheit gelangt, an des Doktors Hand, verbunden mit ihm, ohne ihn anders gesehen zu haben als im innersten Leben seiner Seele. Ich hegte große Ehrfurcht und Vertrauen zu ihm.

Mit meinem Entschluß, Kutte und Schleier abzutun und das Kloster zu verlassen, stand ich nicht allein. Andere hatten Ähnliches durchlitten wie ich. Wiederum andere, die bedenkenloser waren und nur an unliebsamen Leibesketten rüttelten in Gedanken an ein leichtes Leben bei Hofe, lugten schon längst über die Mauern. Aber da ich selbst nicht mit dem Leibe, sondern mit dem Gewissen meine Not bestanden hatte, so vertraute ich mich auch nur den Schwestern an, die im gleichen Ernste gelitten und gerungen hatten. Ein heimlicher Bund wurde geschlossen, ängstlich und verschwiegen. Wir ließen Briefe an unsere Eltern hinausschmuggeln, sie möchten uns um Gottes willen heimholen. Die Antwort lautete: »Bleib, wo du bist. Die Zeiten sind arg. Du findest gewiß nicht, was du dir erträumst.« Oder: »Tu uns das nicht an, diese Schande! – Mach unsere

Sorgen nicht noch schwerer! – Was werden die Leute sagen! Eine ausgesprungene Nonne! – Denkst du etwa an einen Mann? Kein Edler noch Bauer will dich haben. Zudem ohne Mitgift. – Du hast gelobt. Willst du zum Judas werden? – Wer hat dir den Kopf verdreht? Etwa der Mönch von Wittenberg?« Und so die Väter und Mütter, ein jeder in seiner Art: »Nein!«

Man sagt mir nach, ich sei ein herbes Weib, stumpf und kurz angebunden. Nach außen hin wirke ich so, ich weiß. Wie kann aus einem sozusagen mutterlosen Kinde, das selten seinen Neigungen folgen darf, meistens den Neigungen und Befehlen der vielen Vorgesetzten, etwas anderes gedeihen als ein Wesen, das seine Enttäuschungen und Überwindungen in sich hineinfrißt? Seines Wesens eigene Art und Verlangen muß ins Schnekkenhäuschen der Seele kriechen, mißtrauisch, immer der Meinung, sich wehren zu müssen. Da schwindet zuletzt jegliche Anmut, statt ihrer steht da ein herber Mensch. Oder ein verbitterter Mensch? Wenn dann gar die Eltern ihr Kind in größter Bedrängnis zurückweisen mit: »Bleib, wo du bist!«, versteht man dann erst recht das Herbe im Antlitz? Ja, ein herbes Weib bin ich geworden. Aber der, der allein weiß, was im Menschen ist, der könnte wohl auch anderes von mir bezeugen als Herbheit, Verbitterung, Härte, Stumpfheit und Kurzangebundenheit. Ist aber nicht nötig, weiter davon zu reden. Höchstens, daß die Käthe Lutherin herb sein mußte, um das ihr verordnete Leben an der Seite eines Doktor Martinus Luther zu bestehen. Wahrhaftig, da war viel zu bestehen.

»Aus welcher Ursache ist das Fräulein von Bora gar so herb?«

Die Pforte, die um einen Spalt sich geöffnet hatte, schien fester verschlossen denn zuvor.

Erst nach Monaten wagte unsere Schwester Ave von Schönfeld, die an der Pforte den Dienst tat, den in Kaufmannssachen anwesenden Leonhard Kopp vorsichtig um Rat zu fragen. Der forschte: »Wie viele sind euer?« und staunte, daß unser neun das Kloster verlassen wollten. »Schreibt auf die nächste Woche Botschaft und Bitte an Doktor Martinus zu Wittenberg im Schwarzen Kloster! Will euer Schreiben wohl besorgen.«

Ave von Schönfeld schrieb den Brief, wir alle setzten unseren Namen darunter:
Ave von Schönfeld,
Magdalena Staupitzin,
Elisabeth Kanizin,
Veronica Zeschau,
Margareta Zeschau,
Laneta von Golis,
Ave Grossyn,
Katharina von Bora,
Margareta von Schönfeld.

Der Brief reiste ab. Wir warteten auf Antwort. Sie kam durch den Mund des Leonhard Kopp: »Er wird sich euer aller annehmen. So haltet euch bereit auf die heilige Osternacht! Nach eurem Chorgebet, gegen ein Uhr der Nacht, erwartet mich beim Gekreuzigten an der Straße nach Wurzen!«

Nie ist mir die Karwoche so lang gewesen, nie der Schwarze Freitag so dunkel, nie der Stille Samstag so voller Bangnis. Mich so einfach in Gottes Hände fallen zu lassen, dazu gehörte grenzenloses Vertrauen. Zunächst fühlte ich mich wie in einem Nichts.

Die Matutin der Osternacht schließt in sich so viel Offenbarung der Allmacht und Güte Gottes, daß sie vor lauter Freude nur eine einzige Nocturn zu singen vermag. Diese hat nur eine Aufforderung an alle, die den Auferstandenen glauben: »Fürchtet euch nicht!« Aber wir neun zitterten, unser Herz pochte gewaltig, wir fürchteten uns.

Dann, als nach dem Tedeum die Nonnen zu ihrer Nachtruhe zurückgekehrt waren, schlichen wir neun barfuß, die Sandalen in der Hand, sonst nichts, an die nur angelehnte Klosterpforte – Ave von Schönfeld hatte Schloß und Riegel offengelassen, damit auch nicht ein leises Knarren uns verriete –, und wie ein Häuflein gejagter Schafe drängten wir nach draußen. Wir rannten keuchend. Durch unsere schweren Kutten gehemmt, gelangten wir mühsam zu dem Gekreuzigten an der Straße nach Wurzen. Da stand schon der Wagen. Wir krochen unter die Plane, versteckten uns nach des Leonhard Kopp Anweisung zwischen leeren Tonnen, die er der Tarnung wegen geladen hatte. Hockten da. Kopp zog die Plane zu.

Vorne bei den Gäulen reden leise drei Männer. Peitschenknallen. Die Tiere ziehen. Der Wagen schwankt. Die Tiere traben. Auf und ab hüpfen wir, mit den polternden Fässern hin und her. Zuweilen gehen die Tiere Schritt, dann knallt die Peitsche, flucht der Kaufmann. Und so durch die Nacht bis vor das Tor von Torgau.

Koppens Wagen ist der erste und einzige gewesen, der am Ostermorgen durchs eben geöffnete Tor fuhr. Wir hockten verbeult und zerschlagen zwischen den Fässern, wagten nicht und hatten auch kaum noch Kraft, die Plane ein wenig zu öffnen. Denn die Torgauer gingen zur Messe. Sie riefen dem Kopp zu, wieso er am heiligen Ostermorgen auf Reisen sei. »Hat eben bis in den Morgen gedauert, diesmal«, ruft er hinüber. Endlich steht der Wagen. Ein Hoftor knarrt. Dumpf poltert es in einem Hof. Wieder knarrt das Tor, ein Riegel scharrt, und Kopp hebt die Plane, winkt uns Schweigen, und er und die beiden anderen Männer helfen uns beim Aussteigen. Kopp legt den Finger auf seinen Mund und führt uns in ein Haus. Durch die Hintertür. Seine Ehefrau, die vor Ängsten nichts zu sagen weiß, deckt uns gütig und reichlich den Tisch. Kopp aber wirft sich in den Feiertagsstaat und begibt sich hoch erhobenen Hauptes in die Messe. »Für euch neun«, sagt er stolz. Die erste Ostermesse, die wir versäumt haben.

Am Morgen des Osterdienstages schaffte Kopp uns auf Wittenberg zu, nicht mehr zwischen leeren Tonnen, auf Sitzbrettern, aber auch diesmal unter der verbergenden Plane.

Keiner, außer Kopp, sprach ein Wort. Kopp suchte uns zum Lachen zu bringen. Als es ihm nicht glückte, begann er vom Doktor Martinus zu erzählen, wie er von der Wartburg gekommen sei als ein bärtiger Junker, wie er zu Wittenberg den Spuk der Bilderstürmer vertrieben habe, wie er Mönche und

Nonnen aus den Klöstern rufe, selber aber noch immer als ein Mönch im Schwarzen Kloster lebe. Und ganze Predigten des Doktors sagte er her.

Am Abend des Osterdienstages langten wir in Wittenberg an. Vor dem Schwarzen Kloster hielt der Wagen. Wir stiegen aus, unbeholfen und scheu, begafft von einer Menge, die schnell anwuchs wie vor einer Schaubude. Die Klosterpforte öffnete sich. Kopp flüsterte: »Da ist er!« Er wies auf den Mönch, der auf die Schwelle trat, hinter sich die offene Pforte. Eine hagere Gestalt. Unter der kantigen Stirn dunkle, wissende Augen, den Mund verschlossen wie bei Menschen, die viel zu denken und zu sagen haben.

Zum ersten Male standen wir Klosterfrauen Auge in Auge ihm gegenüber. Ich empfand Angst vor ihm, er war so gewaltig, wie er da vor mir stand in der mächtigen, faltigen Mönchskutte. Mir selber kam ich erbärmlich vor, da mir wie im Blitze mein Klosterleben kleinlich erschien, im Nu verglich ich es mit dem, der die fünfundneunzig Thesen in die Welt zu rufen den Mut gehabt hatte.

Der Mönch faßte jede der neun Klosterfrauen in die Augen, lächelte sie gütig an, dann bekam sein Gesicht plötzlich den Anschein großer Härte, und seine funkelnden Augen tasteten die Menge ab.

Ohne ein Wort zu sagen, trat er zu uns, begrüßte eine jede und hieß uns in das Besuchszimmer gehen. Hilflos saßen wir dort. Wir hörten, wie er zur Menge sprach. Er sagte, sie wüßten, daß viele Mönche das Schwarze Kloster verlassen hätten, weil sie die Werke des Glaubens nicht mehr im Kloster, sondern an dem Ort tun wollten, wohin Gott sie schicken werde und schon geschickt habe. Auch in anderen

Klöstern sei solches geschehen. Er habe als ein Berater der Seelen die Klosterpforten zur Flucht geöffnet, auch für diese neun Nonnen, und der ehrenwerte Leonhard Kopp habe sie gen Wittenberg geführt. Wohin auch sonst? Seien sie doch zur Zeit ohne Heimat. So müßten denn die Wittenberger ein großes Werk des Glaubens tun. Sie müßten den Klosterfrauen helfen, ohne Scham und Schande das Ordensgewand abzulegen und ein neues Leben zu beginnen in der Freiheit eines Christenmenschen, wie er denn genugsam gepredigt habe. Sollte aber jemand willens sein, die Klosterfrauen zu verdammen, da sie doch gesündigt hätten durch Absage der Gelübde, so müsse er einem solchen Christen sagen: Wenn du ohne Sünde bist, so wirf den ersten Stein auf sie!

Der Doktor sprach wie einer, der sich mit Leuten unterhält, einfach, unmißverständlich, jede Silbe und jeden Laut genau hervorbringend, dabei mit solcher Kraft der Überzeugung, daß jeder erkennen konnte: Der Doktor spricht aus dem Herzen in die Herzen.

Bald kam er ins Besuchszimmer, da wir saßen. Er hatte ehrenwerte Männer bei sich, die schauten uns bescheiden und mit Achtung an. Eine jede von uns erfuhr, daß sie für die nächste Zeit Unterkunft und Zehrung hätte, daß der Doktor bei den Eltern oder Verwandten sich um sie bemühen wolle und was des Trostes mehr sein konnte in solcher Lage.

Danach ist es so geschehen, daß die meisten von uns doch noch Gnade fanden bei Eltern oder Verwandten. Die nicht begnadigt wurden, hatten die Sicherheit, fürs erste in Wittenberg geborgen zu sein, die beiden Schönfelds bei dem Maler Lucas

Cranach, ich bei Magister Reichenbach, Stadtschreiber von Wittenberg.

Das geschah, wie schon berichtet, um das Osterfest 1523.

Am Tage meiner Aufnahme in die Hausgemeinschaft des ehrsamen Stadtschreibers Philipp Reichenbach legte ich Kutte und Schleier ab. Ich war nicht mehr Nonne. Aber mit dem neuen Leben ohne Habit wurde ich darum kaum leichter und schneller fertig. Ich stolperte über alles, was nicht klösterliche Weise hatte. Wer so lange klösterlich gelebt hat, der schreitet noch lange unter der Kutte und wendet den Kopf unter der Haube, auch wenn er nach der Mode der Jungfräulein gekleidet geht. Ja, ich mußte sogar lernen, mit anderen zu plaudern, mir fehlte es an Kenntnis des weltlichen Lebens und am Urteil über dieses und jenes. Über mein Kloster hätte ich plaudern können, aber die jungen Mädchen und Burschen erwarteten von mir böse Worte über Klosterfrauen oder Mönche. Sie trugen vom Klosterleben ein falsches Bild in sich, das hatten sie in sich gesogen aus unwahrhaftigem Geschwätz und aus Schmähschriften, wie sie von Hand zu Hand gegeben werden. So hielten sie die Wahrheit, die ich ihnen hätte künden können, zumindest für zweifelhaft. Im übrigen mußte ich auch lernen, mit Männern und jungen Burschen zu sprechen, ohne zu erröten. Sie merkten meine Verlegenheit und verlustierten sich daran, wie ich meine beiden Hände mit noch klösterlicher Übung in die Ärmel schob, sobald ich eines Mannes oder Burschen ansichtig wurde. Das einzige, was mir gleich und gut gelang, war die Arbeit im Haushalt und Garten meines Gastgebers, dazu der kundige Umgang mit Heiltümern, wo es nötig war im Hause Reichenbachs. War ich doch der Zisterzienserin Magdalena von Bora gelehrige Schülerin gewesen. Viele heimliche Rezepte der Schwester hatte ich mir eingeprägt. Ich habe sie meiner Tochter Margareta anvertraut. Später als Mutter wird sie ihrer des öfteren bedürfen.

Meine Schüchternheit der Klosterfrau habe ich bald überwunden. Aber das Herbe, von dem ich sprach, ist mir geblieben. Die Burschen, die mich kannten und deren dieser und jener ein wenig um mich herumscharwenzelte, spotteten meiner und nannten mich, wie ich erfuhr, »ein hochmütig, eingebildet, eisig Weibsbild«, wobei dann auch der Titel »ausgesprungene Nonne« des öfteren zu Ehren kam. Sie dachten sich wohl, eine solche Nonne habe nichts Eiligeres zu tun, als nach einem Mannsbild sich umzusehen. Wahrhaftig, nicht um eines Mannes willen habe ich die Gelübde verlassen. Wohl drängte mein Doktor schon bald, wir Klosterfrauen sollten nach Gottes Ordnung und Willen an eine ehrbare Ehe denken. Darin gab er selber kein Beispiel. Damals hat er mit Händen und Füßen gegen die Ehe sich gewehrt. Des gnädigen Kurfürsten Kanzler Spalatin wußte darum, ihm hatte mein Doktor geschrieben: »Guter Gott, unsere Wittenberger wollen nun auch noch den Mönchen Weiber geben. Aber mir sollen sie kein's aufdrängen.«

Auch ich dachte nicht ans Heiraten. An den Mönch Martinus schon gar nicht. Ich verehrte ihn, wußte ihm Dank und hielt mich scheu, wenn er in Reichenbachs Hause zu Gast war.

Er aber mochte mich nicht, oft genug bekam ich es zu spüren, durch Übersehen, wenn ich die Gäste bedienen mußte, durch Sprüche über »stolze, hoffärtige

Weiber«, den Gästen gesagt, aber auf mich gezielt. Vor allem war es jener eigenartige, kalte Strom, der von Mensch zu Mensch fließt, wenn sie einander nicht hold sind.

Von der Ave von Schönfeld bei Lucas Cranach bekam ich im Vertrauen zu hören, der Doktor habe ein Auge für sie. Das war wohl mehr Wunsch der Ave als Wirklichkeit, so meinte ich damals. Wie denn Frauen ihrer Natur nach wünschen, durch einen bedeutenden Mann emporgetragen zu werden in dessen hohen Geist und Wesen durch die Liebe. Eine rechte Frau kann nur lieben, was sie überragt. Ich habe es der Ave von Schönfeld gerne gelassen. Dreizehn Jahre später erfuhr ich aus meines Doktors eigenem Munde über Tisch: »Wenn ich vor dreizehn Jahren hätte wollen freien, so hätte ich Ave von Schönfeld genommen, die jetzt der Doktor Basilius, der Medicus in Preußen, hat.«

Ans Heiraten denken? Wo es noch gar nicht ausgemacht war, ob unser gnädigster Herr Kurfürst Friedrich uns »Ausgesprungenen« die Freiheit lassen und behüten werde. Denn die Ehrwürdigste Muter Äbtissin zu Maria Thron hatte die Pflicht, gemeinsam mit dem Abte und der weltlichen Obrigkeit nach uns zu forschen. Nach Jahren erfuhr ich, unser gnädigster Herr, der vorsichtige und weise Regent, habe sich keine Laus in den Pelz setzen wollen und daher unseren klösterlichen Vorgesetzten geantwortet, er wisse nicht, wie und weshalb diese Sache vor sich gegangen sei. Auch habe er sich nie um solche Dinge gekümmert. Die Nonnen sollten selber verantworten, was sie getan hätten.

Dabei ist es geblieben.

Sonderbar schien es uns, wie der Doktor, der das

Büchlein »Über die Mönchsgelübde« geschrieben und uns zur Flucht verholfen hatte, selber noch im Kloster ausharrte, wenigsten dem Habit nach ein Mönch, einer von den wenigen, die im Schwarzen Kloster ein kümmerliches Dasein führten, oft genug ohne ausreichende Zehrung. Erst im Oktober 1524 legte mein Doktor als einer der letzten Mönche des Schwarzen Klosters die Kutte ab. Von da an ging er gekleidet wie die übrigen Doktoren der Hohen Schule. Ich muß aber vermerken, daß an ihm wie ja auch an mir viel Klösterliches haften geblieben ist, außen und innen. Nie haben wir es ganz ablegen können. Es haftet unserem Wesen an als ein unauslöschlich Merkmal. Weltleute haben dafür oft ein scharfes Auge. Manche lächeln dann, verstehend oder spöttisch, zu Recht oder zu Unrecht.

*

Vierundzwanzig Jahre zählte ich, da geschah mir zum ersten Male die irdische Liebe.

Ein reifer Mann aus gutem Hause und mit liebenswertem Charakter war es, der mein unkundiges, aber doch menschlich und fraulich gebliebenes Herz rätselhaft bewegte: Hieronymus Baumgärtner aus Nürnberg. Er hatte in Wittenberg studiert. Dem Magister Melanchthon war er befreundet. So wohnte er einige Zeit als Gast im Melanchthon-Hause. Aber sein Besuch bei Magister Melanchthon währte erstaunlich lange. Um meinetwillen blieb er länger als nötig. Für mich ist das die erste hohe Zeit meines weltlichen Lebens gewesen. Als Hieronymus endlich abreiste, geschah es in der Absicht, mich bald nach Nürnberg zu holen. Meinem Doktor blieb das nicht verborgen. Er sagte: »Gott sei Dank.« Wäre er doch durch meine Verheiratung der Sorge um mich ledig geworden.

Hieronymus ist nie nach Wittenberg zurückgekehrt. Sein stolzer, gestrenger Herr Vater, der Patrizier Baumgärtner, hat nein gesagt. »Eine ausgesprungene Nonne? Von adeligem Stande, sagst du. Wenn auch, aber eine Ausgesprungene niemals! Derlei Volk läuft heutzutage haufenweise auf der Straße herum, man kann nicht mehr unterscheiden, was ehrlich und was unehrlich ist.«

Hieronymus kam nicht wieder.

Es wundert nicht, daß ich bei solcher ersten Liebesnot die Stimme unserer Novizenmeisterin zu Maria Thron zu vernehmen wähnte, die uns Jungfrauen Abscheu vor der bösen Welt einflößen mußte:

»Die Welt ist außen schöne, weiß grün und rot, und innen schwarzer Farbe, finster wie der Tod.«

Doktor Martinus war empört über die Art, in der Hieronymus sich empfohlen hatte. Aber er gab nicht einfach auf. Er schrieb an Hieronymus: »Wollt Ihr übrigens Eure Käthe von Bora festhalten, so tut bald etwas dazu, bevor sie ein anderer bekommt, der bei der Hand ist. Sie hat ihre Liebe zu Euch noch nicht überwunden. Ich würde wahrlich an jeder der beiden Verbindungen meine Freude haben.«

Hieronymus hat nie geantwortet.

Der andere, der »bei der Hand« war, ist Herr Doktor Caspar Glatz gewesen, Pfarrherr zu Orlamünde. Ach, der »Glacius«! Ich mochte ihn nicht. Als Hieronymus noch zu Wittenberg weilte, scharwenzelte Herr Glacius um uns beide herum, lauerte wie ein Fuchs, irgendwann zuzuspringen, den Hieronymus abzubeißen. Schon das widerte mich an. Dazu kam das Gefühl einer Angst, sooft ich des Glacius Werbung zu spüren bekam. Diese Angst konnte ich nicht deuten. Hätte ich sie meinem Doktor Martinus bekannt, er wäre mir, wie ich ihn heute kenne, arg gekommen: »Ihr solltet Niesewurz nehmen, euer Gehirn zu reinigen!« Auch darum sagte ich ihm meine Abneigung nicht, weil ich ihm nicht wehe tun wollte. War doch seine Absicht edel und klug, mich auf irgendeine Weise und bald unter die Haube zu bringen. Er wußte, ich sei nicht dazu getan, mein Leben lang fremder Leute Brot zu essen.

So bat ich Herrn von Amsdorf, Pfarrherrn zu Magdeburg. Der sagte: »Doktor Glacius, freilich, ein simpler Pfarrherr. Aber dazu ein wenig ...« Er verschluckte das Ende, wohl um dem Glacius nichts Übles nachzusagen. Aber er fuhr dann fort: »Eine rechtschaffene Ehefrau würde wohl etwas Beständiges, Zuverlässiges und Duldsames aus ihm machen können.« Und wieder eine Pause des Schweigens. Dann ein Lächeln und: »Oder ... muß es denn um alles in der Welt einer von Adel sein?« Mir stieg das Blut in den Kopf, aus Zorn und aus Scham. Herr von Amsdorf war von Adel. Aber was ich an ihm schätzte, war seine hohe Wesensart, das, was ich auch an dem nicht adeligen Doktor Martinus verehrte. Da schoß es mir aus dem Munde: »Euch, Herr von Amsdorf, und auch wohl Doktor Martinus würde ich nicht abweisen.« Er lächelte und sagte: »Doktor Martinus! Sieh einer an! Nun, dann wißt Ihr meinen Rat!«

O ihr Fäden im Teppich meines Lebens! Meines Doktors Ring hier vor mir auf seinem Tische! Der Ring an meiner Hand!

Und der Meister, der die Fäden knüpfte, arbeitete weiter.

Ich wußte nun des Herrn von Amsdorf Rat, an den ich eigentlich nie gedacht hatte. Ich hielt ihn für unausführbar. Bis dahin hatte Doktor Martinus ja deutlich seine Abneigung mir zu verstehen gegeben. Seine Augen waren anders als die eines Mannes auf Brautschau. Auch konnte ich für wahr halten, daß er, der ernstere, gründlichere Mann, der immer noch unter der Kutte ging, schwerer als ich an den Klostergelübden trug. Die sind ja nicht so leicht abzulegen wie ein Mantel. Es hat der Leichtfertigen genug gegeben, die dem Mönch Martinus übelwollend nachsagten, er sei um des Weibes willen ausgesprungen. Ich weiß es besser, und die Wahrheit weiß es besser. Nicht daß mein Doktor in der Ehegemeinschaft etwas Ungöttliches gesehen hätte. Zu klar hat er später die Ehegemeinschaft als eine göttliche Ordnung gepriesen. Aber er wußte, daß alle Welt auf ihn schaute. Dieser Welt schien der Ehestand eines Priesters ein unerträgliches Ärgernis. Dazu kam, daß die ausgetretenen Mönche und Nonnen weit und breit geschmäht und mit Ehrabschneidung und Verleumdung erniedrigt wurden. Offenbar ist wohl, daß viele der Ausgetretenen jegliche Fessel von sich abgeworfen hatten und also leider Ursache genug gaben zu solcher Beurteilung. Sind aber die Richter selber nicht auch schuldig, weil sie durch ihre Feme jenen Mönchen und Nonnen den Weg in ein neues Leben verbauten? Jedenfalls mußte mein Doktor sich davor hüten, daß nun gerade er ein Stein des Anstoßes und ein Ziel der Verhöhnungen werde. Sahen doch die Suchenden und die Verdammenden in meinem Doktor die führende und verantwortliche Gestalt der neuen Frömmigkeit. Doktor Martinus und die Kirche Jesu Christi, das bedeutete für seine Anhänger genau soviel, wie für seine Gegner der Papst und die Kirche bedeutete. Beide hatten untadelhaft zu sein. Ihr Beispiel führte zum Glauben oder zum Unglauben. So ist es begreiflich, daß mein Doktor von allen zu seiner Zeit ausgetretenen Mönchen fast der letzte gewesen ist, der sich zur Ehe hat entschließen können.

Eines Abends sitzt er in abgeschabter, geflickter Kutte bei Reichenbachs als Gast. Hausfrau und Hausherr verlassen auf eine Zeit die Stube. Ich trage ein Kännlein Torgauer Bier auf den Tisch und gieße dem Doktor ein, verlegen, da ich mit ihm allein bin. Er beobachtet mich und sagt:

»Aus welcher Ursache ist das Fräulein von Bora so gar herb?«

Ich gieße langsamer, Zeit zu gewinnen für eine Antwort. Denn das Denken ist mir verwirrt. Schließ lich sage ich: »Man wird so.«

Er darauf: »Wer schafft uns das?«

»Das . . . Leben, Herr Doktor.«

»Ja, es schneit Teufel. Oder bereut Ihr, nicht mehr zu Maria Thron zu sein?«

»Ich bin Euch dankbar, Herr Doktor.«

»Oder . . . Ist es immer noch der Hieronymus? Oder jener Streithahn Glacius?«

Ich mag keine Antwort geben.

Der Doktor: »Wer Schach spielen will, darf den Kopf nicht in den Beutel stecken. Der von Amsdorf . . . Ihr kennt ihn doch?«

»Ja.«

»Nun?«

Ich spüre, wie er dem »von« einen bissigen Klang

gibt. Das entlockt mir eine trotzige Antwort: »Ich bin ein stolzes, hochmütiges Weib, Herr Doktor.«

Da zuckt er zusammen, wird verlegen. Und rettet sich aus der Not: »Wie Ihr das sagt, gefällt es mir. Demut muß wohl innen wohnen.«

Der Mönch dreht den Krug hin und her und sagt sehr langsam mit dunkler, weicher Stimme, mit einem Unterton, der mich anrührt: »Keiner kann sagen, er habe sein Leben hinausgeführt nach seinen Anschlägen und Gedanken. Allerwege geht es anders, als wir meinen. – Wie ein Sprichwort sagt: An eigenen Gedanken und gespanntem Tuch geht immer viel ab. – Oder: Eichene und eigene Anschläge geraten selten wohl. – Es ist mir mein Lebtag nie gegangen nach meinen Anschlägen. Hab mir wohl viel vorgenommen, also zu tun. Aber wenn es nicht unseres Herren Gottes Wort und Werk gewesen ist, das mich dazu gedrungen hat, so ist das meiste Teil wohl nachgeblieben.«

Ich stand da, mit dem Bierkännlein in der Hand. Und stand noch, als die Reichenbachs wieder eintraten. Die wunderten sich über das Schweigen, das seltsam zwischen dem Doktor und mir hing. Es zu zerschneiden, sagte mein Doktor, etwas heiser: »Wer weiß denn, was werden wird?«

Da ging ich hinaus, eilte in meine Kammer und grübelte den schweren Worten nach.

An ein Ende kam ich in dieser Nacht nicht.

Anderen Tages hegte ich keine Abneigung mehr. Ich wäre bereit gewesen, den seltsamen Menschen, dessen tiefes, warmes Gemüt sich mir offenbart hatte, gegen jedermann zu verteidigen.

Von da an ist mein Doktor öfter als zuvor bei Reichenbachs zu Besuch gewesen. Wir sprachen aber nicht oft miteinander. Ich jedoch, wenn es gegen den Abend ging, öffnete heimlich einen Fensterspalt, zu lugen, ob er nicht komme.

In den ersten Tagen des Oktobers, ich glaube, es war am neunten Tage im Jahre 1524, stehe ich am Abend wieder einmal am Fenster: Ein Mann kommt auf Reichenbachs Haus zu. Die Leute, die ihm begegnen, grüßen ihn ehrfürchtig, blicken sich nach ihm um, stehen, bevor sie in ein Haus treten, eine Weile auf der Schwelle. Mit ihren Blicken verfolgen sie den Mann, der Schaube und Barett eines Doktors trägt. Erst als der Mann kurz vor Reichenbachs Haus wie mit kurzem Entschluß von der anderen Straßenseite herüberschreitet, erkenne ich ihn: Doktor Martinus! So hat er also die Mönchskutte abgelegt!

Doktor Martinus bleibt nicht lange. Offensichtlich fühlt er sich nicht wohl unter der ihm ungewohnten Tracht. Er zupft und zieht bald hier, bald da an seinem neuen Gewand, schiebt seine Hände immer wieder in die Ärmel, zieht sie schnell wieder heraus. Ich lächle verstohlen. Ich kenne das ja.

Herr Reichenbach sagt: »Es freut mich, Herr Doktor, daß Euch das Häuten so schwer gefallen ist. So habe ich doch erkannt, wenn ich es nicht schon gewußt hätte, Ihr seid nicht der Mann, der sein Fähnlein nach dem Winde hängt.«

Mein Doktor antwortete: »Es sieht sich leicht an, das Häuten. Aber die Kutte wiegt einen Malter und mehr. Ein rechter Mönch, wie ich habe sein wollen, kriegt sie nur mit Mühe über Herz und Kopf. Hängt ja so viel in den Falten! Nun, ich bin sie los. Gebe Gott, ich schaffe danach mehr als zuvor!«

Der Reichenbach: »Wollt Ihr fernerhin im Kloster bleiben?«

Mein Doktor sagte: »Wie könnte ich gehen? Sind doch noch vier arme Mönchlein im Schwarzen Kloster. Muß sehen, daß sie nicht gar verhungern und erfrieren. Denn bei uns im Kloster ist das beste Vieh die Katze.«

Reichenbach meinte: »Die vier sollten schleunigst so tun wie mein Doktor: die Kutte aus und auf und davon!«

Aber mein Doktor gab zurück: »Habt Achtung vor ihnen! Sie liegen tapfer mit Gott im Streit. Und sehet: Die Wiesen sind im Winter und Lenzen auch da. Aber da macht man kein Heu. Also hat Gott es gemacht, daß alle Dinge in der Welt ihre Zeit und Stunde haben.«

Reichenbach gab nicht nach: »Man muß dem Herr Gott manchmal ein wenig nachhelfen. Sind nicht zwei blutjunge Mannskerle bei Euch im Kloster? Man sollte den Herren Gott herausfordern: Wo sind für die beiden zwei junge Weibsbilder?«

Mein Doktor lächelte bitter: »Über zwei Zöpfe straucheln wie König David, obwohl er einen Löwen zerriß und den Teufel Goliath erschlug, bei Gott, das wäre kein guter Anfang.«

Wieder hatte ich in sein abgründiges Herz geschaut.

Dann ist der Doktor gegangen, nicht ohne sein neues Gewand zurechtzuziehen.

Der Teufel bei Bauern und Tyrannen zu Gaste. Zwei Eheringe und zwanzig Mainzer Dukaten.

DER WINTER ging seinen Weg.

Manchmal noch saß Doktor Martinus bei uns am Ofen. Mit der Kälte konnte er nicht recht fertig werden. »Hab im Kloster zuviel frieren müssen und wollen«, sagte er einmal.

An einem Abend, als auch Magister Melanchthon gekommen war, stand die Stubentür ein wenig offen, so daß ich hören konnte, was da gesprochen wurde. Doktor Martinus las den Männern einen Brief seines Vaters vor. Der Vater verlangte, Martinus solle um des Beispiels willen und auch wegen viel übler Nachrede sich verehelichen.

Magister Melanchthon hielt nicht für gut, was der Vater forderte. Reichenbach aber wußte viel Übles zu berichten, das in Stadt und Land umging gegen Doktor Martinus. Der Kern aller Verleumdung: Der Mönch läuft einem Weibsbild nach. Das Weibsbild steigt nachts zu ihm ins Kloster. Der Mönch will das Weibsbild nicht heiraten, ohne Heirat kann er ärger treiben, was ihn gelüstet. Andere Mönche und Nonnen hat er in die Ehe gejagt. Dahinter versteckt er seine Geilheit. Was Wunder! Er, der leibeigene Sohn des Satans! Der Satan hat als ein »Incubus« Leibesgestalt angenommen und einer Bademagd zugehalten. Die Frucht ist der Mönch gewesen. Andere streuen aus: Der Teufel sei als Händler mit Edelsteinen nach Wittenberg gekommen, sei Gast in eines Bürgers Haus geworden und habe mit der Hausfrau den Mönch gezeugt. Unter solchem Gerede verging ich fast vor Entsetzen.

Meinen Doktor bedrückten nicht diese Schmähungen, sondern die Sorge, es könne das Evangelium Jesu Christi darunter leiden. Und über das »Weibsbild«, lachte er. War er doch reinen Gewissens.

Da hat ihm Reichenbach einen Stoß gegeben: »Das Weibsbild, das die Mäuler meinen, steht nahebei. Dort in der Küche.«

Darauf mein Doktor erschrocken: »Das Fräulein von Bora?«

Herr Reichenbach forderte: »Ihr müßt etwas tun, Herr Doktor! Ihr müßt!«

Ohne Antwort ist mein Doktor so heftig aufgesprungen, daß sein Stuhl einen Lärm machte, hat sich verabschiedet, überstürzt, verfehlte die Tür zur Treppe, stand plötzlich in der Küche, sah mich und stammelte: »Ihr habt ...? Aber keine Angst! Das Bier schmeckt gemeinhin nach dem Faß.« Und schon in der Stubentür stehend, sagte er, sonderbar gut mich anschauend: »Ich werde ihnen Brillen aufsetzen, daß sie sehen können.«

Was in der Stube eine kurze Weile noch gesprochen worden ist, hörte ich nicht mehr. Ich hatte auf anderes zu lauschen, auf das, was des Doktors Augen und sein letztes jähes Wort in mich hineingerufen hatten. Und in der Nacht, da ich den vergangenen Abend durchdachte und durchforschte, auch mich dagegen wehrte, geschah mir, daß ich mich eines Liedes der Schwester Mechtild von Magdeburg erinnerte, in dem ich vor Zeiten gelesen hatte:

»Seine Seele in meine Seele,
unverdrossen und umfangen.«

Dabei erlebte ich eine große Einsamkeit, als sei ich der alleinige Mensch in der Welt. Dieser spürte zugleich, daß er kreisen müsse um ein Du. Und das Du ist größer als das Ich, es verzehrt, es fordert Aufgehen in ihm, es hat die Gewalt des Todes. Das alles geschah in mir als eine geistige Angst. Gegen diese Angst wehrte ich mich und strebte doch danach.

Anstatt daß wir äußerlich uns inniger begegneten, gingen wir von da an eine Zeit uns fast aus dem Wege. Oder wenn wir in Reichenbachs Hause uns einmal nahe kamen, so stand etwas zwischen uns, eine Scheu, gar eine Furcht, so daß unsere Augen nur wie ein rascher Atemzug aneinander vorüberglitten.

Ich glaubte, mein Doktor erlebe das gleiche, das ich erlebte. So fand ich keinen Reim auf seine Melancholie, der er mir preisgegeben zu sein schien. Er kam mir vor wie in einem schwarzen Netze hängend. Bei einer Gelegenheit fragte ich die Hausfrau des Magisters Melanchthon. Sie war durch den Magister in vieles eingeweiht und konnte mir Auskunft geben. Denn mein Doktor ging im Magisterhause ein und aus als im Hause seines besten Kollegen von der Hohen Schule. Die Melanchthonin sagte mir, ob ich denn gar blind und taub einhergehe, daß ich nicht wisse, was alles der Doktor zu tragen habe? Üble Nachreden? Die kümmerten ihn einen Deut. Der Teufel müsse solche Heiligen haben, sage der Doktor. Aber das andere: Die Fürsten verderben ihm die Tage und Nächte. Deutlich und grob, wie er alles Böse angehe, schleudere er ihnen ins Gesicht, es gebe nur ganz wenige Fürsten, die man nicht für Narren oder Buben halten müsse. Der gemeine Mann verachte sie mehr und mehr. Dem werde nicht zu wehren sein, wenn die Fürsten sich nicht fürstlich benähmen und wieder anfingen, mit Vernunft und Bedacht zu regieren. Man werde, wolle und könne nicht die Tyrannei der Fürsten und ihren Mutwillen auf die Dauer leiden. Dies seien des Doktors eigene Schrift und Worte. Auch habe des Kaisers Majestät an Glanz und Macht verloren. Indessen tanzten die Fürsten nach des Teufels Flöte, einer dem anderen auf die Füße tretend. Zu allem Unheil komme noch, daß in unseres gnädigsten Kurfürsten Lande Männer wie Karlstadt hausten, der vor nicht langer Zeit in Wittenberg gemeinsam mit Thomas Münzer nun auch in Orlamünde die Heiligenbilder und gar das Kreuz unseres Herrn schmähte und stürmte. Dieser Karlstadt wisse wohl nur das Alte Testament und werde, wie der Doktor sage, eines Tages gar die jüdische Beschneidung wieder einführen. Auch zu Eisenach verwirre ein Schwarmgeist, Strauß genannt, die Gewissen mit dem Alten Testamente. Und der gewalttätige Thomas Münzer predige und fordere, das Reich Gottes aufzubauen aus lauter Rechtgläubigen und alle Ungläubigen zu töten. »Welch eine Suppe!« klage der Doktor. »Aber wie der Topf, so die Suppe!« Und da der Doktor sehe, was die Toren aus seiner Predigt des Evangeliums machen, wie statt Einheit der Kirche ein Wirrwarr sondergleichen sich vermehre, so jammere der arme Doktor: »Ein Heide, wenn er nun in unser Christentum tritt und solches sieht, so ärgert er sich daran und spricht: Wenn ich bleiben wollte zwischen Geizhälsen, Wucherern, Hurern und Vollsäufern, so hätte ich wohl im Heidentum bleiben können. Und sitzt dann zwischen zwei Stühlen nieder.«

»Dringt es denn nicht in eures Herrn Reichenbachs Haus«, sagte die Frau Magister, »wie die Feinde des Doktors jubilieren: ›Sehet, das ist nun sein Werk!‹ Aber Ihr wißt doch, Käthe von Bora, er hat nichts anderes gewollt als mit dem Besen die Kirche Christi auskehren. Er hat sich daran geärgert, wenn einer ›Lutherische Kirche‹ sagte. Man könne doch nicht Karlstadts Kirche oder Münzers Kirche oder wie immer sie heißen mögen, sagen, sondern nur die eine Kirche Jesu Christi, wie geschrieben stehe, eine Herde und ein Hirte.«

Mir war es schwer, an all das Böse zu glauben. Ich war noch ein harmloses Menschlein. Dennoch legte Frau Melanchthonin mir schwere Last auf die Schulter.

Aber das hat wohl so müssen sein. Denn nun erst recht begann mein Mitleiden mit Doktor Martinus. Und was bis dahin scheu und ängstlich vor einem Bekenntnis sich hütete, das konnte jetzt nicht mehr an sich halten. Nicht, daß ich mir etwas vergeben hätte durch Blick oder Wort, die einer Jungfrau nicht wohl an stehen, sondern ich war entschlossen, zu seiner Zeit mich zu bekennen.

Eines Tages begegnet mir der Doktor, da ich zum Markte gehe, und er kommt von der Schule. Da steht er bei mir, mustert mein Gesicht und sagt: »Noch herber, immer noch herber, Jungfrau.«

Gesenkten Blickes erwidere ich: »Die Leute sagen, der Doktor sieht sehr traurig.«

Er darauf: »Jungfer von Bora, es ist Zeit, daß wir einander helfen.«

Und ich? Weiter nichts als: »Ach, Herr Doktor!«

Er aber: »Bedenkt, was ich sagte!« Und geht.

Damit trug ich seine Werbung und sein Wort in mir.

So trug er auch mein Wort in sich.

Beides habe ich, seiner Mahnung gemäß, gewissenhaft bedacht und habe beides als bare Münze genommen. Denn mir war es so ernst wie dem Manne, bei dem ich mich einer Täuschung oder eines Spieles nicht versehen mochte noch konnte. Ich schalt mich nur, weil ich mich nicht mit der Eindeutigkeit bekannt hatte, mit der mein Doktor um mich warb.

*

Um diese Zeit begann der alte Moorbrand, den die Bauern aus traurigen, aber wahrhaftigen Gründen lange schon gelegt und geschürt hatten, unheimlich sich auszudehnen, bis er Wälder, Felder, Hütten und Burgen, Knechte und Herren ergriff mit jammervollen Flammen aus Blut und Bosheit, Schuld und Schande, erbarmungslos. Rauchwolken tausendfältiger Sünde der Bauern und ihrer Fronherren verdunkelten die Lande. Das Schreckliche war: Meines Doktors Schrift »Von der Freiheit eines Christenmenschen« mußte als Ursache dafür herhalten, als sei sie das von meinem Doktor gemalte Panier des Teufels. Mein Doktor aber sagte den Herren: »Das Schwert ist Euch auf dem Halse! Ihr müßt anders werden und Gottes Wort weichen. Tut Ihr's nicht durch freundliche, willige Weise, so müßt Ihr's tun durch gewaltige und verderbliche Unweise. Tun's diese Bauern nicht, so müssen's andre tun. Und ob Ihr sie alle schlüget, so sind sie noch ungeschlagen, Gott wird andere erwecken. Es sind nicht die Bauern, die sich wider Euch setzen.

Gott ist's selbst, der sich wider Euch setzt, heimzusuchen Eure Wüterei. Auf daß Ihr aber noch weiter Euch versündigt, so fangen etliche an und geben dem Evangelium die Schuld, das sei die Frucht meiner Lehre. Aber Ihr und jedermann muß mir Zeugnis geben, daß ich in aller Stille gelehrt habe, heftig wider Aufruhr gestritten und zu Gehorsam und Ehre auch Eurer tyrannischen Obrigkeit die Untertanen gehalten und vermahnt. So ist dieser Aufruhr nicht aus mir kommen, sondern die Mordpropheten, welche mir ja so feind sind als Euch, die sind unter diesen Pöbel gekommen. Ist Euch noch zu raten, Ihr Herren, so sucht's zuvor gütlich, weil Ihr nicht wißt, was Gott tun will, auf daß nicht ein Funke angehe und ganz Deutschland anzünde. Den ersten Artikel, da sie begehren, das Evangelium zu hören und das Recht, einen Pfarrer zu wählen, könnt Ihr nicht abschlagen. Die anderen Artikel, so leibliche Beschwerden anzeigen, sind ja auch billig und recht.«

Und an die Bauern wandte sich mein Doktor und rief mit seiner Schrift »Ermahnung zum Frieden« also: »Dies ist meine freundliche Bitte, liebe Herren und Brüder: Glaubt nicht allerlei Geistern und Predigern, nachdem der leidige Satan jetzt viel wilde Rottengeister und Mordgeister unter dem Namen des Evangeliums erweckt hat. Ich will meine treue Warnung an Euch nicht sparen. Ich habe nie ein Schwert gezückt noch Rache begehrt, ich habe keine Rotterei noch Aufruhr angefangen, sondern der weltlichen Obrigkeit, auch der, so das Evangelium und mich verfolgte, ihre Gewalt und Ehre verteidigen helfen, soviel ich vermöchte. Nun fallt Ihr mir drein, wollt dem Evangelium helfen und seht nicht, daß Ihr's damit auf's Allerhöchste hindert und verdrückt.«

Heimlich, um kein neues Gerede zu erwecken, hat mein Doktor mir diese Schrift zugeschoben. War er bis dahin mir bereits ins Herz gewachsen, nach dieser Schrift bestand weder Zweifel noch Bangigkeit mehr in mir, allein Freude und Liebe zu diesem lauteren, furchtlosen Manne, dem man übel wollte, wo immer einer von eigener Schuld sich zu lösen versuchte. Ich wollte und mußte mich ihm zu eigen geben und als seine entschlossene Frau mit ihm teilen nicht nur Hausstand und Frieden, sondern Schlachtfeld und Unfrieden. Daß mir beides bevorstehen konnte, war mir gewiß. Und an dem Tage, da er mich nach meinem klaren Willen fragte, gab ich ihm aufrichtig und bereit mein klares Ja.

Nichts anderes hatte mein Doktor erwartet. Und so verriet er mir, er habe beim Goldschmied zwei Ringe bestellt. Einen davon solle ich schmieden lassen, wie ich möge.

Bald danach haben wir in Gegenwart meines Herrn Reichenbach Tag und Stunde unserer Heirat und Trauung beraten. Wir waren einig, alles geheim zu halten. Freund und Feind wollten wir vor ein vollendetes Werk stellen. Sie sollten erkennen, daß wir in allem in der Ordnung Gottes zu leben bereit waren. Mein Doktor vor allem hatte ja zu beweisen, gerade in jenen Zeiten gottlosen Aufruhrs und gemeiner Verleumdung, daß er das Evangelium nicht nur predigte. Auch mußte er meine Ehre schützen, die tief genug in die Gosse der Konkubinen geschleift worden war. Hätten wir unsere beabsichtigte Heirat zuvor in den Mund der Leute gebracht, so wären die Feinde taumelig geworden vor Tanzen, und die guten Freunde, wie besonders Magister Melanchthon, hätten uns gequält mit Vorwürfen aus ihrer eigenen Ängstlichkeit und Mangel an Bereitschaft zu letzten Folgerungen. Und auch: In solcher Zeit, die um uns tobte wie ein Meer aus Feuer und Blut, begehrten wir nicht, vom gemeinen Volke, das uns wohlgesinnt war, bedacht zu werden mit Polterabend, Geschenken und festlichen Bräuchen. Uns war der Weg bis zum Altar bitterer gemacht worden als je zwei Menschen. Bei unserer Eheschließung war der Dritte mit im Bunde, der, welcher den Teppich unseres Lebens geknüpft hatte bis dahin. Dieser Dritte hat mit Schmerz und Beschwerde nicht gespart, bis er die Fäden zusammenfließen ließ. Er hat diese Ehe geschlossen, das heißt doch wohl, er hat einen güldenen Ring gelegt um Martinus und mich. Ein solches Geschehen mit Flöten, Viola und Saitenspiel zu feiern, hielten wir, auch ohne der schweren Zeit zu gedenken, für ungut. Jedoch ein offenes Zeugnis unserer Ehe zu geben, waren wir willens und wählten für diese Feier gutgesinnte Freunde.

Und das Haus, in dem wir zu wohnen gedachten? Es war gegeben: Des Doktors Haus, das von allen Mönchen verlassene Schwarze Kloster. Stuben, Tische, Bänke, harte Betten, Küche, Keller, alles stand bereit. Mir zwar grauste nicht wenig davor. Die kalten Korridore, der Turm, die Zelle, in der mein Doktor mit dem Teufel gerungen hatte, der sich so leicht nicht verjagen ließ und wohl wieder auftauchen konnte zu irgendeiner Nacht! Dazu gar das spukhafte Klappen der Mönchssandalen, der Geruch der Kutten, das eintönige Psalmodieren der Stundengebete, das Klatschen der Geißeln, ob das alles nicht haften geblieben war in diesen verödeten Räumen? Ob es nicht geistern würde, wenn der Wind an den Dachziegeln rüttelte? Es grauste mir davor. Aber ich verschloß es in mir. Mein Doktor hätte mich ausgelacht, obwohl er den wahrhaftigen Spuk des Teufels öfter und gründlicher erlebt hat als irgendeiner. Ich wußte, er wollte sich durch die Heirat meiner erbarmen, wollte nicht nur sich, auch mir eine Heimat schaffen, ein Eigenes, einen geordneten Hausstand, ein Familienleben, einen Frieden. Er hat es mir gegeben, so gut er es vermochte, bis an meinen Tod danke ich ihm, ich und unsere Kinder, eines verachteten und gebannten Mönches und einer verlachten Nonne Kinder, aber ehrliche Kinder, wie sie eines ehrlichen Vaters und einer ehrlichen Mutter Kinder sind.

*

Eine sehr stille Nacht. Fast wie die Matutin damals im Kloster zu Maria Thron, da ich im Chorgestühle stehend mit meinen Klosterschwestern sang »Venite, adoremus Dominum! Kommt, wir wollen den Herrn anbeten!«

Ich bin feierlich gestimmt, da ich niederschreiben will jenes Ereignis des Abends am 13. Juni Anno 1525.

Mondlicht fällt durch die Butzen, kleine Kreise legen sich in das Licht der Lampe auf den Tisch meines Doktors. Sie geben dem Gold des Ringes, der vor mir liegt, seltsamen Glanz. Mondlicht wäre nicht nötig, auch nicht Lampenlicht. Der Tod hat den Glanz dieses und meines Ringes nicht ermattet.

Der Ehering meines Herrn Gemahls. Ich habe ihn schmieden lassen, so, wie ich dachte, er werde den Doktor erfreuen. Einmal sagte mein Doktor: »Die Dreifalt Gottes und die Ehe haben ihre eigene Rechenkunst. Bei Gott ist eins und eins und eins gleich eins, ebenso bei der Ehe eins und eins gleich eins.«

Danach ließ ich den Goldschmied zwei Ringe schmieden, die zusammengeschoben einen einzigen Ring bilden sollten. Der Schmied hat gut gearbeitet, und in den einen Ring grub er: »Was Gott zu samen figet«, in den anderen: »soll kein Mensch scheiden.« Den Ring habe ich krönen lassen mit einem kleinen Kegel, der die Zeichen trägt CvB und M.L.D. Und aus dem Kegel blicken ein Demant und ein Rubin. Die Steine sind leicht zu deuten.

Ring von meines Doktors Hand, abgestreift und da auf dem Holze liegend, scheinst du sinnlos, ein Stück Zierat, den ein Mensch verlor. Aber solch ein Ring wird nicht sinnlos, wenn er vom Finger eines Toten gestreift wurde. In ihn ist ja hineingeronnen Licht und Liebe eines langen Lebens. Das bleibt geheimnisvoll in ihm, wenn auch sichtbar nur für den, der nicht nur sehen, sondern hineinschauen kann. Und einer Witwe ist das Schauenkönnen gnädig zugeteilt. Sie gehört zu denen, für die das andere Leben nicht die These eines Theologen ist, sondern eine sichere Wirklichkeit. Erfährt sie doch des Gestorbenen geistiges Wirken in ihr einsam und dunkel gewordenes Leben hinein. So lege ich denn meine Ringhand neben dich, du geheimnisvoller, lebendiger Ring, neben meines Ehegemahls Ring hier meinen Ring. Als gäben wir uns die Hand, lieber Doktor Martinus, wie zu anderen Zeiten. So oft haben die Ringe sich berührt, manchmal läuteten sie leise, manchmal preßte der eine Reif den anderen in dein oder mein Fleisch.

Mein von Martinus mir angestreifter Ring trägt den gekreuzigten Christus, Geißelsäule, Hammer, Nägel, Strick und Leiter: die Passion des Erlösers. »Erschrick nicht«, hatte mein Doktor gesagt, damals,

als er mir den Ring an den Finger tat, »da du gewillt bist, mit mir durchs Leben zu geben, so wisse, unser Weg wird hart sein. Fürchtest du, solcher Härte seiest du nicht gewachsen, so tritt zurück!« Ich nahm den Ring.

Unser Leben ist eine Passion gewesen, nicht als ob wir einander zu Strick, Geißel und Kreuz geworden wären, sondern wir bemühten uns, des anderen Last zu tragen. Daher konnten zwei so harte Köpfe wie meines Doktors und mein Kopf, konnten zwei so leicht entflammte Herzen wie seines und meines, aneinander nicht zerbrechen und verbrennen. Trotzdem ist unser Leben eine Passion gewesen. Denn da meines Doktors Lebensweg wahrhaftig ein Kreuzweg war, so konnte mein Weg an seiner Seite nichts anderes sein als ein Weg mit vierzehn Stationen. Mein Doktor hat seinen Weg vollbracht. Nun er bereits Ostern gefeiert hat, warte ich selber auf meine vierzehnte Station. Möge Gott damit noch verziehen! Unsere Kinder bedürfen meiner noch.

In unseren Ringen steht in Erz gegraben als eine Urkunde unserer Vermählung: 13. Juni 1525.

Die Wochen des Maien zuvor hat mein Doktor Schrecken und Kummer leiden müssen wegen der Bauern und Fürsten. Seine Ermahnungen und Bitten schlug man in den Wind. Nichts ist leichter und ärger, als Unterdrückte aufzuhetzen, indem man ihnen das Paradies auf dieser Erde verspricht. Und nichts reizt mehr zu Gewalttaten, als Truhen und Beutel der Besitzenden dieser Erde zu bedrohen. Der Teufel steckt sich ins goldene Kalb, da blökt er den Armen zu, sie sollten es sich nehmen, den Reichen, sie sollten sich den Tanz nicht nehmen lassen. Und da ein Thomas Münzer, der im Geiste anfing und im Fleische endete, die Gier seiner Partei schürte mit mißbrauchten Sprüchen, taten sich die Mächtigen der Erde zu gleicher Zeit zusammen. So standen entfesselte Rotten entschlossenen Herren gegenüber. Es mußte zu einem blutigen Ende führen, so oder so. Auf dem Felde blieb Thomas Münzer, blieben die geschlagenen Bauern. Und die Mächtigen nahmen grausame Rache.

In der Zeit vor unserer Hochzeit bekam ich meinen Doktor kaum noch zu sehen. Tagelang reiste er in den Gebieten, da der Krieg wütete. Er predigte, mahnte, flehte. Aber die teuflischen Mächte verhöhnten und bedrohten ihn. Die Parteien waren nicht mehr auseinanderzubringen, wie Hunde, die sich verbissen haben, einer dem anderen an der Kehle.

Zuletzt, als die Niederlage der Bauern gewiß schien, ermahnte mein Doktor die Sieger, die ja stets die alleinige Schuld bei den Besiegten sehen: »Die Herren der Obrigkeit aber bitte ich um zwei Stücke: das erste, wo sie gewinnen und obsiegen, daß sie sich dessen ja nicht überheben, sondern Gott fürchten, vor welchem sie auch sehr sträflich sind. Denn daß ihnen Gott den Sieg gibt, tut er nicht darum, weil sie so gerecht und fromm sind, sondern darum, weil Gott der Bauern Ungehorsam und Gotteslästerung samt all ihrer Missetat straft. Das andere aber ist, daß sie den Gefangenen und denen, die sich ergeben, wollten gnädig sein, wie Gott jedermann gnädig ist dem, der sich ergibt, und sich vor ihm demütigt, auf daß nicht das Wetter sich wende und Gott den Bauern wiederum den Sieg gebe. Gott helfe uns bald zum seligen Frieden!« Wiederum vergebens. Wehe den Besiegten! Die Mächtigen der Erde versuchten, den

Teufel mit Beelzebub auszutreiben. Die Bauern hinterließen Trümmer, die Mächtigen Galgen und neue, noch härtere Tyrannei.

Wir machten uns Gedanken darüber, ob wir unter solchen Umständen unsere Hochzeit begehen dürften. Schien es nicht geraten, den Tag auf eine friedsamere Zeit zu verschieben? Sollten wir weiterhin dulden, als ein sündiges Paar gelästert zu werden?

Es sah nicht danach aus, als stünden friedsamere Zeiten vor der Tür. Auch war nach wie vor Bann und Acht über meinen Doktor gültig. Irgendwann konnte sie ihn fassen und auf dem Scheiterhaufen vernichten, wie das die Hoffnung vieler »Christen« war. Bei allen Überlegungen durften wir nicht übersehen, daß meines Doktors Vater auf baldige Hochzeit drängte. So blieben wir bei dem dreizehnten Juni.

In die Stube des Schwarzen Klosters, in der ich dieses niederschreibe, hatte mein Doktor auf den Abend geladen: unseren Pfarrherrn an der Stadtkirche, Herrn Johann Bugenhagen, Herrn Justus Jonas, Pfarrherrn an der Allerheiligen-Kirche, Meister Lucas Cranach und dessen Ehefrau, Professor Apel, der die Urkunde unserer Eheschließung mitbrachte, dazu Herrn Reichenbach, unseres Geheimnisses ersten Mitwisser und Förderer. Meines Doktors innigster Freund, Magister Melanchthon, war weder eingeweiht noch geladen. Immer noch stand er zu seinem bänglichen Nein. Ihm wäre unsere Feier eine geistige und leibliche Qual geworden. Hätte er doch bezeugen müssen, was er nach seinem Gewissen und Urteil als meinem Doktor nicht zustehend hielt. Allerdings, mein Doktor grollte dem Magister nicht wenig. Er konnte nicht begreifen, daß einer den Leuten aufs Maul sah, um danach feige zu werden.

Es war eine einfache, fast nüchterne Feier, in der nicht mehr gesprochen wurde als Gottes Wort und die guten Wünsche der Freunde. Sie verließen uns schon bald.

1521 hatte ich als Klosterfrau in der Besuchsstube des Schwarzen Klosters gesessen, auf den Mönch Martinus wartend, zu erfahren, wo meines Bleibens sein sollte. Jetzt saß ich bei ihm als die Käthe Lutherin.

Uns beiden ist seltsam zumute gewesen. Wir waren nicht das Liebespaar, von dem in Liedern gesungen und in derben Worten gescherzt wird. Wir waren fast scheu voreinander. Die Blumen im Teppich unseres Lebens hatten zu schwere, zu dunkle Farben und Figuren. Nach dem Willen Gottes trugen sie ganz zu Recht den Namen Passionsblumen. Wie der Ring an meiner Hand.

*

Anderen Tages lief die Kunde durch die Stadt: »Der Doktor Martinus hat die Nonne geheiratet!«

Magister Melanchthon war empört und bekümmert: »Die Leute! Die Leute!« Ernstere Vorwürfe als den, der aus dem Munde der Leute kommen konnte, vermochte er nicht vorzubringen. Er behielt aber in diesem recht, als die Leute für eine Zeit etwas hatten, woran sie Zunge und Zähne versuchen konnten. Sie haben es weidlich getan. »Nun sind Herren, Pfaffen und Bauern alles wider mich«, so sagte mein Doktor.

Melanchthon ist ihm längere Zeit gram gewesen, die Freundschaft kränkelte.

Mit Klostergeschirr, mit Gaben der Trauzeugen und mit Wein, den der Stadtrat stiftete – vier Liter

Rheinwein, sechs Liter Frankenwein, sechzehn Liter Malvasier –, deckte ich als meines Doktors Hausfrau zum ersten Male den Tisch für die Freunde, die tags zuvor Zeuge gewesen waren. Ich meine, ich habe mich nicht ungeschickt benommen, weder als Köchin noch als Aufwärterin bei Tisch. Denn die Gäste machten lobend und scherzend ihre Bemerkungen. Nun ja, im Kloster hatte ich dienen und bedienen gelernt, und was ich hinzulernen mußte an weltlicher Weise, eignete ich mir an im Hause Reichenbach.

Das eigentliche Hochzeitsfest, unsere »Wirtschaft«, wie man hierzulande sagt, begingen wir am 27. Juni. An diesem Tage boten wir den Leuten das, wonach sie begehrten: Ein Schauspiel besonderer Art. Aber das war nicht die Ursache dieses Festes. Unser Hochzeitszug mit guten Freunden – Magister Melanchthon war auch dieses Mal nicht unter ihnen –, mit Herren vom Rate, von der Hohen Schule, mit Herrn Leonhard Kopp, unserm »Räuber« nebst seiner Gemahlin, mit Spalatin, unseres gnädigsten Herrn Kanzler, und vielen anderen gelehrten, berühmten und ehrwürdigen Herren von nah und fern, dazu mit dem bunten Schwarm der Studenten von der Hohen Schule, wallten wir als eine große, Achtung gebietende Prozession in die Pfarrkirche. Und worüber mein Martinus am meisten fröhlich war: Der greise Vater und die weißhaarige Mutter, Herr Hans Luther und Margarete Ziegler, begleiteten uns. Der Herr Vater zufrieden und stolz, die Frau Mutter mit dem Ernste und der sichtbaren Sorge, mit der eine Mutter ihr Kind zum Traualtare zu begleiten pflegt. Später, beim Feste im Schwarzen Kloster, sah ich des öfteren, wie ihre Augen mich prüften auf Herz und Nieren.

Nicht vergessen darf ich des Herrn Kantors Walther, der am Orgeltische saß.

Am vielen Scharren und Husten merkte ich, die nicht aufzuschauen wagte, in der Kirche müsse ein arg Gedränge sein. Kantor Walther intonierte. Da brauste der Gesang der Gemeinde mächtig auf:

»Komm, heiliger Geist, Herre Gott!
Erfüll mit deiner Gnade Gut
deiner Gläubigen Herz, Mut und Sinn!
Dein brünstig Lieb entzünd in ihn!
O Herr, durch deines Lichtes Glast
zu dem Glauben versammelt hast
das Volk aus aller Welt Zungen.
Das sei dir, Herr, zu Lob gesungen.
Alleluja! Alleluja!
Du heiliges Licht, edler Hort,
laß uns leuchten des Lebens Wort
und lern uns Gott recht erkennen,
von Herzen Vater ihn nennen!
Alleluja! Alleluja!«

Neben mir der Mann im neuen Doktortalar – der gnädigste Herr Kurfürst hatte ihm zur Hochzeit gutes Tuch verehrt –, mein Ehegemahl Martinus, sang sein eigenes Lied so kräftig, daß mir ein Ohr dröhnte. Mir schien, er singe einen Sologesang.

Als wir gegen zehn Uhr im gleichen feierlichen Zuge die Pfarrkirche verließen, standen die Wittenberger so dicht gedrängt am Mittelgang und auf den Bänken rechts und links, daß wir hie und da ein Wort auffingen: »Gott Dank! Nun haben sie Brief und Siegel – Nun soll uns noch einer den Mönch schmähen!« Aber auch: »Stolz, diese Nonne!« Und: »Potzblitz, der Doktor hat gar hoch und fein gegriffen.«

Und draußen stand auf den Straßen ganz Wittenberg, beiderseits wie zwei wild gewachsene Hecken, lachte, winkte, rief Glück und Segen, hin und wieder auch hinter Rücken und Köpfen ein böses Wort, aber es wagte sich nicht weit vor, die meisten Wittenberger waren uns hold.

An diesem Tage war ich des Dienens enthoben. Nachbarfrauen taten ihre Nachbarpflicht. Es war ein schönes Fest, voller Einklang und Frieden. Den zahlreichen Gästen fehlte es an nichts. Martinus hatte tief in die Tasche gegriffen. Aber andere halfen mit: Die Stadt Wittenberg mit einer Ehrengabe von zwanzig Gulden und einem Faß Bier. Die Hohe Schule wußte sich verpflichtet: Auf der Hochzeitstafel stand ihre prunkende Ehrengabe, ein kostbarer Becher, mehr als eine Elle hoch. Und so taten viele, wie sie wollten und konnten. Mit Enten, Gänsen, Eiern, Butter und Würsten hätten wir das ganze Schwarze Kloster acht Tage füttern können, wenn's noch Mönche gehabt hätte wie vor Jahren.

Einen Ärger mußte mein Doktor während des Festes schlucken, einen in Gold gefaßten Ärger. Meines Doktors Schwager Rühel überbrachte als Gedenken und Ehrung aus der Schatulle oder dem Hinterhalt – wer kann es recht und schlecht sagen? – zwanzig Goldgulden des Erzbischofs zu Mainz, Kurfürst Albrecht! Dem Doktor schwoll die Zornesader. Jäh, wie er nun einmal sein konnte, stieß er den Beutel zurück und sprach: »Wenn seine Kurfürstlichen Gnaden vierundzwanzig statt der zwanzig Goldgulden geschickt hätte, dürfte ich wohl glauben, er wolle Ablaß von mir kaufen. Muß doch ein so hoher Herr vierundzwanzig rheinische Gulden leisten, wie denn das Maß in seiner eigenen Ablaßinstruktion festgelegt ist für einen Erzbischof, Bischof und andere hohe Fürsten. Von mir bekommt er keinen Ablaß, auch nicht für hundert Gulden. Schwager, bringt ihm das Geld wieder heim und richtet aus, der Luther könne einen Kuckuck wohl unterscheiden von einer Nachtigall!«

Schwager Rühel hatte nicht den Mut, dem Erzbischof mit dem Gelde und der groben Botschaft zu kommen. Auch die Käthe Lutherin, von nun an Hausfrau und Schatzmeisterin des Schwarzen Klosters wollte des Doktors Groll und Grobheit nicht dulden. Auch Klugheit riet mir anders. Schon wußte ich, der Herr Doktor der Theologie sei zwar bewandert im Schatze der Wissenschaft, aber was in Küche und Keller zu bestellen und zu verwalten war, das focht ihn nicht an, damit ging er um wie die Vögel des Himmels im Evangelium, säte nicht, sammelte nicht in die Scheuer und meinte, in allem es gleich tun zu können diesen Vögeln. Mit seinem Talent als Hausherr hätten wir bald nicht anders gestanden als die von ihren Gemeinden auf Schmalhans gesetzten Pfarrherren, bei denen Hund und Katze wahrlich das beste Hausvieh sind. So nahm ich mir den Herrn Schwager heimlich beiseite und gab ihm den Auftrag, das Geld im Schwarzen Kloster zu lassen, wo zwanzig Goldgulden auch dann noch zählten, wenn ihre Ursache der Herr Erzbischof sei. Aber bei meiner listigen Freude an den zwanzig Gulden blieb ich mir meines Standes bewußt, übte Höflichkeit und ließ dem Erzbischof ausrichten, der Herr Erzbischof habe uns mit seiner Güte überrascht. Wir wüßten das recht zu würdigen.

Haus und Herd, Herr und Herrin. – Der Vogel unter dem Himmel und die Schneebergaktie. – Muhme Lene und die Teufelsgeißel. – Das Tier 666.

Die Woche kennt nur einen Sonntag. Eine Hausfrau hat deren noch weniger.

Im Schwarzen Kloster war uns wohl ein Dach über dem Kopf geboten, aber kein Heim und Eigen. Was sollte werden? Mein Doktor mit seinen zweihundert Gulden Professorengehalt konnte nicht daran denken, ein Haus zu kaufen oder zu bauen. Im großen und ganzen besaßen wir kaum mehr als das, was die Augustiner-Eremiten zurückgelassen hatten, zu wenig, als daß es gereicht hätte zu einem geordneten Hauswesen, nach dem ich Verlangen trug. Meinem Doktor war solche Armut ziemlich gleichgültig: »Armut ist mein Irrtum und meine Ketzerei.« Solche Meinung gab mir keinen Trost, und der Prunkbecher der Hohen Schule nahm sich in dem fast kahlen Raume wie ein Pfauhahn aus mitten auf sandiger Heide.

So hatte ich einen mühseligen Beginn, während mein Doktor lebte, als setze er sein Mönchsleben fort. Die öden Räume bedrückten ihn kaum. Er sprach von Zellen, Kapitelsaal, Refectorium, Dormitorium und so fort.

Im Klostergarten wucherten Brennesseln, Winden und Schachtelhalm, er hatte keinen Herren, es sei denn, mein Doktor wanderte über vergraste Pfade, grübelnd, zuweilen stehenbleibend und auf das Unkraut starrend. So mag Magister Melanchthon von seinem benachbarten Hause aus meinen Doktor gesehen haben. Denn der Magister hat in seiner stets um den Doktor besorgten Weise damals geglaubt, nach der Hochzeit sei Martinus trübselig geworden.

Auch ich sah meinen Doktor durch die Gartenwildnis schreiten. Aber ich wußte, wie er mit unbeschreiblicher Strenge und Wahrhaftigkeit an den Herren Gott sich verloren gegeben hatte, daß der Herr Gott alltäglich zu ihm kam und ihn herausforderte, mit ihm zu ringen. Nie in meinem früheren und späteren Leben ist mir ein Mensch begegnet, der es so ernst nahm wie mein Doktor mit dem Wissen: »In Gott leben und weben und sind wir.« Nein, nicht ich und die Ehe waren der Gegenstand seines schwermütigen Grübelns, sondern Gott, der Gekreuzigte, die Kirche. Ich weiß das, das alles habe ich miterleben müssen. Weiß aber auch, daß mein Doktor zuweilen meinetwegen grübelte: »Käthe hat den Mut gehabt, das Leben mit mir zu teilen. So bin ich ein Stück ihres Lebens. Der andere Teil ist das Hauswesen, das ihr obliegt. Wie kann ich ein Hauswesen schaffen, in dem ihr die harte Alltagspflicht zur Freude wird?«

Hätte noch unser gnädigster Herr Kurfürst Friedrich gelebt! Aber der war im Mai dieses Jahres 1525 fortgegangen von dieser Erde. Wie oft hatte er ganz in der Stille meinem Doktor in Nöten geholfen! Vielleicht aus weltlicher Klugheit eines Fürsten, der nichts mehr haßte als politische Händel mit geistlichen Oberherren. Denn er liebte die Kirche, aber auch den Reformator liebte er. Und wie diesem war es ihm unerträglich, auch nur zu denken, die eine christliche Kirche könne auseinanderfallen. Er kannte die kranke Kirche, er hoffte auf ihre Gesundung. Der rettende Arzt schien ihm Luther zu sein.

Des Kurfürsten Friedrich Bruder Johann wurde Herr des sächsischen Landes. Der hatte sich offen zu meinem Doktor bekannt. Auch ihm war die einige Kirche so selbstverständlich wie allen Christen zuvor und bis daher. Doch ebenso selbstverständlich war ihm, daß die Greuel der Verwüstung im Hause Gottes getilgt werden müßten. Wie sich denn alle rechtschaffenen Christen bis auf diesen Tag einig sind in der Scham wegen der Verderbnis bei Haupt und Gliedern der Kirche. Viele zwar schließen immer noch die Augen, wollen es nicht wahr haben, glauben, man wolle Haupt und Glieder kränken, wenn der Finger ausgestreckt wird: »Da steckt das Übel!« Sie tun der Kirche keinen Dienst. Auch das Evangelium hat nicht verschwiegen, daß bei dem Herren Christo ein Verräter und ein Verleugner zu finden war, daß die Apostel bis auf einen dem geschundenen Herrn entliefen und im Versteck saßen, wo sie die Hammerschläge der Kreuzigung nicht vernehmen konnten. Auch Sankt Paulus hat kein Blatt vor den Mund genommen, wenn es um die Kirche ging: »O ihr unverständigen Galater! Im Geiste habt ihr angefangen, wollt ihr's denn nun im Fleisch vollenden?«

Seltsam, seit ich meines Doktors gelehriger Student geworden bin auf seiner Hohen Schule hier in dieser Stube und unter seiner Kanzel, überkommt mich oft ein Verlangen, seinen Worten und Betrachtungen nachzuhängen, nachzugehen, nachzusprechen. Aber dann höre ich nicht mich, sondern seine Stimme. Solches Verlangen geschieht mir nun erst recht, da mein Doktor zu mir spricht aus dem ewigen Lichte.

Ich muß zurückkommen auf unsern gnädigsten Herrn Johann. Da wir nicht wußten, wo wir Heimat gewinnen könnten, und also wenig Neigung hatten, im Schwarzen Kloster häuslich uns einzurichten, kommt an einem Tag ein Bote und bringt ein Schreiben des gnädigsten Herrn: »Nach dem der ehrwürdige und hochgelehrte, Unser lieber andächtiger Herr M. Luther Doktor aus sonderlicher Gnade und Schikkung Gottes sich fast von Anfang bei Unserer Universität zu Wittenberg mit Lesen in der Heiligen Schrift, predigen, Ausbreitung und Verkündigung des heiligen Evangeliums bemüht, so haben Wir in Erwägung des alles und aus Unserer selbsteigenen Bewegnis, unersucht obigen D. M. Luther, Katharin seinem ehelichen Weib und ihrer beider Leibeserben die neue Behausung in unserer Stadt Wittenberg, welche früher das Schwarze Kloster genannt war, darin D. Martinus seither gewohnt, mit seinem Begriff und Umfang samt dem Garten und Hof zu einem rechten freien Erbe verschrieben und sie damit begabt und begnadet als ihr Eigen und Gut. Geben auch viel genanntem Doktor und seiner ehelichen Hausfrau aus sonderlichen Gnaden diese Freiheiten, daß sie zu ihrer beider Lebtag aller bürgerlichen Bürden und Lasten derselben frei seien, also daß sie keine Steuer noch andere Pflicht wie Wachen und dergleichen davon sollten tun und mögen gleichwohl brauen, mälzen, schänken, Vieh halten und andere bürgerliche Hantierung treiben.«

Als mein Doktor mit Lesen zu Ende gekommen war, schaute er mich mit seinen dunklen Augen an, als wollte er sagen: »Wozu hat nun all dein ängstliches Sorgen gedient?«

Ich zitterte vor Freude und flüsterte: »Gott sei

Dank!« Und mein noch ungebrochener Freifrauenstolz erhob sich und sagte: »Martinus, wir haben ein Lehen, bei Gott, wir haben ein Lehen!«

Er aber? Er sagte: »Daß wir im Schwarzen Kloster bleiben dürfen! Hier hat es begonnen. In dem Turm da ist das Licht in mich eingebrochen, und Gott will wohl, daß ich hier vollende.«

Er schöpfte Atem. Dann: »Du sagst ›Gott sei Dank!‹ Weil du aus seiner Güte Herd und Hof empfangen hast umsonst. Mir ist Gott in diesem Kloster anders gekommen. Gewachsen ist er vor mir, bis er mich fast angeschrien hat: Ich bin dein Herr, und du sollst frei sein. Mein Knecht bist du, und ich diene dir. Käthe, wir haben ein Lehen? Ei ja, Herrin und Magd bist du nun. Das soll das Geheimnis deines Adels sein. Ja, wir Christen sind wer, wir haben ein Lehen.«

So ist uns Heimat geworden, Herd und Hof, nicht nur eine Bleibe. Nicht als ob wir in ein fertig und vollkommenes Haus gefunden hätten, das sich vor uns verbeugt hätte: »Willkommen bei uns! Und nehmt nur!« Als kleine Leute mußten wir von unten anfangen. Der Räume waren genügend und mehr als das, aber was an Hausrat hineingehörte, das mußte zu Lasten des Professorengehaltes herbeigeschafft werden. Und es mangelte sozusagen an allem, vom Keller bis zum Söller, auch vom Kopf bis zum Fuß. Fast darf ich sagen: So wie ein jeder aus dem Kloster gegangen war, so sind wir als Herr und Herrin ins Schwarze Kloster eingezogen, zwei arme Schlucker. Solche Lebensmühsal ist nur darum der Erwägung wert, weil wir sie tapfer bestanden haben.

Zur jetzigen Zeit machen die Tage mir ein saures Gesicht. Mir ist gewiß, am Ende meines Lebens werde ich Schritt für Schritt auf jenen kümmerlichen

Anfang zurückgeführt. Den Teppich meines Lebens wird der Herr Gott zuletzt wohl, wie mir scheint, mit grauen und schwarzen Fäden zu Ende knüpfen. Will ihm aber nicht widerwärtig sein. Last genug hat er mit mir gehabt. Mit meinem Doktor ist er besser fertig geworden. Der gab sich fein still in den hohen Willen.

Unser Kloster diente nicht uns allein. Zu der Zeit, da der Augustiner Doktor Martinus nur noch mit wenigen Ordensgesellen, zuletzt mit einem einzigen und dann allein hier hauste, gab er seinen Studenten Herberge im Kloster. Wucherei bedeutete vielen Wittenbergern nichts Besonderes. Bei diesen traten Gottes Gebote auf die Seite, wo ihr Geldbeutel das Maul aufsperrte. Behausung suchende Studenten mußten sich scheren lassen, für ein winziges Dachstüblein und ebenso für einen mageren Tisch hatten sie blutigen Zins und Entgelt zu leisten, so daß die ärmeren Studenten bittere Not litten. Ihr Doktor hat dagegen gepredigt und gebettelt. Aber solche Wittenberger berührte das nicht. Des öfteren habe ich erfahren, es sei zu Leipzig und anderswo ohne Gewissen und Scham genauso gang und gäbe. Mein Doktor fand einen Ausweg: Er öffnete das Schwarze Kloster. Da hausten nun arme Studenten für bescheidenes Geld in den Mönchszellen und saßen dazu an gemeinsamem Tische, zufrieden sich abfindend mit klösterlichen Gerichten. Und mein Doktor saß bei ihnen als väterlicher Haus- und Tischherr.

Größere Räume des Schwarzen Klosters dienten meinem Doktor für Vorlesungen und der Kapitelsaal der Mönche als Aula für Morgen- und Abendandachten. Denn mein Doktor führte strenges Regiment. Dessen bedurfte es sehr. Wittenberg damals war nicht gerade ein himmlisches Jerusalem. Manch ein Student hat sein schlimmes Zeichen an Leib und Seele für sein Leben davontragen müssen.

Ob wir nun zwar ein Heim besaßen als unser Eigen, so wurde mein Doktor doch nicht recht seßhaft. Weder von der nach und nach wärmer werdenden Gemütlichkeit noch von seiner Hausfrau ließ er sich an die Kette legen. Viel zu sehr forderte ihn die Arbeit seiner Berufung. Seiner Hausfrau legte sein ständiges Arbeitenmüssen immer wieder hartes Verzichten auf und geduldige Ergebung in einsame Stunden und Tage. War es doch so: Wenn er an einem Tage oder Abend endlich wieder einmal zu Hause blieb, so war er doch nicht zu Hause. Sein Geist lebte in einer Welt, die ihn bis in den letzten Blutstropfen seines Wesens durchdrang. Da vergaß er seine Frau, saß am Arbeitstisch, mitten in einem Haufen von Briefen, von Büchern, von Blättern, gar auf den Dielen lagen sie. Er las, er schrieb, er redete halblaut vor sich hin, sprach Verse der Bibel, an der er dolmetschte, prüfte den Klang der Worte, indem er verdeutschte Verse wiederholte, schüttelte den Kopf, beugte sich wieder über das heilige Buch, nahm den Kopf zwischen beide Fäuste, bis schließlich wieder die Feder hastig über das Papier rauschte. Indessen saß ich auf der Bank am Fenster, hinter seinem Rükken, oder auf der Ofenbank, seinem gespannten, ernsten Antlitz gegenüber, und wagte kein Wort. Freilich hatte auch ich meine Arbeit. Da mußte geflickt, gestopft, gestrickt werden, dies und das, wie denn einer Hausfrau die Tage zu wenig Stunden haben. Manchmal fiel mir ein, der Hühnerstall sei noch nicht geschlossen, im Hofe habe es nach dem Iltis gerochen. Dann schlich ich lautlos nach draußen.

Wenn ich wiederkam, öffnete ich behutsam die alten, knarrenden Türen. Der Doktor saß immer noch, versunken, verloren an alles, nur nicht an sein Eheweib.

Am Abend des Tages, da ich meiner Mutterschaft gewiß geworden war, arbeitete mein Doktor wieder in seiner dunklen Glut. Das sonst so bleiche Gesicht schien in einer Wolke von Feuer zu leuchten, ich konnte nicht erraten, ob vor Innigkeit oder vor Zorn. Ich saß hinter ihm, auf der Bank unter dem Fenster, selber nun eingesponnen in ein neues Geheimnis des Lebens. Ich mußte es ihm sagen, wußte nur nicht wie. Schließlich begann ich.

»Du, Martinus, . . .« – Mit ihm allein, redete ich ihn mit Du an, auf der Straße und sonst bei Leuten sagte ich: »Herr Doktor.« – Er schiebt seinen Leib ein wenig hin und her, gewiß aus Unbehagen, und schreibt weiter.

»Martinus, ich werde nun bald . . . nicht mehr so arg viel allein sein.«

Er aber hebt bedeutungsvoll das Blatt Papier, hält es mit beiden Händen: »So! Das ist geschafft. Hör zu: Wenn Karlstadt und Zwinglis Gift über das Sakrament zu Euch gelangt sein sollte, haltet die Augen offen! Münzer und die Bauern haben bei uns das Evangelium so sehr zu Grunde gerichtet und den Mut der Papisten so sehr gestärkt, daß wir wieder ganz von vorn mit dem Aufbau beginnen müssen. Aus diesem Grunde . . . Du hörst ja nicht zu. Was hast du?«

»Nichts Ungewöhnliches, Martinus. Lies weiter!«

»Aus diesem Grunde habe ich nicht mehr bloß mit dem Worte sondern mit der Tat Zeugnis abgelegt von dem Evangelium, indem ich eine Nonne zum

Weibe genommen habe, zur Verachtung der Feinde, die schon triumphieren und Jo Jo rufen, damit sie sehen, ich habe nicht klein beigegeben. Ich werde vielmehr, obschon alt und schwach, auch noch andere Taten tun, wenn ich vermag, ihnen zum Leid und Bekenntnis des Wortes ... Du hörst nicht zu. Fehlt dir etwas, Käthe?« Sehr leise antwortete ich: »Mir fehlt nichts, jetzt fehlt nichts mehr.«

»Na also! Was sagst du zu dem Brief an Johannes Briesmann zu Königsberg?«

Ich blickte in den Schoß, auf meine beiden Hände: »Bald werden wir zu dritt sein.«

Er legte das Blatt auf den Tisch, sehr behutsam, als sei es zerbrechlich, und stand langsam auf, kam zu mir, küßte mir den Scheitel, mein Kopf lag in den Falten seines Talars. Und sagte kein Wort, verließ die Stube. Unten im Garten sah ich ihn, wie er mit großen schweren Schritten über die Pfade wanderte. Am Tage hatte ich sie gesäubert vom Schachtelhalm. Bald war er wieder bei mir, saß mit mir auf der Bank, hielt meine beiden Hände und sagte frohen Mutes: »Nun hat der Herrgott für drei zu sorgen. Aber wir werden ihm schon helfen.«

So war mein Doktor, ein von Gott brennender Mensch, ein Kind und ein rechter Mann, der immer wähnen mag, er sei unersetzlich, selbst dem Herren Gott unersetzlich, aber er hat schon recht gehabt: Gott bedarf bei seinen Taten des Menschen.

*

Mein Doktor war sehr besorgt um mich. Eines Tages führte er mir jene Siechenmeisterin ins Haus, die bald nach mir das Kloster Maria Thron verlassen hatte, meine Muhme Magdalena von Bora. Ein schon alterndes Frauchen war sie, das alles Begehren nach Lust des Lebens im Kloster abgetan, dafür aber gesegnet worden war mit dem Bedürfnis, überall zu dienen und zu helfen. Hier bei uns fand sie nach einer bitteren Zeit der Heimatlosigkeit Heimat und Inhalt ihres Lebens. Und mein Doktor wußte mich in guten Händen, wenn er auf Reisen war. Was nicht alles hat Muhme Lene, wie wir sie nannten, an wirksamen Absuden, Pülverchen und Salben gebraut, gerieben und gekocht! Sie kannte vielerlei Heiltümer und schuf ihre Mixturen unter Gebeten und Beschwörungen mit Eifer und Wissen um die geheimen Kräfte der Kreaturen. Ein ordentlich Quentchen Aberglaube war auch dabei, ich lächelte hie und da, was sie betrübt zurückwies. Zum Exempel, wenn sie die teuflischen Mächte von mir fernhalten wollte. Ich muß jedoch gestehen: Seitdem Muhme Lene ihre »Teufelsgeißel«, wie sie den mit Knochen, wertlosen Münzen, einem aus dem heiligen Land stammenden Bildnis des Herrn Christus und mit einem unheimlichen Bannspruch gefüllten Beutel nannte, am Firstbalken des Söllers aufgehängt hatte, blieb bei Nacht das Poltern, Knarren und Seufzen im Hause aus. Auch mein Doktor empfand das als eine Wohltat. Später hat er sich die »Teufelsgeißel« einmal angesehen. Da lachte er. Aber er meinte: »Jagt uns der Teufel mit allerlei Unfug, warum sollen wir ihn nicht also jagen? Ihm ist keine Narrheit zu närrisch. Nun denn, so wollen wir es mit ihm noch närrischer treiben, zu zeigen, wie wir ihn verspotten. Das hilft gewiß bei diesem hochmütigen Affen Gottes.«

Als ein schmächtiges Menschlein ist unser Johannes ins Erdenleben getreten. Lange Zeit blieb er von mancherlei Übel geplagt. Aber Dank dem Herren Gott, Dank unserem Medicus Doktor Schurff, unserer Muhme Lene will ich auch nicht vergessen, hat er nach Monaten alles überstanden und ist ein prächtiges Bürschlein geworden. Ich war nicht wenig froh und stolz. Frau Melanchthonin – zwischen dem Magister und meinem Doktor, also auch zwischen uns Frauen, herrschte wieder Frieden und ziemliche Eintracht –, die Frau Magisterin mußte den Johannes genugsam bewundern. Aber mein Doktor hats mit dem Lobgesang auf seinen Johannes noch höher und ein wenig arg getrieben. Alle Tage sang er mit Worten und in Briefen sein Gloria: Mit sechs Monaten ließ das Knäblein schon Grüße ausrichten, konnte Papa und Mama sagen, auf jedermann zanken und schimpfen. Fehlte nicht viel an der väterlichen Prahlerei, so hätte das Kind mit lateinischen, griechischen und hebräischen Vokabeln unsere Gäste begrüßt. So sind die Väter.

Bei all unserer Freude konnten wir die Wolken nicht übersehen, die mit den vier Winden zu uns wanderten. Der Türke drohte mit seinem Heere. Was Kaiser und Papst zu tun gedachten, war nicht ausgemacht, ob Tod oder Leben. Mehr und mehr gerieten die Fürsten gegeneinander, bildeten zwei feindliche Lager, für und gegen den Luther, und schmiedeten Waffen. Dazu kamen neue Schmähungen gegen meinen Doktor, lächerliche, aber so abgefeimte, daß der gemeine Mann darauf hereinfallen mußte. Irgendeiner, der sich »Gottesgelehrter« nannte, hatte die Offenbarung Sankt Johannis durchsucht nach den Zeichen der Zeit. Denn wie mein Doktor glaubte alle Welt, das Ende stehe nahe vor der Tür. Nun hatte mein Doktor gesagt und geschrieben, auf dem Stuhle Sankt Petri zu Rom sitze der Antichrist. Dieser vollbringe zu Rom und anderswo Taten, die nicht des Papstes Taten, sondern eben die Taten des Antichristen seien. Der Papst müsse dafür Gewand und Tiara hergeben, so daß der wirkliche Antichrist versteckt bleibe, der Kirche Christi zu Tort und Schaden.

Nun wollte ein blinder »Gottesgelehrter« den Spieß gegen meinen Doktor umdrehen: Dieser Doktor sei das Tier aus dem Abgrund, der Antichrist. Das zu beweisen, war leicht gewollt, aber schwer getan und glückte doch. Unter Beistand einer seltsamen Rechenkunst. Da stand bei Johannes 13,18 zu lesen: »Wer Verstand hat, der überlege die Zahl des Tieres! Denn es ist eines Menschen Zahl, und seine Zahl ist 666.« Eines Menschen? Nun ja, des Martin Luther. Also muß jeder Buchstabe dieses Namens eine Zahl in sich bergen. Diese zusammengerechnet müssen dann in Summa 666 ergeben. Luther? Dann stimmt die Rechnung nicht. Sagen wir also statt Luther einfach Lauter, was ja dasselbe ist! Siehe da, die Summa aller Buchstaben ergab 666! Also ist erwiesen: Der von Johannes vorhergeschaute Antichrist ist Martin Lauter.

Solch ein Blatt gelangte auf seiner Reise durch die Lande auch nach Wittenberg. Die Rechnung dieses Gelehrten hatte ein solches Gesicht:

M	=	30
A	=	1
R	=	80
T	=	100
I	=	9

N	=	40
L	=	20
A	=	1
U	=	200
T	=	100
E	=	5
R	=	80
Summa:		666

Narretei. Gaukelspiel wie auf dem Jahrmarkt. Die Weisen lachten. Aber der gemeine Mann zog die Stirne in Falten, und wenn er den Doktor sah oder seinen Namen hörte, schlug er ein heimliches Kreuz.

Mein Doktor aber lachte lauthals: »Nun weißt du, dumme Käthe, wen du zum Ehegemahl hast. Mit demselben Gauklerstück will ich dir beweisen, daß Hinz oder Kunz der Antichrist sei. Muß deren Namen nur ein wenig nach meiner Mütze schreiben, damit sie dem Worte Gottes gerecht werden.« Und befahl mich und Muhme Lene auf die Bank unter dem Fenster, stimmte die Laute, und wir sangen zu dritt meines Doktors Großes Sanktus:

»Jesaja dem Propheten das geschah,
daß er im Geist den Herren sitzen sah,
auf einem Thron im hellen Glanz,
seines Kleides Saum den Chor füllet ganz.
Es stunden zween Seraph bei ihm daran.
Sechs Flügel sah er einen jeden han.
Mit zween verborgen sie ihr Antlitz klar.
Mit zween bedeckten sie die Füße gar,
und mit den andern zween sie flogen frei.
Gen ander ruften sie mit großem Geschrei:
Heilig ist Gott der Herr Zebaoth!«

Mein Doktor verstand sich aufs Lauten- und Flötenspiel. Er war überhaupt kundig der Musik. Bei den Musicis und Kantores galt er etwas, viele begehrten von ihm Urteil und Rat. Dazu besaß er in seinem Herzen eine ganze Truhe neuer und alter Lieder, auch solcher, die er selber zusammengestellt hatte. Von einigen seiner Lieder mußte ich urteilen, sie seien nicht gedichtet, sondern eben zusammengestellt. Das gab er einfältig zu: »Ich bin kein Poet, will mit meinen Liedern nur einem Mangel abhelfen. Andere könnten es besser als ich, wenn sie sich der Sache nur annähmen. Im Papsttum haben sie viele Lieder. Aber es hat sie kaum einer ausgelegt und gedeutet. Als Kind habe ich das Credo, Paternoster, Sanctus und Agnus Dei auswendig gelernt, wußte nicht, was ich sang. Aber die Weise ging mir ans Herz. Ich will, daß die Christen wissen, was sie singen. Die Musica ist etwas, das neben dem Worte Gottes gepriesen werden sollte: Herrin und Steuermann der menschlichen Affekte. Man kann mit der Musica Trauernde aufrichten, Fröhliche beunruhigen, Verzweifelnde ermutigen, Übermütige demütigen, Brünstige abkühlen, Hassende besänftigen. Ja, kann man etwas entdecken, das mächtiger wirkte als die Musica?«

Da bei solch entflammter Rede meines Doktors Stimme mächtig sich zu erheben pflegte, erschrak bisweilen in der Kammer der Kleine und jammerte.

»Haben wir etwa sein Schlummerlied unterlassen? So wollen wir's singen.« Und mein Doktor intonierte auf der Laute, Muhme Lene saß gebückt, ihre Hände hingen müde zwischen den Knien, und wenn mein Doktor und ich zu singen begannen, sang auch sie mit ihrer alten Stimme das noch ältere Lied:

»Ach, lieber Herre Christ,
seit du ein Kind gewesen bist,
so gib auch diesem Kindelein
dein Gnad und auch den Segen dein.
Ach Jesus, Herre mein, behüt dies Kindelein!«

Das mag nun alles so klingen, als wäre mir das Hausfrauenleben in Summa eine fröhliche Pfründe gewesen, bei deren Genuß jedwede Not leicht überstanden wurde. Ach du lieber Herr Gott, wie hab ich sorgen müssen! Bei diesem Hausherren! Er konnte nicht rechnen und wirtschaften. Zuerst hat er die Kasse geführt. Was ist dabei herausgekommen? Ein Haufen Schulden. Mir wurde bang und bänger, wie ich sie wachsen sah. Mit einer Handbewegung tat er meine Klagen und Mahnungen ab. »Gott wird schon sorgen.« Aber der Herr Gott ist kein Bäcker, dem ich nur in den Laden zu kommen brauche und ich kann seelenruhig bei ihm in die Kreide geraten auf Sankt Nimmerleinstag. Oder Lucas Cranach, oder der Goldschmied, Herr Döring: Die liehen dem Doktor keinen Pfennig mehr. Nicht einmal, wenn mein Doktor einem seiner ehemaligen Klostergesellen unter die Arme greifen sollte. Dem mußte mein Doktor sagen: »Du kannst bei mir nichts mehr erwarten. Stecke ich doch selber in Schulden bis über die Ohren.«

Und es kam dieser und jener an die Tür mit Bettelei. Die wußten den Spruch:

»Der Arme hat nichts.
Der Reiche gibt nichts.
Der zwischen beiden
gibt frei.«

Landauf, landab erwartete man, der Doktor Luther werde geben. Der predigt ja von den Werken der Nächstenliebe. Und wirklich, einige Klagen, ein paar Tränen, schon ging der Beutel auf. Wenn etwas darin war. Oder ein Becher mußte herhalten. Leichten Herzens trennte mein Doktor sich davon. Die Hausfrau und ihre Küche hatten das Nachsehen. Hin und wieder mußte ein kleiner Krieg geführt werden, nicht lange, aber doch ein Krieg mit dem leichtsinnigen Hausherrn. Zudem: Konnte eine Hausfrau, die überall knabberte und sparte, schweigend zusehen, wie der Hausherr Bücher über Bücher schrieb und nicht einen Pfennig Honorar erhielt und verlangte? Oder daß derselbe Hausherr von seinen Schülern keinerlei Hörergeld forderte? O dieser Martin! Wo er gerechten Lohn seiner Arbeit hätte erwarten dürfen, wies er ihn zurück. Dafür haben die Buchhändler ohne sonderliche Mühe die Augen von der Suppe geschöpft. Bis nach Konstantinopel trieben sie ihren Handel mit meines Doktors Namen und Schriften. Einer dieser Herren hatte Einsehen und bot ihm für seine Schriften ein Jahrgeld von 400 Talern. In meiner Küche hätten Herd und Hafen freudig geknattert und geklappert, wäre mein Doktor auf den Handel eingegangen. Aber da fand ich auf seinem Tische einen noch nicht zu Ende geschriebenen Brief und las mit Ärger: »Meine Gaben will ich nicht verkaufen. Ich hab genug. Gott Lob! Ich wollte sonst gegen Bezahlung Vorlesungen halten, aber da mir Gott zuvorkam und mir der Kurfürst eine kleine Zulage gegeben hat, habe ich mein Lebenlang kein Exemplar verkauft noch für Geld gelesen. Will auch, will's Gott, den Namen mit ins Grab nehmen.« Später wollte der gnädigste

Herr Kurfürst ihm eine Bergwerksaktie auf dem Schneeberge schenken. Den Zehnten, mehr oder weniger, hätten wir mühelos in unser Leben stecken können. Aber mein Doktor, der Leib und Seele nicht an Geld und Gut verloren hatte, nahm die Aktie nicht an. Mir schwebt vor, er habe bei Tische davon erzählt, als die Butter ranzig und die Heringe auch nicht gut schmeckten, und das dreiste Volk der Studenten erlaubte sich unzufriedene Blicke gegen die Hausfrau. Und solches, obschon sie wußten, daß Butter und Fisch zu festen Zeiten aus Dänemark kamen, von dem gnädigsten Herrn König Friedrich, der wohlgesinnten, freundlichen Majestät. Gewiß, den Fischen und der Butter ist die weite Reise zumal zur Sommerszeit nicht immer gut bekommen, und später ließ der Herr König Fisch und Butter in Dänemark und sandte seine Verehrung in unverdorbenen 50 Gulden. Nun also, die Studenten murrten mit Blicken gegen mich. Aber mein Doktor aß weiter, ohne erkennen zu lassen, daß ihm etwas widerwärtig sei, obwohl es auch ihm gewiß nicht mundete. Aus solcher Ursache sprach er dann von der Schneebergaktie, den Studenten zur Mahnung. Er sagte ganz unvermittelt: »Der gnädigste Herr Kurfürst wollte mir eine Schneebergaktie schenken, auf daß ich ernten könnte, wo ich nicht gesät hatte. Aber ich bedankte mich untertänigst und höflichst und wollte die Aktie nicht haben, sprechend: Der Teufel ist mir feind, der wäre imstande, um meinetwegen auf Gottes Zulassung das Erz abzuschneiden. Und so müßten die anderen Gewerke meiner mitentgelten. Mir gebührt vielmehr, daß ich mit einem Vaterunser helfe, damit die Erze bestehen und die Ausbeuten wohl angelegt werden.« Danach schwieg er. Nach einer Zeit brach es aus ihm wieder hervor, heftig, wie immer, wenn er einen Zorn oder eine Glut hatte, was des öfteren jäh über ihn kam. Er sagte: »Vermaledeit sei das Leben, das einer nur für sich allein lebt und nicht seinen Nächsten. Und wiederum gebenedeit sei das Leben, darin einer nicht sich, sondern seinen Nächsten lebt und dient mit Lehre, Strafe, Hilfe und womit es sei und wie es mag geschehen! Denn der lebt am allerbesten, der sich selbst nicht lebt. Und der lebt am allerärgsten, der sich selbst lebt. Sind doch das die guten Werke, die ein freier Christenmensch tut: Anderen leben, nicht sich selbst.«

Da hatten nicht nur die Studenten, sondern wir alle genug Ursache, still zu sein und zu bedenken. Aber bevor wir das Gracias beteten nach der Mahlzeit, sagte mein Doktor lächelnd, als wisse er, was in uns vorging: »Da habe ich einmal mit Doktor Justus Jonas einen Gang gemacht an die Schwarze Elster, von vieler Arbeit uns zu erholen. Stehen da Arme, die halten den Hut auf. Ich tu etwas hinein. Jonas auch. Jonas sagt: ›Wer weiß, wo mir's Gott wieder beschert.‹ Ich sage: ›Aber Justus, als ob Gott es euch nicht schon zuvor gegeben hätte! Frei einfältig soll man geben aus lauter Liebe.‹«

Und mein Doktor gab und gab, bis ich, nicht aus Hochmut oder Übermut, sondern aus Mangel des Haushaltes gezwungen war, das unbedachtsame Wirtschaften ihm abzunehmen. Hart sind wir aneinandergeraten. Ich gab nicht nach. Um so weniger, als er nicht nur Tagedieben und Landstreichern gab, Gewand zu Kleidern oder was sonst sie erbettelten, sondern als er mir gar an das Patengeld unseres Kindes geriet, einem Armen oder Gauner damit zu helfen. Da war es gar aus mit mir. Ich forderte. Ich bat Doktor Jonas, als er wieder einmal zu Gaste war, er möge mir helfen. Der sagte bei Tische so leichthin, er verstehe die Kunst, aus der Hand zu lesen. Mein Doktor will einen Beweis haben und reicht ihm die offene Hand. Jonas schaut und prüft. Dann sagt er: »Aus Eurer Hand lese ich, daß Ihr sonderlich leichtfertig seid und gebt gar Eurer Kinder Geld jedem Fahrenden.« Mein Doktor merkt nichts und sagt lachend: »Das glaub ich Euch. Denn wer geben will, der muß seine oder anderer Leute Hände dazu gebrauchen.« Jonas hat meinen Doktor danach unter vier Augen vorgenommen und ihm eröffnet, wie er von allen Seiten sich mißbrauchen lasse, hat ihm auch Exempel gesagt, wie solche Faulenzer sich ins Fäustchen gelacht hätten über den gutmütigen Professor Theologiä. Und hat ihm gesagt: »Wenn unsere Christen so leicht dem Evangelium glaubten wie Ihr den gerissenen Brüdern, so hätte der Herr Christus leichteres Werk mit seiner Kirche.«

Endlich ist mein Doktor in sich gegangen. »Ich habe gemeint, sie wären alle fromm, die mich ansprechen und sich aufs Evangelium berufen. Aber böse Buben haben mich endlich witzig gemacht.« Und einige Zeit später liest er mir ein Poem vor:

Hausrechnung

Käthe:

Es gehört gar viel *in* ein Haus.
Willst du es aber rechnen aus,
so muß noch viel mehr gehen *heraus*.
Des zum Exempel nimm mein Haus!

Luther:

Ich armer Mann, so halt *ich* Haus:
Wo ich mein Geld muß geben aus,
da geb ich's aus an sieben Ort
und fehlt mir allweg hie und dort.

Käthe:

Tu, wie dein *Vater* hat getan:
Wo der wollt einen Pfennig han,
da fand er drei im Beutel bar.
Damit bezahlt er alles gar.
Kein Heller wollt er schuldig sein.
So hielt er Haus und lebet fein.

Luther:

Tu, wie *dein* Vater hat getan:
Wo der sollt einen Pfennig han,
da mußt er borgen drei dazu,
blieb immer schuldig Rock und Schuh.
Das heißt denn Haus gehalten auch,
daß im Haus bleibt kein Feuer und Rauch.

Quintessenz:
Am besten düngt der Mist das Feld,
der von des Herren Füße fällt.
Das Pferd wohl fein gefüttert wird,
wo ihm der Herr die Augen gibt.
Der Frauen Augen kochen wohl,
Besser denn Magd, Knecht, Feuer und Kohln.

So war der Friede wiederhergestellt. Und ein rechter Haushalt. Mein Doktor nannte mich von da an zwar öfter »Herr Käthe«, aber er dankte mir mein bedachtsames Regiment. Wußte er doch, ich sparte nicht aus Geiz, und an unserem Tisch speisten auch Gäste, die Brot aßen, ohne daß wir es wogen. Und bei Tische sagte mein Doktor: »Wenn man dieses Geschlecht, das Weibervolk, nicht hätte, so fiele die Haushaltung, und alles, was dazu gehört, läge gar darnieder. Die Welt kann des Weibervolkes nicht entbehren, selbst wenn die Männer könnten Kinder tragen.«

Das bedeutet aber nicht, daß nach all dem mein Doktor mir nicht mehr in meine genaue Rechnung und in mein Sparen für die Kinder hineingepfuscht hätte. Hie und da machte er mir wieder einen dicken Strich durch meine Aufstellungen, nicht in böser Absicht, als wolle er das Regiment wieder an sich reißen, sondern durch Leichtsinn, dessen Ursache Gottvertrauen war. Wenn es zu helfen galt, kannte er weder Rücksicht noch Vorsicht. Er gab einfach her. »Gott ist reich«, sagte er. »Er wird alles besorgen.« Nicht einmal an die Sicherheit seiner Kinder hat er genügend gedacht. Er lebte nach dem Psalm: »Der Herr ist mein Hirte, mir wird nichts mangeln.« Derselbe Herr und Hirte würde auch den Kindern keinen Mangel auflegen.

Manchmal überkam ihn so etwas wie Sparsamkeit. Oder es schien, er wolle mir ein Stück Arbeit abnehmen. Aber sein Sparen- und Helfenwollen hatte ein eigenartig ergötzliches Aussehen. Eines Tages überraschte ich ihn, wie er mit eigener Hand seine Hose zu flicken versuchte. Womit? Mit einem andersfarbigen Tuch, das hatte er aus der Hose seines Johannes geschnitten. Ja: ». . . selbst wenn die Männer könnten Kinder tragen.«

Nicht nur die Gesundheit unseres Haushaltes bewog mich, im Hause allein das Regiment zu führen. Ich mußte an unsere Kinder denken, an deren Zukunft, wenn mein Doktor und ich einmal die Augen würden geschlossen haben. An diese Zukunft dachte mein Doktor nicht, wie ich schon erwähnte. So oblag es mir, beizeiten und nach Möglichkeit dafür zu sorgen. Geld anzuhäufen, verbot mir schon das kleine Gehalt meines Doktors. Aber ich hielt die Augen auf, zur rechten Zeit zuzugreifen, wenn sich ein Stück Erde anbot, das einmal in den Erbschatz unserer Kinder getan werden könnte. Solcher Erbschatz ist zur Zeit vorhanden. Was mit ihm werden wird, mag die Zukunft zeigen. Die Zeiten sind bedrohlich. Und während ich dieses schreibe, ahne ich, mir und wohl mehr den Kindern steht noch viel Schweres bevor. Es ist, als habe alle Welt auf Sand gebaut. Aber damals besaß ich noch Vertrauen in die Zukunft.

Man sagt mir nach, aus Herrschsucht hätte ich meinen Doktor aus dem Regimente gedrückt. Als eines Junkers Tochter habe mir das Herrschenwollen im Blute gelegen. Gewiß, ich weiß, was ich will, gebe so leicht nicht nach, wenn ich im Rechte zu sein glaube, und weiche den schwierigen Sachen so schnell nicht aus. Auch bin ich mit meinem harten Willen meinem Doktor nicht selten widerwärtig geworden. Sollte ein Fremder das beobachtet haben, so konnte er vielleicht denken, ich sei gar ein streitsüchtig Menschenkind. Aber wer denn konnte sehen, wie ich das alleinige Regiment im Hause führen wollte, um meinem Doktor Freiheit und Zeit zu schaffen für seine unvorstellbar große Arbeitslast? Ich regierte, aber um ihn zu bewachen, ihn zu behüten, daß ihm die Tage und Nächte nicht zu wenig Stunden hätten. Ein Mann wie mein Doktor brauchte Einsamkeit und Stille, wenn ihn der Geist Gottes an die Arbeit rief. Auch hatte ihn ein langes Klosterleben zu einsamer Arbeit in einer stummen Zelle erzogen. So ist ihm schon das ständige Beisammensein mit mir zu Beginn wunderlich fremd erschienen. Es war der ehemaligen Nonne durchaus verständlich, wenn er sagte: »Im ersten Jahr der Ehe hat einer seltsame Gedanken. Wenn er über Tisch sitzt, so denkt er: Vorhin warst du allein, nun aber bist du selbander. Im Bette, wenn er erwacht, sieht er ein Paar Zöpfe neben sich liegen, das er früher nicht sah. Und wenn er studiert, sitzt ihm eine gegenüber und fragt, wo sonst keiner gegenübersaß und fragte als allein der Herrgott.«

Ja, dieses »Gegenüber«! Mir fiel es zu Beginn schwer, ihm nicht gegenüber zu sitzen. Aber ich unterließ es bald, saß hinter seinem Rücken am Fenster, wenn er am Tische arbeitete, und verhielt mich meistens mäuschenstill. Meistens! Ach Gott, wenn der Mann tagelang oder auch nur den Tag über nicht gesehen worden ist, was nicht alles hat eine Frau dann zu sagen und zu fragen! Plaudern möchte sie auch einmal, nicht nur mit Muhme Lene, mit Kindern, Knecht und Magd. Ich wußte, das alles hat zurückzustehen. Wenn mein Doktor an seinem Tische schaffte, hatte ich ganz unsichtbar, unhörbar zu sein, auch die Kinder: »Der Vater arbeitet!« Sozusagen wie ein Wachthund mußte ich vor der Türe stehen, unerwünschte Gäste fernzuhalten, Menschen, denen die Zeit nie ausgeht, die auf dem Stuhl anwachsen, ohne ein Gefühl dafür, wie dem Doktor ein Gedanke und Satz in den Fingerspitzen sitzt und er kann ihn nicht niederschreiben wegen des Besuches.

Ich bin meinem Doktor kein Klotz am Bein gewesen. Einer Frau geziemt die oftmals saure Pflicht, dienende Magd zu sein, in den Hintergrund zu treten und einsam sein zu können. Von der Frau eines großen Geistesmannes wird viel verlangt und nicht viel gesprochen. Aber ohne sie ist ein solcher Mann nicht denkbar. O Teppich meines Lebens!

Tage und Nächte der Heimsuchungen. – Das Schwarze Kloster wird zum Hospital. – Das Lied der Christenheit. – Wundersame Musica.

Ein jeder denkt sich die Zukunft seines Lebens anders, als er sie geträumt hat. Ich muß gestehen, trotz der Warnung meines Doktors am Tage unserer Versprechung träumte auch ich von einer anderen Zukunft. Nur gut, daß ein Mensch nicht die Vorsehung Gottes besitzt.

Was vom Tage unserer Heirat an mein Doktor hat bestehen müssen, an dem habe auch ich gelitten. Ich meine sagen zu dürfen, ich hatte das rechte Mit-Leiden, nicht nur an den Nöten, die von außen ihn bedrängten, auch an seinen inneren Nöten. Die bereiteten ihm das größere Leiden.

Die äußeren Nöte machten ihn zornig und ließen ihn in bitterster Weise aufbegehren, manchmal so, daß ich ihn hemmen mußte. Da war die Christenheit: Mit unsagbarer Arbeit und Mühe hatte mein Doktor ihr den Weg zu Christus gereinigt und geebnet. Er hatte geglaubt, sein Kampf gegen Fehl und Schuld der Kirche und die Predigt vom rechtfertigenden Glauben allein müsse und werde die Christenheit verwandeln zu einem neuen Christsein. Bitter sah er sich enttäuscht, nicht nur durch die Bauern, nicht nur durch manche Gemeinden, auch durch Prediger, die einmal zu ihm standen und nun die Kirche aufspalteten durch absonderliche Lehren und Verwirrungen. Hier muß ich gegen alle sprechen, die behaupten, mein Doktor selber sei ja ein Verwirrer und Spalter gewesen. Nein, nein! Für ihn gab es allzeit nur die Kirche, die eine, heilige, allgemeine. Er mußte und wollte der Reformator dieser Kirche sein, nicht ihr Spalter. Daß diese Kirche schwer krank daniederlag, das gaben und geben auch des Doktors unerbittliche Feinde zu. Nur hatten sie nicht den Mut, die Kraft und vielfach auch nicht den Willen, der Katze die Schelle anzuhängen, wie mein Doktor gesagt hat. Da hat der Herr Gott sie meinem Doktor angehängt.

Und die Gemeinden? Sie erfreuten sich weit und breit an meines Doktors klaren und harten Predigten: »Oh, der hat's wieder einmal dem Papst gegeben, dem Bischof da und dort, den Pfaffen, den Mönchen, den Werkheiligen!« Aber sie selber? Als wenn die Freiheit eines Christenmenschen darin bestünde, sich zu beruhigen: »Der Herr Gott ist wahrlich ein guter Mann. Vortrefflich macht er es uns leicht.«

Was Wunder, wenn der in heiligem Zorn aufbrausende Doktor seine Worte nicht wog, als er dem gnädigsten Herrn Kurfürsten Johann schrieb: »Fast an allen Orten ist des Klagens der Pfarrherren über alle Maßen viel. Da wollen die Bauern schlechthin nichts mehr geben, und ist solcher Undank unter den Leuten für das heilige Gotteswort, daß ohne Zweifel eine große Klage vorhanden ist von Gott. Und wenn ich's mit gutem Gewissen zu tun wüßte, möchte ich wohl dazu helfen, daß sie keinen Pfarrer oder Prediger hätten und lebten wie die Säue, wie sie ja tun: Da ist keine Furcht Gottes noch Zucht mehr. Es gibt ja keinen Bann des Papstes mehr, und so tut jedermann, was er will. Weil aber uns allen, sonderlich der Obrigkeit, geboten ist, vor allen Dingen doch die arme Jugend zu ziehen und zu Gottes Furcht und Zucht zu halten, muß man Schulen, Prediger und Pfarrer haben. Wollen die Eltern das nicht, mögen sie immer zum Teufel hinfahren. Aber wo die Jugend versäumt und ungezogen bleibt, da ist die Obrigkeit schuld, und die Folge ist, daß das Land voll wilder, loser Leute wird. Solchem vorzubeugen, zwingt nicht nur Gottes Gebot, sondern auch unser aller Not. Wo eine Stadt oder Dorf über genügend Vermögen verfügt, hat Eure Kurfürstlichen Gnaden Macht, sie zu zwingen, daß sie Schulen, Predigtstühle und Pfarrer halten. Wollen sie es nicht zu ihrer Seligkeit tun noch bedenken, so ist Euer Kurfürstlichen Gnaden da als oberster Vormund der Jugend und aller, die es bedürfen, und sollt sie mit Gewalt dazu zwingen, daß sie's tun müssen. Wie man sie ja auch mit Gewalt zwingt, daß sie zu Brükken, Steg oder Weg oder sonst zufällige Landsnot geben oder dienen müssen. Was das Land bedarf und not ist, da sollen die zugeben und helfen, die des Landes gebrauchen und genießen. Nun ist aber kein nötiger Ding denn Leute ziehen, die nach uns kommen und regieren sollen. Sind sie aber des Vermögens nicht und sonst zu hoch beschwert, so sind da die Klostergüter, welche vornehmlich dazu gestiftet sind und noch dazu zu gebrauchen sind, des gemeinen Mannes desto besser zu verschonen. Denn es kann Euer Kurfürstlichen Gnaden gar leichtlich bedenken, daß zuletzt ein bös Geschrei würde, auch nicht zu verantworten ist, wo die Schulen und Pfarren niederliegen und der Adel sollte die Klostergüter zu sich bringen, wie man denn schon sagt und auch etliche tun. Weil nun solche Güter schließlich doch zum Gottesdienst gestiftet sind, sollen sie hierzu am ersten dienen.«

Oder er schrieb: »Ihr sagt wahr, die Welt bricht zusammen. Auch ich rechne darauf, daß der Tag der Erscheinung und Ankunft des großen Gottes bevorsteht. So glüht und lodert, wankt und stürzt und tobt es allenthalben.«

Daß wir am Beginn eines neuen Jahrhunderts leben, haben wir genugsam zu spüren bekommen. Gelehrte Männer behaupten gar, mit uns heute sei ein neues Jahrtausend angebrochen. Am Ende dieses gerade beginnenden Jahrtausends werde ein ganz anderer Mensch stehen. Das glaube ich nicht. Die Zeiten sind erfüllt! »Wenn ihr aber hören werdet von Kriegen und Kriegsgeschrei, so fürchtet euch nicht. Denn es muß also geschehen. Aber das Ende ist noch nicht da. Es wird sich ein Volk wider das andere und ein Königreich wider das andere empören, und werden Erdbeben geschehen hin und wieder, und wird teure Zeit und Schrecken sein. Das ist der Not Anfang. Ihr aber sehet euch vor! Denn sie werden euch überantworten vor die Rathäuser und Schulen. Und ihr müßt gestäupt werden, und vor Fürsten und Könige müßt ihr geführt werden um meinetwillen, zu einem Zeugnis über sie. Und das Evangelium muß zuvor verkündigt werden unter allen Völkern. Wenn sie euch nun führen und überantworten werden, so sorget nicht, was ihr reden sollt und bedenket auch nicht zuvor. Sondern was euch zu der Stunde gegeben wird, das redet. Denn nicht ihr seid's, die da reden, sondern der heilige Geist.«

In vielen Nächten wurde ich durch ein Knarren der Dielen neben unserer Kammer aus dem Schlafe geweckt. Wenn ich lauschte, so hörte ich nebenan dumpfe Schritte, anschwellendes und abschwellendes Murmeln, beschwörendes, lautes Psalmodieren. Das waren seine schweren Nächte. Manche haben behauptet, diese Nächte hätten Ursache in der Schwachheit seines Leibes, davon sein Geist schwermütig geworden sei. Ich als seine mit ihm leidende Gesellin sage: Sein Leib ist schwach und krank geworden unter dem Ringen mit Gott und mit der Aufgabe, die ihm gestellt war.

Ich lauschte. Er haderte mit sich selbst, zweifelte an sich selbst, an seiner Erkenntnis, an seiner Theologia. Einmal hörte ich ihn klar und deutlich sprechen, als habe er ein gelehrtes Auditorium: »Glauben können, daß der barmherzig ist, der nur wenige selig macht, doch viele verdammt, glauben können, daß der gerecht ist, der absichtlich und ohne daß sie es ändern können, Menschen verdammenswert macht, das ist die höchste Stufe des Glaubens. Es ist wirklich so, wie Erasmus von Rotterdam sagt, als hätte Gott Freude an der ewigen Qual der Verlorenen und als müßten wir ihn hassen, nicht lieben.«

Ich bin aufgesprungen, ich konnte das nicht mehr ertragen, bin in seine Stube gelaufen. Er stand vor dem Kruzifix an der Wand, das er sich gerettet hatte aus der Zeit der Bilderstürmer, stand da gesenkten Hauptes, fuhr nicht herum, als ich meine Hand auf seine Schulter legte und sagte: »Das ist nicht der, vor dem du stehst!«

Als hätte ich ihn erlöst, stöhnte er: »Du hast recht: Nicht der, vor dem ich stehe.«

Ich fuhr fort: »Wenn aber das andere wahr ist, dieses Schreckliche, wie konntest du dann deinen ›Sermon von den guten Werken‹ schreiben? Da hast du gesagt, du könntest Gott nicht vertrauen, wenn du nicht glaubtest, er wolle dir günstig und hold gesinnt sein. Dadurch würdest du gegen ihn wieder hold gesinnt und angetrieben, von Herzen ihm zu vertrauen und alles Gute zu erwarten. Willst du das widerrufen?«

Er schwieg. Ich sagte: »Martinus, der Papst zu Rom hat viel schuld an der kranken Kirche, auch die Priester, die ihm untertan sind, auch der gemeine Mann, der ihre Predigten hört. Aber ich habe nie gehört, auch nie zu Maria Thron, daß einer von ihnen anders gepredigt und geglaubt hätte, als du im Sermon von den guten Werken.«

Er erwiderte: »Aber zu Erfurt bin ich anders gelehrt worden.« »Ja«, sagte ich, »diesem da entgegen«, und wies auf den Gekreuzigten. Ich sagte: »Um dieser Wahrheit willen hat dich der Herr Gott nicht zum Streiter gerufen. Denn diese Wahrheit ist nicht gekränkt worden.«

So und ähnlich waren viele schwere Nächte getan. Wir beide haben sie durchlitten und wurden beide geläutert. Und wenn sie auch oftmals länger dauerten als vom Abenddämmern bis zum Morgengrauen, am Ende fanden wir beide das Vertrauen wieder: »Nun wir denn sind gerecht geworden durch den Glauben, so haben wir Frieden mit Gott durch unsern Herrn Jesus Christus.«

Einige Male wagte ich diesen Vers des Römerbriefes etwas anders zu sprechen, statt »gerecht geworden«, wagte ich zu sagen »richtig geworden«.

Aber mein Doktor fragte: »Was denkst du dir dabei, Herr Doktor Käthe?«

Ich antwortete wohl: »Nun, daß ein Mensch wieder so ist, wie Gott ihn zu Beginn geschaffen hat.

Aber ich bin kein Gottesgelehrter, ich ahne das nur.« Mein Doktor darauf: »Hm. Das Weibervolk ahnt viel. Aber die Schrift ahnt nicht, die weiß. Gerecht geworden, das steht da. Daran läßt sich nicht herumklügeln mit Ahnungen.«

Ich war ihm nicht gewachsen, wie sollte ich auch? Mein Doktor blieb hartköpfig, so leicht kam man ihm nicht bei. Heute weiß er gewiß, worin er geirrt haben mag zu Lebzeiten.

Jene schweren Nächte sind mir kostbare Erinnerungen. In ihnen habe ich ganz tief in meines Doktors aufrichtiges Herz schauen dürfen, ich ganz allein. Die Bücher, die er schrieb, die Predigten, die er tat, waren zum großen Teil Widerschein jener Nächte. In ihnen erlebte ich den hohen Geist meines Doktors, seinen grenzenlosen Glauben, seine zerreißenden Zweifel, sein oft so krankes Herz, Trauer und Fröhlichkeit, Starrsinn und Friedfertigkeit, sein Erbarmen und seine Härte, und über allem, wie er ein Mensch war, dem nicht nur die Zunge brannte, sondern das ganze Wesen im Feuer Gottes und auch in den Gluten des Teufels.

Das ist kein eitler Lobgesang, an dem seine Freunde sich ergötzen können, sondern ist mein Bekenntnis zu einem Manne, der wie keiner zu seiner Zeit ein religiöser Mensch gewesen ist ganz und gar bis in die letzten Blutstropfen.

Den zehnten Dezember 1527 ist uns das Mägdlein Elisabeth geboren.

Die Zeit davor mußte ich große Kümmernis bestehen wegen meines Doktors. Er litt an heftigen Steinschmerzen, denen kein Arzt beikommen konnte, auch Muhme Lene nicht mit ihrem glühenden Absud aus Haferstroh.

Mehr noch quälte ihn wiederum der Teufel mit Zweifeln. Dies unleidige Wesen, das nichts mehr begehrt, als daß er durch Gott gestillte Menschen aufschrecke und verwirre. Alles Ungute, das seit dem Jahre 1517 sich ans Licht gewagt hatte, hielt er meinem Doktor vor: »Schuldig an all dem Unheil bist du!«

Mein Doktor lag so schwer danieder, daß wir den Pfarrherrn Bugenhagen kommen ließen. Dem beichtete mein Doktor seine Not. Der stille, weise Bugenhagen wußte ihn zu trösten und kühn zu machen gegen die Anfechtungen. Aber am Nachmittag brach mein Doktor zusammen, als er zu Bette gehen wollte. Ich fürchtete, sein letztes Stündlein sei gekommen. Wie habe ich gebetet! Es war wohl mehr ein Betteln: »Laß mir das Meinige!« Mein Doktor betete anders: »Herr Gott, wenn du es willst, wenn dies die Stunde ist, die du bestimmt hast, so geschehe dein Wille.« Danach rüstete er sich auf seine letzte Stunde, die auch er für gekommen hielt. Er befahl mir, Magister Melanchthon zu rufen, den Kantor Walther und andere Freunde. Zu diesen sprach mein Doktor: »Ihr seid Zeugen, wie ich gewiß bin, nach Gottes Befehl geglaubt, gelehrt und gepredigt zu haben. Zu widerrufen habe ich nichts. Auch reut es mich nicht, bisweilen gar scharf und frei gewesen zu sein. Denn ich tat's nicht aus Lust, und Gott weiß, keinem habe ich Böses gegönnt. Mein allerliebstes Hänschen mitsamt der Mutter möge Gott behüten.«

Aber dem Herrn Gott waren für den Teppich unseres Lebens die Fäden seines Doktors noch lange nicht zu Ende geknüpft. Anderen Tages schon stand Martinus wieder auf. Sein Leib gesundete. Zurück blieb, was nun einmal meines Doktors Eigen war: Der um Gott und um die Kirche ringende und leidende Mensch.

Als dann gar noch die Pest wieder einmal in Wittenberg ihr Unwesen zu treiben begann, sah ich meinen Doktor so niedergeschlagen wie selten in den schweren Nächten, deren ich gedacht habe. Die Studenten flohen zum Teil, die Hohe Schule mußte geschlossen und nach Jena gelegt werden. Pfarrherr Bugenhagen drängte, auch wir sollten die Stadt verlassen. Aber da zeigte mein Doktor die trotz allem unerschütterliche Kraft seines Glaubens: »Weglaufen? Nie! Christus ist da, damit wir nicht allein sind. Er wird über jene alte Schlange, den Mörder der Menschen, triumphieren.«

Dachte er nicht an mich? Ging ich doch schwanger mit dem zweiten Kinde. Aber sein Vertrauen auf Gottes Wille war unbegrenzt. Der Herr Gott befahl ihm, in Wittenberg auszuharren. Wer, wenn nicht der Hirte, hatte auszuharren? So blieben wir, mein Doktor trotz seiner Leibesschwachheit nach nur halb überstandener Krankheit, ich mit unserem Johannes und der Mühsal meines gesegneten Leibes, dazu nun auch noch beschwert mit neuer Verantwortung, Arbeit und Sorge um viele Menschen.

Zuerst kam Pfarrherr Bugenhagen, der getreue, mit seinen Angehörigen. Er kam nicht als Flüchtling vor der Pest. Aus Sorge um den Doktor kam er. Dem Bedrängten wollte er mit Rat und Tat ganz nahe sein, wollte ihm viel Mühsal abnehmen und vor allem, er hoffte, mit seiner Freundesliebe die Pest zu bannen, so daß sie den Doktor nicht erreichte. Denn wenn der »böse Blick« einer Zauberin einem gehaßten Menschen die Pest in den Leib stechen kann, warum soll nicht der gute Blick eines Freundes die Pest bannen können? So ist sie denn nach Gottes Willen an meinem Doktor vorübergegangen, wenn er auch sonst viel hat leiden müssen in dieser Zeit. Auch mich hat sie nicht gepackt. Aber unser Freund Bugenhagen hat damit niederliegen müssen, hat sie aber mit Gottes und eigenem Willen, auch mit der Kunst des Medicus Doktor Schurff, vielleicht auch mit Hilfe unserer Muhme Lene, überstanden.

Des Medicus Eheweib Hanna und die Margarete von Machau haben sich lange quälen müssen mit der Pest, sind aber genesen. Dagegen des Bürgermeisters Tilo Denes Hausfrau, die wie die anderen Genannten bei uns im Schwarzen Kloster lagen, haben wir nicht retten können. Ihrer aller hat sich mein Doktor furchtlos angenommen, und des Bürgermeisters Hausfrau ist in seinen Armen gestorben.

Ob unser Kindlein Elisabeth nicht doch ein Gift eingesogen hat in jenen angstvollen Tagen, da es noch unter meinem Herzen lebte? Zeit ihres kurzen Lebens ist Elisabeth zart geblieben wie ein Lilienblatt. Ihr half nicht Heiltum noch starke Nahrung. Schon in ihrer Geburt reichte sie dem Gevatter Tod ihr Händlein. Danach hat sie sich von ihm ziehen und ziehen lassen, bis sie am 3. August 1528 wie ein blasses Sternlein versunken ist am Himmel Gottes.

Das war unser erstes Elternopfer. Später haben wir ein anderes bringen müssen. Aber schon von dem ersten Opfer sagte mein Doktor: »Das hätte ich nie geglaubt, daß eines Vaters Herz so weich werden kann gegen seine Kinder.«

Solch ein Wort habe ich nie gesagt. Aber stumm weinte ich nach innen. Ein Vater mag es leichter haben, vielleicht schreit er nach Männer Weise seinen Schmerz aus sich hinaus und ist bald befreit. Das muß wohl so sein. Hat er doch für das Leben gegen den Tod zu kämpfen in den mannigfaltigsten Gestalten. Und wenn ein Mann begnadigt ist, Willen und Trotz gegen Tod, Teufel und alles Unheile in die Welt hinauszuschreien mit einem Liede, so wird er gerühmt als ein Wissender und Held. Und wenn es ein rechtes Lied ist, wird es bald von aller Welt gesungen, weil jedermann empfindet, das Lied sei gerade für sein Herz gedichtet, auf daß es ihn getrost und tapfer mache.

Solch ein Begnadigter war mein Doktor, als er in jener Notzeit gedichtet und mit mir zuallererst gesungen hat: »Ein feste Burg ist unser Gott, ein gute Wehr und Waffen.«

Als er dieses Lied in seinem Inneren empfing und in Wort und Weise faßte, durchlitt er die Schwarmgeisterei, die in deutschen Landen der Kirche großen Schaden antat, und durchlitt das Unselige, mit dem in der Schweiz dem Evangelium Wunden geschlagen wurden. Hernach ist die Meinung aufgekommen, mein Doktor habe mit dem Liede gegen den Papst gesungen. Aber die Gemeinden, die ihm treu gesinnt waren, dazu die vielen anderen, die ein jeder seine eigene Not zu bestehen hatten, wenn diese in der schweren Einsamkeit oder in der hellen Gemeinsamkeit des Gottesdienstes das Lied sangen, gedachten sie nicht des Papstes, auch nicht der Schwarmgeister und der Schweizer, sondern der Einsame sang, was ihn innerlich oder äußerlich bedrängte, und die Gemeinde sang Krieg und Sieg der einen Kirche Christi. Es hätte dieses Lied auch eine Gemeinde oder ein Christ lauteren Gewissens singen können, der nicht den Weg meines Doktors betrat. Hätten die Gemeinden hüben wie drüben das Lied doch gemeinsam gesungen! Mein Doktor hätte am Ende seiner Lebenstage nicht klagen müssen über die zwei Lager, deren jedes doch kein anderes Banner führte als den Gekreuzigten. So aber ist dieses Lied verstanden worden als unser Trutzlied gegen die Brüder. Ob einmal die Zeit kommt, da die Brüder und Schwestern Jesu Christi Hand in Hand stehend bekennen und singen können: »Das Reich muß uns doch bleiben?«

Zuweilen bin ich irre geworden und sprach meinem Doktor von der »Neuen Lehre«, von der »Neuen Kirche«, als habe er neben die alte Lehre und Kirche *seine* Lehre, *seine* Kirche setzen wollen. Aber er duldete das Wort Neue Lehre und Neue Kirche nicht: »Wenn einer aus Indien oder dem Mohrenlande käme oder wo er sonst herkäme und sagte: ›Ich glaube an Christus‹, so würde ich sagen: ›So glaube ich auch und so werde ich auch selig. Es stimmen im Glauben und Bekenntnis die Christen miteinander überein, obwohl sie sonst in der ganzen Welt hin und wider zerstreut sind. Denn es heißt nicht eine römische noch nürnbergische oder wittenbergische Kirche, sondern eine christliche Kirche, wohin denn alle gehören, die an Christus glauben. Was da nur getauft ist und an Christus glaubt, gleich viel er sei aus dem Morgenlande oder Abendlande, so hat keiner einen Vorteil vor dem anderen. Aber ist wohl niemand, der nicht wünschte, daß das weltliche Regime ruhig, das Volk gehorsam und heilig wäre. So wäre auch zu wünschen, daß die Kirche einig wäre, daß keine Ärgernisse im Leben und in der Lehre geschähen, daß sich die Fürsten ans Wort hielten und es nicht haßten oder gar verfolgten. Aber eine solche Kirche kann vielleicht von einem erfahrenen Meister gemalt werden, in dieser Welt aber wird sie nirgends gefunden. Darum sollen wir uns so einrichten, daß wir wissen, daß wir dergleichen Kirche, solch gut und ruhig weltlich Regiment, wie wir begehren, niemals sehen werden. Du wirst nirgends eine solche Kirche finden, in der keine Bosheit, Ärgernisse, Uneinigkeit, mancherlei Gebrechen und Schwachheit gefunden werden. Aber Christus hat nicht auf unseren Glauben und nicht auf unsere Trefflichkeit, sondern auf sein Wort und seine Macht seinen Grund gelegt. Sonst müssen wir den Satz aufstellen, da sei kein Evangelium, wo Gottlose unter den Hörern sind, die Sonne sei keine Sonne mehr, auf die undankbare Menschen sehen, und der Gott sei kein Gott mehr, den Gottlose verkehrt anbeten. Darum müssen wir unsere Leute darauf hinweisen, daß sie nicht die Gottlosigkeit der Päpstlichen, sondern die Wahrhaftigkeit und die Macht des wirkenden Christus ins Auge fassen sollen, dessen Wille es war und ist, daß sein Wort und Sakrament bei allen, Gottlosen und Frommen, eines und dasselbe sei.‹«

Ich lasse die Feder ein wenig ruhen. Die Jahre, deren ich soeben gedachte, sind aus der Vergangenheit getreten und haben sich wie Nebel um dies Schwarze Kloster gelegt wie im Herbst über die Elbe. Aber es blühen noch Sonnenblumen und leuchten mir. Ich will dankbar sein für diese Jahre an der Seite des Doktor Martinus Luther.

*

Ich bin sehr allein.

Ein paar Tränen sind mir gekommen. Die Welt um mich her hat ein Gesicht wie der Landsknecht unter dem Eisenhelm. Es ist zum Fürchten.

Nicht allein! Du bist bei mir Martinus. Wenn meine Hand nicht so körperlich wäre, sondern anders, auferstanden, oder wie soll ich sagen, deine Nähe könnte ich fassen.

Jetzt muß ich lächeln. Denn du lächelst. Du konntest so friedlich lächeln. Du konntest stillen, du Mann, dessen Augen blitzten wie ein geschwungenes Schwert. Unter deinem gütigen Himmelsblick dachte ich, was wohl aus mir geworden wäre, hätte ich einem anderen Manne Seele und Leib verbunden. Etwa dem Hieronymus aus Nürnberg. Oder dem Glacius. Oder keinem von beiden, auch keinem anderen, sondern wäre zurückgelaufen nach Maria Thron oder in ein anderes Kloster, weil ich nicht hätte bestehen können in den Häusern und auf den Straßen der Welt. Da hat ein Gewisser in jenen Jahren durch die Schrift gegen mich geschmäht: »Sendbrief, Käten von Bore, Luthers vermeintem Eheweib samt einem Geschenk freundlicher Meinung gewidmet.« Der freundliche Schreiber nennt sich »Joachim von der Heyden«. Dieser Heyde läßt Unrat aus seiner Seele und sagt, die Käthe von Bora sei eine verlaufene Hure. Es sei zu wünschen, daß sie ins Kloster zurückkehre.

Hätte ich oder mehr noch mein Doktor jede Schmähschrift beantwortet, wir hätten um uns schlagen müssen wie einer, der in einen Wespenschwarm geraten ist. Steht da einer fein still, so obsiegt er, wenn es auch nicht ganz abgeht ohne Stiche. Die tun zwar weh, aber sie töten nicht. Und mein Doktor sagte gegen diese und andere Schriften: »Lieben Gesellen, die Wahrheit tut euch wehe. Darum sucht ihr Ursache wider mich. Das Schaf hat dem Wolf das Wasser trüb gemacht. So muß das Schaf herhalten.« Oder er sagte: »Wer nicht Kalk hat, der muß mit Dreck mauern.« Wir haben sie mauern lassen. Ist aber die Wahrheit leider, daß in unserer Zeit Gosse und Grobheit mit demselben Buchstaben beginnen, will sagen, hoch und niedrig, Stände und gemeiner Mann, wenn sie einander widerwärtig sind und streiten, so gebärdet sich ihre Zunge wie Weiber auf der Gasse, die einander die Kleider vom Leibe reißen und die Zöpfe vom Kopf. Unser neues Heidentum hat die Menschen hoch erhoben, als seien sie Götter. Aber die vielen Götter erzeigen einander nicht Ehrfurcht. Die tun so, als sei jeder, der anders denkt und glaubt, ein Schurke, Narr, Lügner und Teufelsgesell. Wozu mein Doktor zu sagen pflegte, der Teufel müsse solche schmähenden Heiligen haben, wie sollte er sonst sein Reich erhalten können und mehren! Wahr ist allerdings: Mein Doktor, wenn er zürnt, hat nicht gar sanft gesungen, oft habe ich's ihm vorhalten müssen, auch die Professoren, die sagten, dies und das aus des Doktors Mund gezieme sich nicht für einen Doktor Theologiä. Hingegen hat die Kaiserliche Majestät ihn wohl verstanden und sagte vor Zeiten: »Schade, daß der Luther ein Mönch geworden. Lieber sähe ich ihn in meinem Heere.«

Mein Doktor selber, wohl merkend, daß er fehle mit seinen grobschlachtigen Weisen, entschuldigte sich: »Ich habe den Namen, ich sei heftig und bissig. Aber ich weiß, daß ich sie nicht um ihres Lebens willen antaste. Aber wegen der Lehre kann ich nicht schweigen. Dennoch behalte ich ein gutes, freundliches, friedliches und christliches Herz gegen jedermann. Das wissen auch meine größten Feinde.«

Dieses Kapitel von der lärmenden Weise unseres rücksichtlosen Jahrhunderts, in dem so viel Herrliches und Niederträchtiges geschah und geschieht, will ich mit einer sanften und reinen Weise beschließen. Daraus mag einer das innige Gemüt meines Doktors erkennen und darüber die donnernde, manches Mal so kränkende Stimme vergessen.

Zu unseres Kantors Johann Walther »Symphoniae jucundae« schrieb mein Doktor eine Vorrede. Darin steht zu lesen: »Noch wunderbarer ist die Musica in beseelten Wesen, zumal in den Vögeln, so daß der musischste aller Könige, David, der göttliche Saitenspieler, mit Erstaunen und Frohlocken den Gesang der Vögel rühmt: ›An denselben sitzen die Vögel des Himmels und singen unter den Zweigen.‹ Doch das alles ist im Vergleich zur menschlichen Stimme keine Musica, so groß ist in dieser Beziehung Gottes übergroße Freigebigkeit und Weisheit. Die Philosophia hat Schweiß darauf verwendet, das wunderbare Kunstwerk der Menschenstimme zu begreifen: Wie die Luft durch eine so leichte Regung der Zunge und eine noch leichtere der Kehle bewegt, eine so unendliche Mannigfaltigkeit und Färbung der Stimmen und der Wörter hervorbringen kann. Und zwar je nach dem Willen der Seele, die lenkt so mächtig und so heftig, daß sie ringsumher durch einen weiten Raum deutlich gehört und verstanden werden kann. Es gibt bis heute keinen, der erklären und eindeutig sagen könnte, was jener klingende Hauch und das sogenannte Alphabet der menschlichen Stimme, was ihr eigentlicher Mutterboden sei, zum Beispiel des Lachens, vom Weinen nicht zu reden. Sie staunen, aber sie begreifen es nicht.«

Wer solche Worte denken und sagen kann, muß selber eine Viola sein, auf der seine Seele musiziert. Und ich weiß aus vielen Abenden, da im Schwarzen Kloster von kundigen Instrumentenspielern und Sängern musiziert und gesungen worden ist: Mein Doktor hat sein wildes Herz oftmals gestillt und geläutert durch die Musica: »Selbst der heilige Geist bezeugt, daß durch die Musica der Satan ausgetrieben wird.«

Papst Hadrian: »Wir alle sind abgewichen.« – Die Reichstage zu Speyer: »Man muß des Spieles warten, wo es hinfällt.« – Die feindlichen Brüder Jesu Christi. – »Da steht's wohl, wo der Mann fröhlich wird, wenn er auf dem Heimweg des Hauses Spitzen sieht.«

Es GIBT einen gewissen »Herren Jedermann«, mein Doktor nannte ihn »Herrn Omnis«. Ihn gibt es bei Großen und Kleinen, in Europa, Afrika, Asia, sicherlich auch bei den seltsamen Heiden in India, dahin ein gewisser Colombo gefahren sein soll, ohne an den Rand der Erde gelangt zu sein. Dieser Herr Omnis ist Freund dem, welchem die Menge zujubelt, und Feind, den die Menge verdammt. Er schwätzt allen nach dem Munde. Er ist es, der auch das alte Gerede mitredet, mein Doktor sei an allem Unheil schuld. Herr Omnis weiß nichts von den Ursachen dieser Zeit, er weiß nur ihr Geschwätz. So weiß er auch nicht, daß längst vor meinem Doktor Päpste, Bischöfe, Priester, Gelehrte und gemeines Volk nach Reformation riefen und strebten. Er verstand auch meines Doktors an ihn gerichtetes Wort nicht: »Die bösen Mäuler tun das Widerspiel: Sie reden von ihres Nächsten Fehl und Gebrechen, nicht daß er dadurch gebessert werden solle, sondern, daß sie sich damit kitzeln und Lust und Freude haben an Fehl und Gebrechen. Aber die Welt kann nicht anders denn fromme Leute verfolgen, schänden und lästern, wo sie keine Ursache hat, und muß etwas erdenken, das sie tadeln kann, sollte sie es auch von einem alten Zaun brechen.«

Aber in unseren Tagen ist Papst Hadrian der

wahrhaftige Mann gewesen, das Kind beim Namen zu nennen und zu tadeln um der Besserung willen. Wohl, in dem Mönch von Wittenberg sah er einen argen Ketzer. Er hatte kein Schalksgemüt, was er glaubte, das lebte er. Und so mußte er als ein Hirte der Kirche den Mönch verwerfen, weil dieser ihm die Herde zu verführen und zu verwirren schien. Die lautere Absicht des Mönches hatte er nicht erkannt. So blieb er ohne Schuld. Erkannt hatte er aber die Ursachen der Krankheit, an der die Kirche litt. Auch hier folgte er seinem Gewissen: Er prangerte die Ursachen an. »Wir wissen, daß bei diesem Heiligen Stuhle zu Rom seit Jahren viele Abscheulichkeiten geschehen sind. Alles ist ins Böse verkehrt worden. Vom Haupte hat sich das Verderben in die Glieder, vom Papste über die Prälaten ausgebreitet. Wir alle sind abgewichen. Es ist keiner, der Gutes getan hat, auch nicht einer.«

Wenn Hadrian jedoch sagte, mit dem Mönche von Wittenberg sei Gottes Strafe über die Kirche hereingebrochen, so mag dem wohl sein, aber Gottes Strafen kommen in Begleitung der Gnade.

Wäre diese Gnade angenommen worden, die eine und alleinige Kirche Jesu Christi und mit ihr mein Doktor Martinus brauchten nicht zu klagen über die unheilige Spaltung.

Einmal ist mir ein Gedanke gekommen, ein törichter, ich weiß, aber er ist mir nicht im Kopfe entstanden, so mag er doch nicht allzu armselig und billig sein: »Hätte doch Hadrian meinen Doktor nach Rom berufen, nicht zum Gericht im Feuer, sondern wie man einen Arzt holt von weit her, wenn andere Ärzte nicht haben raten noch helfen können.« Solche Einfalt bekannte ich allein meinem

Doktor. Halb spöttisch, halb bitter lächelnd, sagte er: »Herr Doktor Käthe, ich bin mit den Gedanken über die Vorsehung Gottes wohl geplagt und gemartert worden, nämlich was und wie es doch Gott mit mir machen wolle. Aber zuletzt habe ich sie, gottlob, gar lassen fahren und verachtet und hab mich wieder aufgeschwungen und an den geoffenbarten Willen Gottes und sein Wort gehalten. Wir können's doch nicht höher bringen. Denn der Mensch kann nimmermehr den heimlichen Willen Gottes erforschen, und Gott verbirgt ihn um des Teufels willen, auf daß der kluge Geist betrogen und zu schanden werde.«

Weiber sagen oft und gern: »Hättest du doch . . .!« Mein Doktor hat mich langsam dieses Besserwissens entwöhnt. Sein Vertrauen zu Gott, wo alles gar aus schien, ist mein Lehrmeister geworden. Sein anderes Wort drang tief in mich ein: »Wenn Christus ganz verloren gefühlt wird, daß man da sich doch halte an Christi Wort als an einen Stecken oder Brett, damit man nicht versinke in den Nöten, wenn die Flut über Körbe, Pferd und Wagen gehen will, bis wir wieder heraus kommen!«

Anno 1526 schien es, als ob wir wieder heraus kämen. Zwar war kaum zu denken an Einheit und Frieden. Denn die Römischen sowohl als auch die Lutherischen hatten ein jeder einen Bund der Fürsten und der Städte geschlossen, einander die Stirn zu bieten. Jedoch der Sultan der Türken war mit seinen schrecklichen Heidenscharen in Ungarn eingefallen. Nun durften die Schwertträger nicht zanken, nun mußten sie bereit sein gegen Tod und Sklaverei, von der sich alle bedroht sahen. Dazu kam, daß die Kaiserliche Majestät wieder einmal zwiespältige Politik trieb. So mangelte ihr Lust und Zeit, des Kirchenbannes und der Reichsacht von Worms zu gedenken und ihr zu Recht oder besser zu Unrecht zu verhelfen. Papst Clemens setzte damals um der weltlichen Politik willen, die doch gewiß nicht dem Evangelium Christi angemessen war, auf den Franzosenkönig. So setzte des Kaisers Majestät aus ähnlicher Politik auf den Mönch von Wittenberg. Er schob ihn ins Feld gegen den Papst, hoffte er doch, auch die evangelischen Herren in deutschen Landen würden mit ihm ziehen gen Rom. So war es denn möglich, daß zu Speyer Anno 1526 beschlossen wurde: Jeder Stand solle in Sachen des Bannes und der Acht von Worms es so halten, »wie er es gegen Gott und kaiserliche Majestät zu verantworten sich getraue«. Solche Einigung ist aber zu vergleichen einem Hauswesen, in welchem die Kinder sich trennen, um in Zukunft zu tun, was einem jeden behagt. Da ist kein Hauswesen mehr.

Die Fürsten und Söldner kamen, die kaiserliche Majestät zog mit ihnen über die Berge, Anno 1527 wurde die heilige Stadt des Papstes und der Welt erobert und ausgeplündert, zumeist von deutschem Kriegsvolk. Und, wie unter dem Kriegsvolk die Rede ging: Der Herr Gott selber habe als eine Nebelwolke voranfahrend Bresche und Weg dem Kriegsvolke gezeigt, die heilige Stadt zu gewinnen.

Auf dem anderen Reichstage zu Speyer, Anno 1529, bedurfte die Kaiserliche Majestät nicht mehr des Mönches von Wittenberg. Im ständigen Hin und Wider, bei dem es für beide Herren zu oberst um irdische Dinge gegangen ist, hatten sie wieder einmal zueinander gefunden. Daher denn der Papst ein Wort mitzureden hatte in Sachen Doktor Martinus

Luther. Also nahm der Kaiser bei seinem Schachspiel den Mönch aus dem bedrohlichen Felde und schob ihn in eine Ecke, diesmal fast eingezingelt von Reitern, Läufern und Türmen. Dort würde es mit dem Mönch bald gar aus sein, wähnte und wünschte man. Bei Gott, ja, um meines Doktors Sache stand es jetzt nicht gut. Die größere Zahl hielt sich gegen meinen Doktor. Der Unseren war, an der Zahl gemessen, nur ein kleines Häuflein. Als Botschaft zu uns gelangte, wie der Reichstag beschaffen sei, wollte mir der Mut schier vergehen. Aber mein Doktor blieb tapfer: »Es ist dies Spiel in einem Namen angefangen, der heißt Jesus Christus. So treibt es Gott nun einmal mit den Seinen und kartet das Spiel so seltsam, daß es scheint, als solle nur das Widerspiel geschehen. Doch man muß des Spieles warten, wo es hinfällt.«

Wohin es gefallen ist? Das Gewicht der größeren Zahl hat sich auf die Waagschale gelegt. Wo die größere Zahl drückte, da sollte Wahrheit und Recht sein. Das Gewissen wog nur wie ein geringer Stein.

Vordem, Anno 1526, war in derselben Stadt Speyer beschlossen und besiegelt worden, ein jeder solle so handeln, »wie er vor Gott und kaiserlicher Majestät zu verantworten sich getraue«. Das wurde nun abgetan. Jetzt sollte gelten: Verantwortung vor dem Gericht der Bischöfe und Kaiserlicher Majestät. Ich fragte Römische, die aufrichtig bei ihrer alten Weise geblieben sind, ob denn das Wort ausgestrichen sei: »Was nicht aus dem Glauben geht, das ist Sünde.« Beschämt antworteten sie: »Es gilt noch. Und es ist so.«

Die Evangelischen mußten nun dem Willen der Mehrheit widersprechen. Sie legten dem Reichstage eine Protestation vor. Zwischen Macht und Glauben unterschieden sie freilich. In Sachen des Glaubens auf das längst versprochene Konzilium zu warten, erklärten sie sich bereit. Und was das Sakrament des heiligen Fronleichnams unseres Herrn Christus anging, so bezeugten sie, daß ihr Bekenntnis zum Sakrament übereinstimmte mit dem Bekenntnis, wie es überliefert worden und gehalten ist vom Abendmahlssaal bis auf diese Stunde. Gerade hier hätten unsere Gegner sich besinnen können auf des Sankt Paulus Mahnung: »Der Gott aber der Geduld und des Trostes gebe euch, daß ihr einerlei gesinnt seid untereinander nach Jesus Christus, auf daß ihr einmütig und mit einem Munde lobet Gott und den Vater unseres Herrn Jesus Christus.« Aber Politik ist ein schlechter Berater, wenn Brüder um der Kirche willen uneins wurden. Da kann es geschehen, daß Christen von einem Brote essen und bleiben doch Feinde. »Darum, wenn du deine Gabe auf dem Altar opferst und wirst allda eingedenk, daß dein Bruder etwas wider dich habe, so laß allda vor dem Altar deine Gabe, und gehe zuvor hin und versöhne dich mit deinem Bruder, und alsdann komm und opfere deine Gabe.« Hatten wir gesündigt an unseren Brüdern? Mein Doktor ist hart gegen sie gewesen, hat nicht selten das Lied zu hoch angestimmt, ist so hartköpfig gewesen, daß auch Magister Melanchthon sich hat grämen und ärgern müssen. Was sonst getan ist von meines Doktors Gefolgschaft an viel Ungutem, das war so beschaffen, daß mein Doktor voll Zorn und Gram daran mutlos werden konnte, und daß die Brüder drüben den Zeigefinger ausstrecken durften: »Sehet, so sind nun die Früchte des schlechten Baumes!« Aber hatten nicht auch wir etwas gegen die drüben? Sie wußten doch auch, wie es um die Kirche bestellt war. Denn davon ist alle Welt erfüllt gewesen bis auf diesen Tag, da das verheißene, immer wieder aufgeschobene Konzilium zu Trient beisammen sitzt. Da raten und beraten sie nun wie Ärzte. Ob am Ende die feindlichen Brüder ihre Gabe vor dem Altare lassen, zum Bruder gehen, mit ihm sich zu versöhnen? Mein Doktor vor allen würde ein Tedeum anstimmen.

Aber zu Speyer Anno 1529 wurde der Stein des Anstoßes nicht aus dem Wege geräumt: Die Forderung an uns, von neuem der Gerichtsbarkeit der Bischöfe uns zu unterwerfen.

So gingen die Brüder auseinander, ohne Versöhnung und Einheit, jene in der Meinung, Sieger geblieben zu sein, diese gerechtfertigt durch ihr Gewissen. Und mit einem neuen Namen: »Protestanten«.

Mein Doktor Martinus wußte sehr wohl, Protestation durfte nur die Kruste eines Brotes sein, mit der allein der Kirche nicht gedient sein konnte. In den vergangenen Jahren hatte er die Hände nicht in den Schoß gelegt. Auch jetzt ließ er sie nicht ruhen. Ich als seine Ehefrau und Hausfrau kann davon ein Liedlein singen. Habe ich doch in all der Zeit oftmals tagelang, wochenlang meinen Doktor nicht gesehen. Zuzeiten hatten die Straßen, Dörfer und Städte weit und breit mehr Anteil an ihm als ich. Gemeinden, Pfarrherren, Gottesdienste, Schulen und Schulmeister mußten ins Richtige gebracht oder geprüft werden. Fürsten, Gelehrte, Arme, Sieche, Bauern und Bürger, Angefochtene, Verwirrte, Verirrte und Überschwängliche bedurften seiner. Er kam, gerufen und ungerufen. Zu oberst ging es ihm nicht um die weltlichen

Sachen der Politik. Diese überließ er von Herzen gern der Obrigkeit, der solche Sachen zu ordnen und zu regieren von Gott befohlen ist. Er selber verstand nicht viel davon, und solange die Obrigkeit ihm nicht an das Glaubensbekenntnis geriet oder mit Hilfe des Bekenntnisses Politik zu machen suchte, stand er solchen Sachen gleichmütig gegenüber. »Das weltliche Regiment hat Gesetze, die sich nicht weiter strecken denn über Leib und Gut und was äußerlich ist auf Erden. Denn über die Seele kann und will Gott niemand lassen regieren, denn allein sich selbst. Darum wo weltliche Gewalt sich vermißt, der Seele Gesetz zu geben, da greift sie Gott in sein Regiment und verführt und verdirbt nur die Seelen.« Meinem Doktor war's um die Seelen zu tun, für eine jede, ob des Armen und Niedrigen, ob des Reichen und Hohen, wußte er sich verantwortlich. Daher seine Unruhe wie eines Hirten, der um der Schafe willen nicht schlafen kann.

Die lang währende Einsamkeit ist mir mit der Zeit zu einer Ordnung meines Lebens geworden. Anfangs murrte ich dagegen. Aber je mehr ich selber entzündet wurde vom Eifer meines Doktors, um so mehr teilte seine Unruhe sich mir mit. Doch will ich zwei menschliche Schwachheiten nicht verschweigen. Zum ersten: Ich war nicht wenig stolz, einem Mann zu gehören, der als ein Nothelfer verehrt und gebraucht wurde: »Doktor Martinus muß her! Der weiß Rat und Hilfe.« Soll eine so »hochmütige Frau« wie ich nicht stolz werden? Zum anderen aber: Wenn er mich allein ließ mit Kindern, Gesinde, Tischgesellen und allem, was dazu gehörte, wie gar mühsam und oft genug widerstrebend habe ich's ertragen! »Wer Vater oder Mutter oder Weib oder

Kind mehr liebt als mich, ist meiner nicht wert.« Das ist ein hartes Wort. Ein Weib könnte eifersüchtig werden auf Gott oder doch klagen und jammern. Nun ja, Martinus, ein hartes Leben hast du mir prophezeit.

Aber wenn ich's heute überlege, so war ich doch nicht gar so einsam. Reiste ich doch in Gedanken mit meinem Doktor: Jetzt ist er da, jetzt dort. Wie mag es ihm ergehen? Leidet er auch wieder an seinem Stein? Hätte ich ihm doch Muhme Lenes Helmkraut ins Felleisen gepackt, vor allem ihre Salbe gegen die Pest! Ob seine Feinde wieder auf der Lauer liegen, ihn zu fangen? Und meine Fürbitten umgaben ihn mitsamt meinen Sorgen. So war ich ihm allzeit näher als er gewiß mir.

Auch erfuhr ich bisweilen durch Magister Melanchthons Hausfrau gute und böse Sachen, meinen Doktor angehend. Das waren Sachen, die sich ohne sein Wissen taten. Er sollte sie durch mich erfahren, wenn er heimkehrte. Inzwischen durchgrübelte ich sie, Weg oder Ausweg zu entdecken, Wahrheit von Unwahrheit zu unterscheiden, Wichtiges von Unwichtigem. Zwar unterschied ich mit meinem Herzen, fast allein mit meinem Herzen. Das soll auch etwas wert sein, manchmal gar das Zünglein an der Waage. Und mein Doktor? Der mit dem Kopf allein? Ich kannte ihn besser: Der warf sein ganzes Herz in die Schale, wuchtiger als ich. Seine Freunde, etwa Melanchthon, Bugenhagen oder Jonas, hatten viel zu schaffen, bis die Gewichte auf der anderen Schale auch zu ihrem Rechte gelangt waren.

Wenn mein Doktor heimkehrte, wie war er angefüllt mit Erlebnissen, Erkenntnissen, Tröstungen und Enttäuschungen, Hoffnungen und Ratlosigkeit,

Wünschen und Verzichten! Wie er dann seine auf sich selbst gestellte und von dem alltäglichen Kleinkram aufgezehrte Hausfrau nun plötzlich und zu ihrer Freude teilnehmen ließ an all dem! Bei mir machte er sich frei von seinen Bürden! Bei mir, die doch vom großen Leben der Zeit nicht viel gesehen hatte, die recht und schlecht ihrem Glauben und ihrer Pflicht nachging und das große Leben zumeist dem Manne überließ. Aber daß ich daran teilhaben durfte im Maße, das meiner Einfalt entsprach, das hat mich gehoben und bereichert. Aus der Nonne wurde auf diese Weise ein Mensch, der nicht mehr am Rande lebt als eine Hausfrau, die über ihren Herd hinaus kaum weiter sieht als bis in den Gemüsegarten.

Was mich bei meines Doktors Heimkehr am tiefsten ergriff, war die Glückseligkeit, mit der der ewig unrastige Mann die Stille des Hauses genoß, in das er zurückgeflüchtet war. Den Lärm der vielen Bewohner, das Hantieren hin und her vom Keller bis auf den Boden, die vielfältige Buntheit der Gestalten bei Tisch und vieles mehr empfand er nach den lauten Geschehnissen seiner Reise als Stille. Er genoß sie als gnadenreiche Wohltat. Mag sein, daß solches Genießen eine unvergängliche Wirkung des Klosterlebens war, jenes eigenartigen Stilleseins, das mein immer noch geliebter Freund Thomas a Kempis mit den Worten gezeichnet hat: »In en klein Hücksken met en klein Büchsken.« Mir selber ist auch so ein Verlangen und eine ähnliche Weise geblieben. So konnte es geschehen, daß wir beide zuweilen, wenn die Gäste endlich gegangen waren, schweigend uns anblickten und wußten, was wir meinten: Stillsein dürfen, endlich still! Aber das währte bei meinem

Doktor nicht gar lange. Er war der Sturm, der nicht ruhen kann, bis er alle Kronen des Waldes gerüttelt und geschüttelt hat.

Ich gab ihm, was ich geringes Weib geben konnte. Zu oberst mein Herz. Es war ihm gut, anfangs mit Überschwang, wie denn die Rosen überschwenglich blühen und glühen zu des Sommers Beginn. Danach mit der beruhigenden Klarheit des Weibes, das als Mutter ihrer Kinder und dieses eine große Kind zu betreuen hat, wissend um ihre und seine Unzulänglichkeiten und Schwächen. Und ich gab ihm meine Hände. Denn er war kein leiblicher Riese, vielmehr das gebrechliche Gefäß eines übermächtigen Geistes. Meine Hände holten nach, was während der Reise an Hege und Pflege versäumt werden mußte. Die durften nun auch einmal über die gefurchte Stirn gleiten, begütigend und beruhigend, tröstend und bejahend. Auch wohl mit einem leichten oder ernsten Zweifel.

Auch Muhme Lene hatte nachzuholen. Sie hatte vorbereitet, sauberes Haferstroh gegen den Stein, Tröpflein gegen die ewigen Kopfschmerzen und Schwindelnot, auch einiges gegen Schwermut und Teufelsbedrohung. Ach, wie oft hat sie mir die Küche geschwängert mit Dünsten ihrer Absude! Und in ihrer Kammer geisterte es von Balsamdüften der Apotheke des Herren Gottes, aus Wiese und Feld und Wald. Das war ihre Mitgift, als sie das Kloster verließ. Keine ungute Mitgift.

Ja, und wenn er berichtet hatte von seinen Reisen und endlich müde und doch schon wieder versunken auf der Ofenbank saß, bei geschlossenen Augen vor sich hinlächelnd oder bei offenen Augen und weitschauend unter sorgenvoll gefurchter Stirn, mühte ich mich, ihn herauszuholen aus dem heimlichen Reiche, dem er mit Leib und Seele verloren war. Dazu bedurfte es vieler Worte. Sagte er doch nicht gerade selten einfach ja oder nein und wußte nicht, worauf er Antwort gegeben, so sehr versank er im Turme Gottes. In jüngeren Jahren kränkte das meine Eitelkeit, als nehme er mich nicht ernst. Aber mit der Zeit lernte ich, es ist die Weise derer, mit denen der göttliche Geist umgeht wie die Erde mit der Sonne: Die Erde zwingt die Sonne, um sie zu kreisen. – Närrische Astronomia unserer Zeit, die das Gegenteil behauptet. –

Nun, der Worte war ich kundig, mit der Zeit jedoch etwas weniger leichthin. Mein Doktor hat mich einmal gerügt, nein, nicht nur einmal: »Ehe du so viel Worte hast predigen wollen, hast du zuvor auch ein Vaterunser gebetet? Aber die Weiber beten nicht, ehe sie anfangen zu predigen. Sonst würden sie vom Predigen abstehen und es unterwegs lassen. Oder da Gott sie ohne weiteres erhört, so wird er ihnen das Predigen verbieten.« Zu predigen gelüstete mich nicht. Daher lernte ich mehr und mehr, in mir selber meine Worte zu sammeln und zu prüfen an der Wahrheit und wohin sie fallen könnten. Überdies, nach so viel Schweigenmüssen wurde mir die Zunge fast spröde, zumal meinem Doktor gegenüber, die Worte liefen mir nicht mehr so flink über die Zunge. Ganz geschafft habe ich's nicht, ich Adams Kind und Evas Tochter, aber die Kunst des rechtzeitigen Redens und Schweigens gedieh mir doch im Maße meiner wachsenden Beherrschung. Nicht nur, daß ich wissen lernte, mein Geschwätz über Küche, Keller, Kind und Koben sei ihm lästig und leer, sondern auch, daß ich wissen lernte, wann ich meine

Not auf seine Schultern legen durfte. Herr Gott ja, der Ehestand läßt sich nun einmal nicht fein säuberlich teilen in das Reich des Eheherrn und das der Ehefrau. Da ist doch zuletzt nur ein Reich. Der Ehestand kann nur ein gemeinsames Reich verkraften. Also ist es nötig, daß das Eheweib weiß, auf welche Weise der Ehemann gekämpft, gelitten, gesprochen, bewiesen und gesiegt habe. Hingegen ist es Erfordernis und Pflicht des Mannes, aufzuhorchen, wenn die Frau berichtet, daß die Hühner mausern, daß die Schweine im Koben nicht recht fressen wollen, daß ein Laib Brot um einen Heller teurer geworden ist. Von solchen Dingen sprach ich freilich nicht mehr, wenn mein Doktor endlich heimgekehrt war. Das ging an ihm vorbei, er hatte verstanden »billiger« statt »teurer« und so. Wie die Vögel unter dem Himmel lebte er in seiner Welt, ja, das war seine Aufgabe. Ich wußte, wieviel an Kraft solch ein Leben verbraucht. Was schon waren dagegen meine kleinen Sorgen? Sie gingen in einen Kochtopf, so meinte ich schließlich. Und also sprach ich von Dingen, die ihn erfreuen, erleichtern, erheben konnten: Von unserem Hans und wie er sich mache, vom demütigen Magdsein der Muhme, vom Lenilein, dem über alles geliebten Kinde, von tüchtigen Gesellen bei Tisch, vom gehorsamen Gesinde, vom üppigen Garten, Fischteich, Vieh und dergleichen, so daß er meinen konnte, das alles lebe und gedeihe nur so in den Himmel hinein. Er hörte mir gern zu, lachte herzhaft, ergänzte mich mit kräftigen und deftigen Gedanken und knurrte nur, wenn mir einmal über die Lippen sprang: »die frommen Wittenberger«. Dann murmelte er traurig: »Die Wittenberger, die frommen Wittenberger!« Sie hatten ihn arg enttäuscht.

Ich witterte Gefahr, er könnte in die Theologie geraten, und gleich ließ ich die Spindel meiner Rede anders laufen. Seltsame Dinge fragte ich. Irgendwo sei ein Komet gesehen worden, eine Gestalt wie eines Untieres, die Leute sagen: wie ein Krokodilus. Was ein Krokodilus denn sei? Er antwortete wie einer, der bei seinen Worten hintergründige Bilder sieht: »Es muß ein Lindwurm sein oder so etwas wie eine große Eidechse, die etliche Ellen lang sein kann. Diese Bestie lebt in Ägypten, und ist ihre große Freude und Lust, Menschenfleisch zu fressen. Wie es denn viele Leute erwürgt und umbringt. Aber obschon es ein so großes und grausames Tier ist, so wird es doch von einem viel kleineren Tierlein, welches Ichneumon genannt wird und nicht größer ist als eine Katze, erwürgt, und die Leute in Ägypten beten beide Tiere, den Krokodilus und den Ichneumon, für Götter an. Es geht aber also zu, daß der Ichneumon den Krokodil erwürgt: Wenn die Sonne im Mittag am heißesten scheint und der Drache Menschen oder Fisch gefressen hat, so legt er sich am Ufer des Wassers Nili an die Sonne und schläft. Wenn er denn also entschlafen ist und den Rachen weit aufgesperrt hat, so ist das Tierlein Ichneumon da und wälzt sich im Kot, trocknet sich an der Sonne, daß es hart wird, und zieht auf solche Weise einen Harnisch oder Panzer an von Kot und Leime und kriecht dem schlafenden Krokodil oder Lindwurm in den Hals hinein und wischt ihm im Bauch umher und zerbeißt ihm das Gedärm und Eingeweide, daß er davon stirbt. Und ob der Krokodil wohl den Schwanz schüttelt und Gift herausschüttelt, so kann er doch niemand schaden, wird also überwunden und getötet, wie Plinius und der griechische Poet Nicander davon schreibt. Und wenn dann der Krokodil tot ist, kreucht das Tierlein wieder aus seinem Rachen. Das ist unseres Herren Gottes Spiel. Er handelt nicht durch große Stärke, Macht und Gewalt, sondern durch Schwachheit. Ja, dieses kleine Tierlein Ichneumon ist ein Bild des armen, schwachen Herren Christus, welcher, da er Mensch geworden und unser unflätig, kotig Fleisch und Blut, doch ohne Sünde, an sich genommen, hat er doch die großmächtigen Feinde, den Tod und den Teufel, überwunden und ihnen den Bauch zerrissen. Solches sähen wir alles, wenn wir nicht die Sünde am Halse hätten. Aber wir kennen jetzt nicht einmal solche irdischen grausamen Tiere wie zum Beispiel Monoceron, das Einhorn, ferner Rhinoceron, ein Tier, das ein Horn an der Nase hat, Pard, Leopard, Tigertier. Ja, wir wissen nicht, wie wundersam Gott sei in seinen Kreaturen.«

Zu Worms Anno 1521 hatte des Papstes Legat Cajetan gesagt: »Ich will nicht mehr mit dieser Bestie sprechen. Denn er hat tiefe Augen und wunderliche Spekulationen in seinem Kopfe.« Ja, mein Doktor hatte tiefe Augen, die konnten durch das Äußerliche nach innen in die Dinge schauen, daß sie im Geringsten das Große erkannten, in der erdigen Materie den göttlich wirkenden Geist, im Bilde das Geheimnis eines Geschehens oder Wesens. Gerade darum gelang es mir selten für eine längere Zeit, ihn aus der Gefangenschaft zu entführen, so sehr ich es versuchen mußte, seiner Gesundheit wegen, denn er verzehrte sich. Plötzlich entsprang er mir, ergab sich wiederum dem, was er mehr lieben mußte als mich. Ich war ihm eheliches Gemahl und Hausfrau, ja. Und ihm war es aufrichtig gemeint, wenn er die Ehe für eine herrliche Gabe und Ordnung pries, oder wenn er sagte: »Da steht's wohl, wo der Mann fröhlich wird, wenn er auf dem Heimweg des Hauses Spitzen sieht, und wo der Mann mit seinem Weibe also lebt und umgeht, daß sie ihn nicht gern sieht wegziehen und fröhlich wird, wenn er heimkommt.« Und über Tische sprach er von mir: »Ich achte sie teurer denn das Königreich Frankreich und der Venediger Herrschaft. Mir ist ein frommes Weib von Gott geschenkt und gegeben, so wie ich der Käthe geschenkt und gegeben bin. Allenthalben ist viel größere Untugend und Fehl unter Eheleuten zu finden als an meiner Käthe. Doch wäre das schon überflüssig Ursache genug, sie lieb und wert zu haben, daß sie glaubt und sich ehrlich hält, wie einem frommen, züchtigen Weibe gebührt.« Aber dem Manne, der von sich sagen konnte, der Eifer für die Kirche »habe ihn gefressen, wie die Motten ein Kleid verzehren«, dem geziemte, der ehelichen Liebe weniger Raum und Zeit zu bieten als der Liebe, mit der Gott ihn meinte. Und die Käthe Lutherin wußte schon bald, wessen sie sich zu versehen hatte, sie wußte es schon, bevor sie des Doktors Bekenntnis entdeckte: »Des Sankt Paulus Brief an die Galater, der ist mein Brief. Dem habe ich mich verlobt, er ist meine Katharina von Bora.«

Waltender Gott, solche Bräute hat er etliche gehabt. Über jedes Buch und Brief der heiligen Schrift könnte ich schreiben:

»Braut des Martinus.«

Unser Lenichen. – Von Beichtverhör und heiligem Abendmahl. – Coburg und Augsburg: Einfältig glauben – einfältig bekennen! – Der Dolmetscher Gottes.

Anno 1529, den 5. Mai.

»An Margarete Göritz zu Leipzig.

Ich bitte Euch um Gottes Willen, Gott hat mir eine arme junge Heidin beschert von meinem und meiner lieben Käten Leibe. Ihr wollet so wohl tun und derselbigen armen Heidin zur Christenheit verhelfen und ihre geistliche Mutter werden, damit sie durch Euren Dienst und Hilfe auch komme aus der alten Geburt Adams zur neuen Geburt Christi durch die heilige Taufe. Hiermit Gott befohlen. Amen.«

Die »arme, junge Heidin«, für die der Vater um eine Patin warb, ist unsere Magdalena gewesen, das Lenichen.

Herzliebes Mägdlein, da du Anno 1542 von Gott wieder entführt worden bist – ich kann es immer noch nicht verschmerzen: Von allen Bitten des Vaterunser will mir die dritte am schwersten aus dem Herzen.

Da hängt dein Bild, vom Meister Lucas gemalt. Wenn ich durch die Stube gehen muß, stehe ich oftmals unter diesem deinem Bilde. Die andere Welt schaut mich an. Hast du überhaupt jemals irdische Augen gehabt? Die Leute sagen, dies sei mein kindliches Konterfei. Nun, vielleicht des Leibes, der Seele niemals. Andere meinen, du seiest gewiß niemand anderes als unsere Elisabeth selig. Der Herr Gott habe die Elisabeth noch einmal uns geschenkt, weil gar so viel Trost vonnöten gewesen ist bei der argen Zeit. Wenn ich dein Bild anschaue, Lenichen, möchte ich zugeben: Eine Lilie gleicht der anderen.

Magdalena kam zu uns in dem Jahre, da die Unsrigen als die »Protestanten« Abschied nehmen mußten vom Reichstag zu Speyer. Über der Geburt dieses Kindes lagen die schweren Schatten des Reichstages. So sehr der Vater sich freute, so sehr ernst schritt er durch diese Stube, während ich in der Kammer nebenan das Kind stillte. Er rang wieder einmal mit Gott. Das weltliche Bündnis, mit dem die Fürsten der Sache Gottes unter die Arme zu greifen gedachten, schien ihm eine Sünde wider den Glauben. »Wenn ihr stille bleibet und trauet, so soll euch geholfen werden«, dieses Wort des Jesaja schrieb er dem gnädigsten Herrn Kurfürsten Johann. Nicht nur die Schrift und Theologie, so meine ich, führten ihn zu solchem Vertrauen, auch die Augen unserer Magdalena. Waren sie doch die Augen eines Wesens, das gerade angekommen war aus der vollkommenen Geborgenheit in Gott. Die wußten nichts anderes als Vertrauen. So konnten sie dem Vater nichts Besseres sagen als Vertrauen und Zuversicht.

Einmal, da er wieder mit dem Teufel gerungen, der ihm das weltliche Schwert in die Hände drücken wollte, kommt mein Doktor zu uns in die Kammer, schaut dem Kindlein zu, wie es trinkt und schmatzt. Er lächelt und sagt: »Wenn uns Gott nicht hätte die lieben heiligen Engel zu Hütern und Hackeschützen zugegeben, welche gleich wie eine Wagenburg sich um uns lagern, so wäre es bald mit uns aus.« Da wußte ich: Er hat wieder überstanden. Und geht zurück in die Stube und singt: »Ein feste Burg ist unser Gott.« Und hernach spricht er zu sich selbst: »Darum, bist du ein Sünder, so glaube, so wirst du gerecht. Bist du schwach, glaube, so wirst du stark. Bist du närrisch, glaube, so wirst du weise.«

Da war noch die andere Not, die mein Doktor und ich in jenen ersten Erdentagen des Lenichens zu bestehen hatten. Die kam von der Schweiz und hatte ein Gewicht wie die Alpenberge, unter denen sie gewachsen war. Und hieß Fronleichnam unseres Herrn Jesus Christus und hieß Zwingli. Und trug ein Schwert, die Kirche abzutrennen von den Aposteln und Vätern, gar von unserem Herrn Jesus Christus.

Über den heiligen Fronleichnam sollte Anno 1529 zu Marburg disputiert werden nach des gnädigen Herrn Landrat Wunsch und Willen, entgegen der Meinung meines Doktors.

Wie aber mein Doktor gedacht, geglaubt und verkündet hat, das muß ich hier niederschreiben mit seiner Feder und Worten. »So bekenne ich nun abermals hiemit vor Gott und aller Welt, daß ich glaube, und nicht zweifele, will auch mit meines lieben Herren Jesu Christi Hilfe und Gnade bis an jenen Tag dabei bleiben: Wo man nach der Ordnung Christi Messe hält, es sei bei uns Lutherischen oder im Papsttum oder in Grācia oder in India, auch wenn nur die Gestalt des Brotes gereicht wird, – was doch Unrecht und Mißbrauch ist, wie's im Papsttum geschieht zu Ostern und sonst im Jahr, – da werden die Leute belehrt, daselbst sei unter der Gestalt des Brotes der wahrhaftige Leib Christi, für uns am Kreuze hingegeben, und unter der Gestalt des Weins das wahrhaftige Blut Christi, für uns vergossen ... wohl ist das wahr, wo die Prediger eitel Brot und Wein reichen als das Sakrament, da liegt nicht viel an, wenn sie es reichen, oder was die können und glauben, die es empfangen. Wir aber gedenken, Christen zu erziehen und zu hinterlassen. Und da wir im Sakrament Christi Leib und Blut reichen, wollen und können wir solches Sakrament niemandem nicht geben, er werde denn zuvor verhört, was er vom Katechismus gelernt und ob er wolle von Sünden lassen, die er dawider getan hat. Denn wir wollen aus Christi Kirche nicht einen Saustall machen und einen jeden unverhört zum Sakrament wie die Säue zum Troge laufen lassen. Solche Kirchen lassen wir den Schwärmern.«

Diesem klaren, sicheren Bekenntnis des Glaubens und der Ehrfurcht stand nun Zwinglis abwegige, das Wort des Herren überhörende Meinung entgegen: Die Worte der Einsetzung »Das ist mein Leib, ist mein Blut« sagen nichts anderes als »Das bedeutet meinen Leib, mein Blut«. Dem Schweizer war mithin Brot und Wein des Abendmahls nur ein Zeichen, das Ursache des Glaubens werden konnte, wie ein Bild den Menschen bewegen kann, dem zu vertrauen, den es darstellt. Mit Zwingli geschah es also, daß sein kühler Verstand vor dem schweren Vorhang zum Allerheiligsten erstarrte. Bei meinem Doktor verwandelte der menschliche Verstand das Herz so, daß aus nüchterner Glaubenserkenntnis das Herz überging vor Staunen, Demut und Ehrfurcht.

Ich habe meinem Doktor solche Treue und Innigkeit dem Fronleichnam gegenüber von Herzen gedankt. Denn auch ich hätte das Abendmahl nicht aufgeben mögen und können. Zu viel hatte es mir geschenkt in Zeiten der Not und auch in Zeiten freudiger, dankbarer Ergriffenheit. Ich bin dem Sakramente treu geblieben wie mein Doktor. Mattigkeit des Herzens oder zuzeiten Zweifel am Sakrament haben mich nicht überwältigen können. Was Martinus über die Beichte beteuerte, das galt ihm auch und mehr noch vom Abendmahl unseres Heilandes. Beides habe ich mir zu eigen gemacht: »Wenn tausend und abertausend Welten mein wären, so wollte ich alles lieber verlieren als auch nur ein geringstes Stücklein der Beichte aus der Kirche entfernen lassen. Ja, lieber sollte mir sein des Papsttums Tyrannei von Fasten, Feiern, Kleidern, Städten, Platten, Kappen und was ich sonst dulden könnte ohne Verletzung des Glaubens, als daß die Beichte sollte von dem Christen genommen werden.«

Die Herren, die zu Marburg disputierten, sind ohne Feindschaft, aber auch ohne Freundschaft auseinandergegangen, leider wirklich auseinander. Zwar versprachen sie sich brüderliche Liebe, aber zu einer Gemeinschaft von Brüdern konnten sie nicht gelangen. Zwischen ihnen stand der Gründonnerstag.

Damals hat mein Doktor von Marburg aus mir geschrieben: »Lieber Herr Kät, wisset, daß unser freundlich Gespräch zu Marburg ein Ende hat. Wir sind fast in allen Stücken einig, nur wollte die Gegenseite im Abendmahl eitel Brot behalten und Christum geistlich darin gegenwärtig bekennen. Heute verhandelt der Landgraf, ob wir könnten eines werden, oder, wenn wir uneins blieben, doch gleich wohl als Brüder und Glieder Christi zueinander uns halten. Da arbeitet der Landgraf heftig. Aber wir wollen derlei Brüder und Glieder nicht,

wollen nur friedlich und wohlgesinnt bleiben. Ich achte, Gott habe sie verblendet, daß sie nichts haben vorbringen können. Ich habe viel zu tun, und der Bote eilt. Sage allen gute Nacht und bittet für uns. Wir sind noch alle frisch und gesund und leben wie die Fürsten. Küßt mir mein Lensgen und Hänsgen. Am Tage des heiligen Franziskus, 1529.
Euer williger Diener Martin Luther.«

Die Herren, die zu Marburg wegen des Abendmahls uneinig waren und geblieben sind, wollten der Christenheit ihr ernstes Ringen und auch das Vergebliche menschlichen Tuns bekunden. So beschlossen sie das Ende der Disputatio mit der Urkunde: »Wie wohl wir uns darüber, ob der wahre Leib und Blut Christi leiblich in Brot und Wein sei, dieser Zeit nicht verglichen haben, so soll doch ein Teil gegen den anderen christliche Liebe erzeigen, sofern es eines jeden Gewissens immer leiden mag, und beide Teile Gott den Allmächtigen fleißig bitten, daß er uns durch seinen Geist den rechten Verstand bestätigen wolle. Amen.«

Mit vorsichtigen Worten und mit ihren Namen unter die Urkunde geschrieben, haben die Herren leider den Zwiespalt bezeugt, wenn auch ihren Willen, mit Duldsamkeit einander zu ertragen. Hierzu ist mein Doktor nicht bereit gewesen. Und der Zwiespalt konnte nicht beseitigt werden.

Die Namen der Herren:

Joannes Oecolampadius
Huldrychus Zwinglius
Martinus Bucerus
Caspar Hedio
Martinus Luther
Justus Jonas

Philippus Melanchthon
Andreas Osiander
Stephanus Agricola
Joannes Brenzius.

Drei von ihnen sind bereits in die Ewigkeit abberufen: Oecolampadius, Zwinglius und mein Doktor.

»Wir sehen jetzt durch einen Spiegel in einem dunklen Wort, dann aber von Angesicht zu Angesicht. Jetzt erkenne ich's stückweise, dann aber werde ich erkennen, gleich wie ich erkannt bin.«

*

Da ich noch als Klosterfrau zu Maria Thron lebte, las und meditierte meine damals noch nicht aufgescheuchte Seele mit Innigkeit in dem Büchlein »Das fließende Licht der Gottheit.« Das ist ein geistlicher Minnegesang der Schwester Mechthild, Zisterzienserin wie ich, 300 Jahre vor dieser Zeit zu Magdeburg.

Was meine Seele aus diesem Büchlein in sich aufnahm, hat sie bewahrt bis auf diesen Tag. Noch sage ich etliche Strophen her, Wort für Wort. Denn in dieser argen Zeit werde ich nicht mehr fertig mit der Kunst Gottes am Teppich meines Lebens. Es gibt Umstände, in denen ein Mensch nicht mehr zurechtkommt mit Gottes Wort. Wenn die Geschehnisse dem Glauben zu widersprechen scheinen, Glaubenkönnen als eine Gnade ausbleibt, so sehr ein Mensch ihrer bedarf. So ist mir oft geschehen in den Jahren meiner Pilgerschaft an meines Doktors Seite. Seltsam, wie ich dann aus meiner Seele den Minnesang der Schwester Mechthild gerufen habe:
»Die Seele lobet Gott:

O Krone aller Fürsten!
O Kaiser aller Ehren!
O Weisheit aller Meister!
O Geber aller Gaben!
O Löser aller Gefängnisse!«

Da kommt Gott in die Seele:

»Ich komme zu meiner Liebe
Wie ein Tau auf die Blume.«

Da lobt die Seele Gott dawider:

»Du bist mein Spiegelberg,
meine Augenweide,
ein Verlust meiner selbst,
ein Sturm meines Herzens,
ein Fall und Untergang meiner Gewalt,
meine höchste Sicherheit.«

Ich mußte diesen Minnesang niederschreiben, weil ich zu verzagen drohte im Gedanken nicht nur meiner harten Gegenwart, sondern auch jener Zeit, da mein Doktor und die Kirche zwischen den Mächten der Erde stehen mußten, wartend, was ihnen angetan werden solle.

Ach, ich bin des Kämpfens und Ringens so sehr müde. Unter Kämpfen und Ringen bin ich alt geworden. Zuzeiten bin ich des Wortes Gottes überdrüssig. Da geht es über mich hin wie trockener Wind. So rufe ich ihm denn zu: »Du bist ein Verlust meiner selbst, ein Sturm meines Herzens, ein Fall und Untergang meiner Gewalt, meine höchste Sicherheit.«

Dann weiß ich wieder, worauf ich nicht stehen kann, worauf allein ich stehen mag. Die Philosophen sagen: Nichts ohne hinreichende Ursache. Der Christ fügt hinzu: Nichts ohne Gnade.

Fall und Untergang unserer Gewalt, unsere höchste Sicherheit: Das Jahr 1530 hat solches dargetan.

Den 24. Februar 1530 nahm die Kaiserliche Majestät Karl V. die Kaiserkrone aus der Hand des Papstes Clemens. Danach verkündete der Kaiser einen neuen Reichstag, der zu Augsburg geschehen sollte.

Wir Protestanten ließen uns von neuer Zuversicht erfüllen. Verkündete doch der Kaiser, der Reichstag sei ausgeschrieben mit dem Wunsche, »die Zwietracht hinzulegen, vergangene Irrsal unserem Heiland zu ergeben und ferner eines jeden Gutdünken, Opinion und Meinung in Liebe zu hören, zu erwägen, zu einer christlichen Wahrheit zu bringen, alles abzutun, was zu beiden Seiten nicht recht ausgelegt worden.«

Meinem Doktor stiegen alsbald Bedenken auf. Ihm war eine Meinung der Päpstlichen zu Ohren gekommen, also lautend: »Es gefällt uns wohl, daß die Neuerung wider die wohl und lang hergebrachten Gebräuche der Kirche ausgerottet und zum Besten gewandt werde.« Wenn ich mich recht entsinne, so erzählte mein Doktor damals eine Fabel: »Der Wolf wollte einem Schäflein an den Kragen: »Du hast mir das Wasser getrübt.« Das antwortet: »Traun nein! Stehst du doch über mir am Bach.« Darauf der Wolf: »Du hast mir die Weide vor dem Walde abgehütet.« Antwortet das Schäflein: »Wie könnte ich! Bin ich doch jung, habe noch keine Zähne.« Der Wolf: »Dein Vater hat einen alten Streit mit mir.« Das Schäflein: »Was hab denn ich damit zu schaffen?« Da brichts denn aus dem Wolf: »Sei so klug, wie du willst, dich zu entschuldigen, ich muß dich dennoch fressen.«

Den dritten April reisten die Herren nach Augsburg, Magister Philippus, Agricola, Spalatinus und Jonas, dieser getreue Ekkehard. Mein Doktor reiste mit, jedoch nur bis Coburg, des Bannes und der Reichsacht wegen. So fügte sich der Vogelfreie dem Willen seines Beschützers, des Kurfürsten Johann. Der brachte ihn auf seine Feste Coburg, auf kurfürstlichem Gebiet zu harren, ob die Dinge zu Augsburg sich entscheiden würden zu Gunsten der Protestanten.

Als er von mir, den Kindern, dem Gesinde und allen Getreuen Abschied nahm, fragte ich ihn nach dem Tag des Wiedersehens. Er sagte: »Gibt es der Herr Gott, dann schon bald. Denn er ist's, der das Rädlein treibt. Treibt er's aber anders, als uns gefallen mag, so kann's wohl erst geschehen, wenn die Hennen nach vorne scharren. Schneit es doch Teufel und hat ein Gesicht, als ob der Herr Gott nicht daheime wäre.«

So reiste er denn in Gottes Namen, bepackt mit Büchern und Schriften. Wollte er doch die Zeit nutzen, so gut es gelingen mochte.

In den sechs Monaten seines Bleibens in der »Wüstenei« oder »Im Vogelreiche«, wie er die Feste nannte, bin ich meinem Doktor näher gewesen als je zuvor. Ihm ist es gewiß anders geschehen. Er freute sich seiner Weltabgeschiedenheit, er stieg hinab in den Berg seiner Arbeiten, wie denn gelehrte Männer in solcher Einsamkeit so sehr an ihr geistiges Leben sich vergeben wie eine Mutter an ein Kind unter ihrem Herzen. Dennoch vergaß er mich nicht. Auch vergaß er nicht den Reichstag, so eifrig er die Fabeln des alten Heiden Äsopus verdolmetschte, Sprichwörter sammelte und Psalmen verdeutschte. Wenn ich heute seine Briefe lese, die er damals mir schrieb, oder die anderen, von denen ich später Kunde erhielt, so erscheinen sie mir wie

Zeugen seines Lebens mit mir und den Kindern, gar mit unseren Tischgesellen, gar mit den Sorgen, die etwa Frau Katharina Jonas hatte, da sie zur Zeit ihrer Schwangerschaft wegen ihres Hauses in Geldnot geraten war. Die Briefe, die zu den Getreuen nach Augsburg reisten, leuchteten wie Blitze von Coburg bis dahin. Wie sehr er trotz der großen Abgeschiedenheit mit dem Ringen seiner Getreuen verbunden blieb, konnte Famulus Veit, sein Getreuer auf der Coburg, bezeugen. Der las an einem Morgen auf die Wand der Stube meines Doktors mit Kreide geschrieben: »Ich werde nicht sterben, sondern leben und die Werke des Herrn verkündigen.« Manchmal war ich ihm so nahe, als hörte ich ihn vor sich hin sprechen beim Verdolmetschen der Psalmen, wie er zufrieden war oder verwarf, wie er mit sausender Feder durchstrich und neu schrieb, wie er mich fragte, mich, sein einfältiges Weib: »Sagen die Leute: »Bereitet einen Festtag im Schmuck dichter Bäume!« oder sagen sie: ›Schmücket das Fest mit Maien‹?«

Aber auch sein kränkelnder Leib rief mich in die Nähe. Klagte er doch, wie elend sein Leib ihn plage. Heiltümer mußte ich ihm schicken, vom Medicus Schurff, auch von Muhme Lene. Oder eine Brille für seine von allzu eifrigem Lesen und Schreiben schwachgewordenen Augen. – Aber hernach ward ich von ihm geheißen, dem Meister Christianus Döring, Goldschmied zu Wittenberg, auszurichten, der Doktor habe seiner Lebetage keine schändlichere Brille gesehen, er habe nicht einen Stich dadurch sehen können. –

Ja, und dann starb ihm der Herr Vater. Auch an solchem Leid habe ich mitgelitten. Schrieb doch Famulus Veit: »Ich bitte, Ihr wollt Euch um den Doktor nicht härmen. Er ist, Gott lob, frisch und gesund, – (das hat er gewiß gelogen, mir zum Troste, der Famulus) – hat des Vaters in den ersten zweien Tagen vergessen, wiewohl es ihm sehr sauer ward. Alsobald er Hans Reinickens Brief ansieht, sagt er mir: Wohlan, mein Vater ist auch tot. Danach flugs darauf nimmt er seinen Psalter, geht in die Kammer und weint sich aus, daß ihm der Kopf des anderen Tags ungeschickt war. Seitdem hat er sich nichts merken lassen.«

Nichts merken lassen! Der Bursche schrieb wie ein Medicus spricht: »Seid getrost! Seh ich doch nicht, wie ihn das Unwohl peinigt.«

Ich war ihm so nahe wie der Famulus Veit Dietrich. So wußte ich das Heiltum. Nicht Schrift und Wort, dessen hatte er genug, den Psalter, den Paulus. Aber unser Lenichen hatte er nicht, in dessen Antlitz gewiß etwas lebte von des Großvaters Art, ein Geheimnis, mit dem der Herr Gott von Geschlecht zu Geschlecht zeigen will, wie der Leib unseres Blutes, die Seele Gottes ist, fremd dem Vater und der Mutter, weil sie Gottes, nicht der Eltern Schöpfung zugehört. So ließ ich denn von Meister Lucas ein Konterfei unseres Lenichen schaffen. Der Bote brachte es dem Doktor.

Da schrieb Veit Dietrich: »Ihr habt ein gar gutes Werk getan, daß Ihr dem Herrn Doktor die Contrafactur geschickt habt. Denn er vergißt über die Maßen viel Gedanken mit dem Bilde. Er hat es an der Wand befestigt, gegenüber dem Tische, an dem wir essen im Gemach des Fürsten.«

Und mein Doktor schrieb voller Dankbarkeit: »Lenchens Conterfeyt habe ich mit der Schachtel auch. Ich kannte das Mägdlein zuerst nicht, so schwarz deucht es mich zu sein. Ich halte dafür, wenn Du es jetzt entwöhnen willst, daß es gut sei nach und nach, also daß Du ihr zuerst am Tage einmal nichts gibst, danach zweimal des Tages, bis es also säuberlich abläßt. Grüße, küsse, herze und sei freundlich allen und jedem nach seinem Stande. Am Pfingsttag frühe. 1530.«

Ja, so war auch er mir näher, als ich hoffen konnte. Mehr noch: Dem einfältigen Weibe gab er Aufträge, die mich erfreuten, weil er mir Größeres zutraute als Küche, Kind und Gesind. Ich mußte verhandeln und treiben bei den Verlegern, die es nicht eilig hatten, obzwar sie sonst sehr eilig sein mögen, eines Mannes Arbeit und Werk in ihre Druckerei zu bekommen wegen des Talers, der dabei wachsen mag. Dem Doktor gings freilich nicht um die schwellenden Taler und Gulden, deren hatte er an Gott und dem Evangelium genug. Ihm ging es um die Kinder, die überall im Lande ohne Unterweisung aufgewachsen wären, hätte er nicht Schulen gefordert, sie zu lehren in Gottes und der Erde Wissenschaft. Denn die Alten gaben Zeugnis, wie sie in Dunkelheit das Leben ihrer Seele gefristet hatten wie Kohlköpfe, die man über Winter im Keller bewahrt gegen Licht und Frost. Fragte doch mein Doktor bei einer Visitation einen Bauern nach dem Credo. Der sagt: »Ick glöwe an Gott allmachtigen.« Fragt ihn mein Doktor, was das bedeute. Sagt der Bauer: »Ick weß nich.«

Und so gab mein Doktor mir von der Feste aus Auftrag, dafür zu sorgen, daß sein Sermon, wie man die Kinder zur Schule halten solle, unter die Leute gelange! Viel hat er von mir gefordert. Auf Fragen seiner Theologia hätte ich nicht genugsam Antwort geben können, aber mit Verlegern zu verhandeln, mit Professoren gar, mit Herren, die Latein sprachen, als hätten sie mehr als den Grammatiker Donat gelernt, dafür hielt er mich weise genug. Dieses sein Vertrauen muß ich ihm danken. Ich sagte schon: Er hat die ehemalige Nonne über ihr Geringes hinausgeführt.

Ich war des Doktor Martinus Weib, ich war ihm nahe, in jedwedem war ich seine Gesellin! Zu Zeiten stieg mir das zu Kopfe, habe mich daran geweidet. Ich bin demütig geworden: Der Herr Gott hat mich eingeknüpft in diesen Teppich. Das ist Gnade und Erbarmen gewesen. Dennoch gilt: Ohne mich wäre Doktor Martinus nicht der Mann, der von Coburg aus seine Blitze leuchten ließ. Eitelkeit des Weibes? Betrachte ich unseres Lebens Teppich von oben, so weiß ich mich gerechtfertigt: Ich war des Herren Gottes Gehilfin. Mehr nicht.

Die sechs Monate Coburg sind mir eine schlimme Zeit gewesen. Ich glaube jedoch, sie gut bestanden zu haben. In keiner Weise wollte ich meinem Doktor auf dem Herzen liegen. Was zu sorgen und zu tragen war, trug und sorgte ich allein. Manchmal gelüstete mich, auf die Coburg zu reisen. Aber unserer Muhme Lene konnte ich den Hausstand nicht mehr überlassen. Wurde sie doch gebrechlicher von Monat zu Monat. Und unser Faktotum Wolf Sieberger? Gewiß, der Herr Gott hat ihm arg wenig Verstand mitgegeben, dafür um so mehr Treue. Aber wenn ein Knecht mit seiner Treue im Bette der Bequemlichkeit zu liegen beliebt, reicht die Treue nicht hin noch her. Mein Doktor sagte, für Wolf Sieberger müßten Spaten und Axt erfunden werden, die von selber arbeiten, und Leuchter, die sich selber schneuzen. Ja, der Wolf! Mit der Nase mußte ich ihn auf die Arbeit stoßen. Er selber sah sie nicht. Dann aber tat er sie recht und schlecht, zwar schnell ermüdet, weil sein kranker linker Arm nicht mittun wollte. Und nicht gerade selten fand ich ihn im Garten, wie er hinter einem Busche seinen Vogelherd belauerte, oder auch, wie er wieder einmal ein Schläfchen tat. Das heißt nicht, er sei ein Faulpelz gewesen durchaus. Aber sein Denken war langsam wie das Kriechen einer Schnecke, und sein Arbeiten wohl darum so gering, weil er am Schneckenhäuschen seines schwachen Leibes sicher so schwer zu tragen hatte wie jenes Tier.

Aus ernsterer Ursache jedoch gab ich meinem Verlangen nicht nach, einmal gen Coburg zu reisen: Ich durfte meinen Doktor nicht belästigen und ablenken. Ich biß die Zähne aufeinander und blieb. Das habe ich in jenen sechs Monaten reichlich geübt. Es ist gut getan, daß ich nicht hinreiste. Veit Dietrich hat mir berichtet, der Doktor habe des Tages wenigstens drei Stunden gebetet, manchmal so laut, daß man es hören konnte unter den Bäumen der Feste. Nun, dessen war ich selber ja oft genug Zeuge im Schwarzen Kloster.

Zu Augsburg standen die Dinge nicht gut für uns. Martinus schrieb damals: »Laß sie nur machen! Sie sind noch nicht am Ende. Tag und Nacht lebe ich in diesen Dingen. Ich durchsuche die Schrift, überlege, disputiere. Täglich werde ich gewisser: Ich werde mir nichts nehmen lassen, es gehe mir darüber, wie Gott will. Einige sind wehmütig, als habe Gott unser vergessen, da er uns doch nicht vergessen kann, er müßte denn zuvor sein selbst vergessen, unsere Sache müßte nicht seine Sache sein. Der Herr wohnt

»Von der Frau eines großen Geistesmannes wird viel verlangt und wenig gesprochen. Aber ohne sie ist er nicht denkbar.«

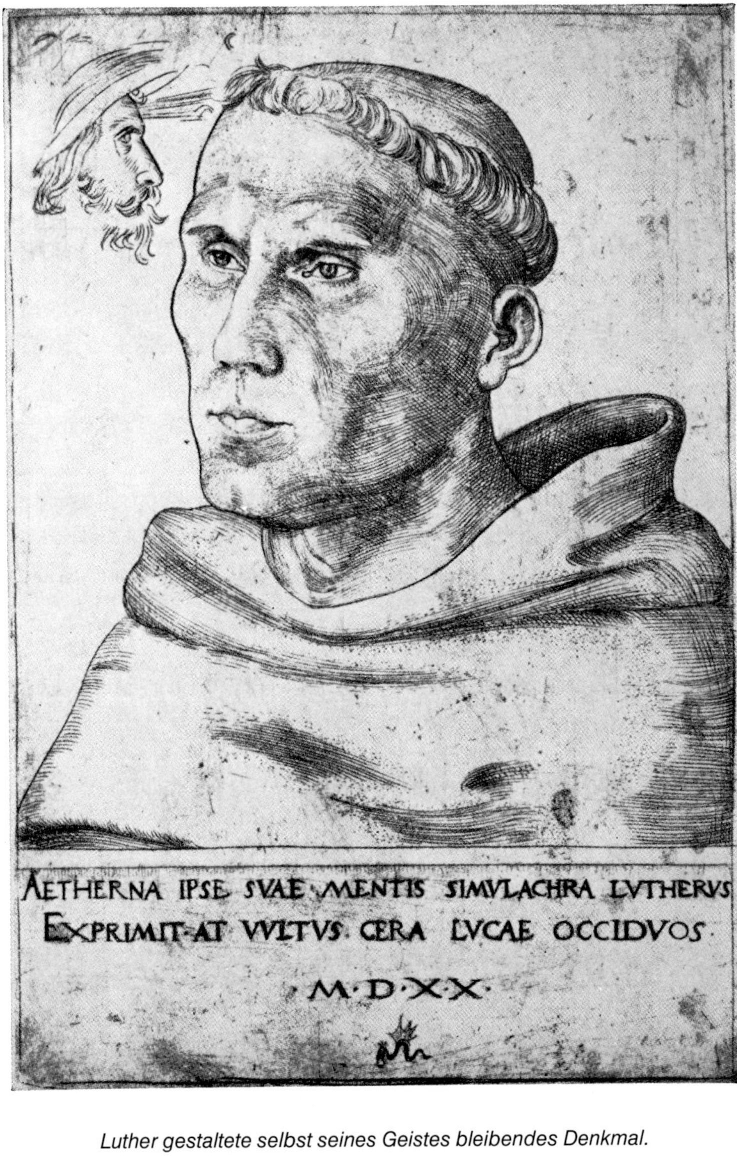

*Luther gestaltete selbst seines Geistes bleibendes Denkmal.
Lucas, der Maler, schuf nur ein vergänglich Gesicht.*

»Daß wir im Schwarzen Kloster bleiben dürfen! Hier hat es begonnen. In dem Turm ist das Licht in mich eingebrochen.«

»Die arme »junge Heidin«, für die der Vater um eine Patin warb, ist unsere Magdalena gewesen, das Lenichen.«

»Wundersame Zeit! Hier in dieser Stube um diesen Tisch versammelt saßen sie, die gelehrten Herren.«

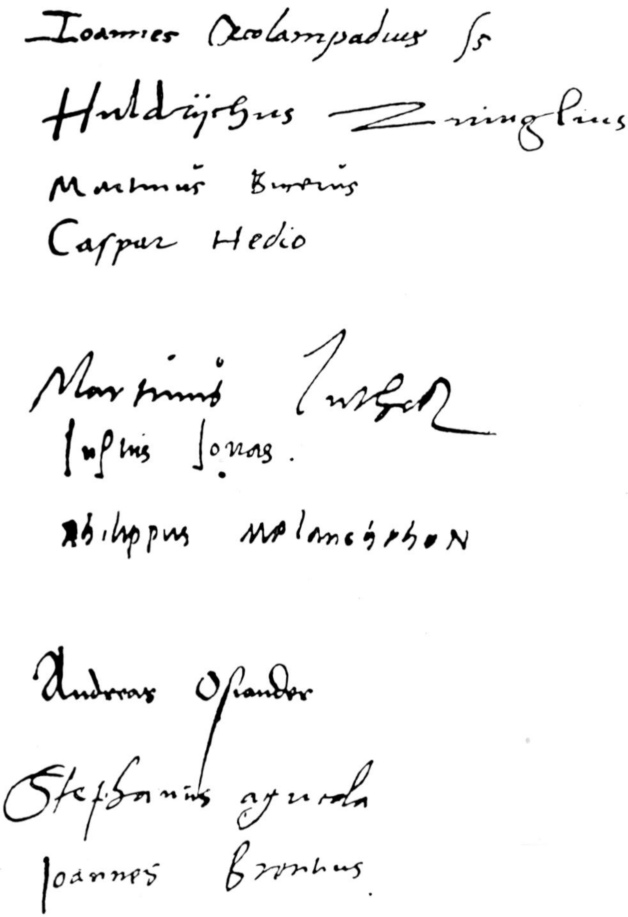

Die Unterschriften der Teilnehmer am Marburger Religionsgespräch von 1529.

»Gott ist unsere Zuversicht und Stärke.« Der 46. Psalm

»Der Maler Furttenagel hat das Conterfei gemacht, nach dem Antlitz, das zu Eisleben auf dem Totenbette lag.«

im Nebel. Im Dunkel hat er seine Zuflucht. Man sieht nicht, wer er ist. Aber er wird es sein, so werden sie es sehen. Und sollten wir denn nicht würdig sein, so wird es durch andere geschehen. Denn nicht mit uns wird er sterben, der Gott, der die Gedanken leitet. Werden die Feinde mich umbringen, so werde ich schon besser gerächt werden, als ich wünschte. Es wird einer sein, der da spricht: »Wo ist Abel, dein Bruder?«

Mein Doktor ist kein Schwarmgeist gewesen und hielt sich selber nicht für einen Ketzer. Wenn er das Wort der Schrift »Wo ist Abel, dein Bruder?« auf sich bezog, so bewies er damit, wie sehr er die Christenheit als Eine Kirche sah und meinte. Darum sah er auch in seinen Gegnern seine Brüder. Darum duldete er nicht, daß die Gemeinschaft seiner Getreuen »Lutherische Kirche« genannt wurde. »Man möge meinen Namen nicht nennen und sich nicht ›Lutherisch‹, sondern Christen heißen! Was ist Luther? Ist doch die Lehre nicht mein. Auch bin ich für niemand gekreuzigt. Paulus wollte nicht leiden, daß die Christen sich ›Paulisch‹ oder ›Petrisch‹ nennen sollten, sondern Christen. Wie käme denn ich armer, stinkender Madensack dazu, daß man die Kinder Christi sollte mit meinem heillosen Namen nennen? Ich bin und will keines Menschen Meister sein.«

Wie aber ist es dann zu Augsburg geworden, als die Kinder Christi beisammen waren, um nach des Kaisers Wunsch und Meinung »Zwietracht hinzulegen und vergangene Irrsal unserem Heiland zu ergeben«? Da hat der päpstliche Legat gedroht, man müsse, wenn nötig, mit Feuer und Schwert, die Lutherischen züchtigen und ihre Güter einziehen. Der sanftmütige Magister Melanchthon blieb trotzdem bei seiner Weise und legte bescheiden unser Bekenntnis vor. Das war so beschaffen, daß selbst ein Bischof gestehen mußte, dieses Bekenntnis sei ja wahrhaftig das Bekenntnis der Kirche.

Magister Melanchthon hatte fast nur von dem gesprochen, was hüben wie drüben einmütig geglaubt und bekannte wird. Er hatte aber auch den Mut, hinzuweisen auf die Sachen, in denen wir nicht einig waren mit den Päpstlichen: Beiderlei Gestalt des Abendmahls, die sieben Sakramente, Anrufung der Heiligen, Ehelosigkeit der Priester und Maß der päpstlichen Gewalt.

Es kam das Ende des Reichstages: Die Drohung Kaiserlicher Majestät, die Evangelischen sollten sich der Kirche beugen, oder er müsse sich gegen sie verhalten als ein Schutzherr der Kirche.

Wie danach Feind und Freund gegeneinander gesinnt gewesen sind, liegt offen am Tage. Damals drohte einer gegen unser Augsburger Bekenntnis: »Es ist mit schwarzer Tinte geschrieben. Wären wir Kaiser, wir wollten die roten Glossen dazu machen.« Worauf einer unserer Partei zurückgab: »Daß euch nur nicht selber das rote Blut unter die Augen spritzt!«

Unser gnädigster Herr Kurfürst Johann kehrte nach Hause zurück, wohl bedenkend, was auch ihm zu Augsburg angedroht worden war: »Wenn Ihr Euch dem Kaiser nicht beugen mögt, so wird der Kaiser zum Schwerte greifen, mit Euch nach Recht zu verfahen.«

Und er? »Entweder Gott verleugnen oder die Welt, wer kann zweifeln, was das Beste ist? Gott mache aus mir, was ihm gefällt!«

Nachdem so viele Jahre über Land gegangen sind,

weiß ich, daß viele das Urteil von Augsburg haben verhüten wollen, Christen beider Parteien, zumal die Unsrigen. Aber ich sage die Wahrheit: Viele von denen, welchen es aufgetragen war, als gute Hirten zu walten, haben aus der Weide ein Schlachtfeld gemacht. Die Hirten haben den Fürsten das Schwert in die Hände gedrückt. Und nun stehen zwei Kriegsheere von Christen sich gegenüber. Was soll werden? O das Wort des Sankt Paulus: »Ein Leib! Leidet ein Glied, so leiden alle Glieder mit.«

Niedergeschlagen, aber nicht gebrochen, kam mein Doktor von der Feste Coburg zurück. Noch von der Coburg hatte er seinem Freunde Jonas geschrieben: »Die Gegner wollen weiter nichts, als daß sie uns keinen Finger breit zu weichen brauchen, wir aber sollen ihnen alles einräumen: Kanon, Messe, einerlei Gestalt, Zölibat, hergebrachte Rechtsprechung, ja, daß wir schließlich gar noch erklären, daß sie im Rechte waren ... Es ist nicht unsere Sache, kommende Kriege vorauszusehen. Unsere Sache ist es, einfältig zu glauben und zu bekennen ... Auch ich will fürderhin den Gegnern nicht einen Finger breit weichen ... Fast berste ich vor Zorn und Entrüstung. Meine Bitte ist: Brecht die Unterhaltung mit ihnen ab und kehrt zurück. Sie haben unsere Konfession und das Evangelium. Wollen sie es zulassen, mögen sie es tun. Wollen sie es nicht, mögen sie hingehen, wohin sie gehören. Wird ein Krieg daraus, so werde er daraus. Wir haben genug gebeten und getan.«

»Wird ein Krieg daraus ...«

Es blieb noch eine letzte Hoffnung: Das allgemeine Konzilium, das der Kaiser versprochen und vom Papste gefordert hatte. Ohne rechte Bereitschaft kündigte der Papst ein Konzilium an in der Erwartung, wir würden und müßten uns unterwerfen. Wir aber hofften, was mein Doktor vom Jahre 1517 an gehofft hatte: Die geläuterte Kirche.

Durch die Geschichte belehrt, wußte mein Doktor um den weiten Weg, den ein Konzilium von der Ankündigung bis zum Zusammentreten zu bewältigen hatte. Haupt und Glieder gingen solchen Weg nicht gern. Martinus selber versprach sich nicht viel oder gar nichts von einem Konzilium, wenn es in Welschland tagen werde. Er forderte ein Konzilium in einer deutschen Stadt. Auch hatte ihn alles über die Maßen mißtrauisch gemacht, was er in verflossenen Jahren erleben und erleiden mußte. Der Augsburger Tag verstärkte ihn in seiner Abneigung.

Er glaubte, Wichtigeres besorgen zu müssen. Die Bibel lag vor ihm. Die forderte seine ganze Liebe und Kraft: Sie wollte verdolmetscht werden.

Wundersam reiche Zeit, da mein Doktor die Bibel verdeutschte! Vor meinen Ohren und Augen wuchs die Schrift auf wie eine Glocke vom Guß bis zum Läuten.

In vergangenen Klosterzeiten hatte ich aus beiden Testamenten dieses und jenes gehört, zumeist in der Messe, wohl auch gelesen, jedoch in lateinischer Sprache oder in irgendeinem Dialekt. Mit beidem kam ich nicht recht zuwege. Zumal nicht mit jenen schwerfälligen, plumpen Dialekten. Ein Kölner verstand den Augsburger nicht, ein Wittenberger nicht den Mindener. Haben wir Deutsche doch keine einige Sprache. Meinem Doktor ist die Gabe zugewiesen worden, die Vielfalt der Mundarten zu überbrücken. Er nahm die Sprache der sächsischen Kanzleien, aber er nahm sie so, daß ein jeder, ob von der Elbe oder vom Rhein, von der See bis an die Alpen und überall, wo im Grunde Deutsch die Muttersprache war, sie lesen und verstehen konnte. Wollte er doch das ganze Deutschland sammeln um die Mitte: Die heilige Schrift. Ich glaube, es ist viel Irren und Zweifel gewachsen, weil die wenigsten Deutschen genügend kundig waren der heiligen Schrift. »Das Wort Gottes bleibt in Ewigkeit«, so hatten die Unsrigen damals zu Worms in lateinischer Sprache über ihre Herbergen geschrieben. Aber das Wort Gottes hat seine Ewigkeit im Christen. So muß es in die Herzen hinein. Daher wollte mein Doktor die Tür öffnen.

Nachher, als die riesengroße Arbeit der Verdeutschung geleistet war, konnte Justus Jonas sagen: »Der Doktor ist ein überaus gewaltiger Dolmetsch der ganzen Bibel. Es haben auch die Kanzleien zum Teil von ihm gelernt, recht Deutsch schreiben und reden. Denn er hat die deutsche Sprache wieder recht hervorgebracht, daß man nun wieder recht kann reden und deutsch schreiben, wie dessen viel hoher Leute müssen zeugen und bekennen.«

Wundersam reiche Zeit! Hier in der Stube um diesen Tisch versammelt saßen sie, die gelehrten Herren, wohl wissend, sie könnten es nicht schaffen ohne Gottes Geist. Nicht wie zu einem Spiel und Kurzweil kamen sie, sondern ein jeder hatte sich gerüstet auf das Stück Arbeit, das für einen Tag oder Abend vorgesehen war. Vor meinem Doktor lag die lateinische und hebräische Bibel, dazu ein Teil seiner Übersetzungen, die wohl schon angehen mochten, wie er meinte. Melanchthon beherrschte den griechischen, Doktor Cruziger den hebräischen und chaldäischen Text. Nicht selten waren auch jüdische Rabbinen zugegen, kundig des alten Rabbi

Schlomon ben Isaak, genannt »Raschi«, von Worms. Seltsam, wie die Christen einmütig mit den Juden arbeiteten! Aber mein Doktor, der ansonsten nicht gerade Freund der Juden gewesen ist, besaß Weisheit und Wahrheit genug, den schon um das Jahr 1100 wegen seiner glasklaren Bibeldeutung hoch angesehenen Gelehrten Raschi zu Rate zu ziehen. Konnte doch über einen Gelehrten der heiligen Schrift kein höheres Lob gesagt werden als: »Er schreibt wie Raschi.«

Da ein jeder der Herren mit größter Sammlung und Sorgfalt zu Werke ging, schlug manchmal der Türmer die späte Nachtstunde, ohne daß die Herren auch nur um einen einzigen Vers weitergekommen wären. Oft schafften sie in vier Tagen kaum drei Zeilen. An einzelnen Worten rätselten und versuchten sie wochenlang herum, ohne die rechte Übersetzung zu finden. Mein Doktor gab später, als er sein Werk vollendet sah, Zeugnis von der Gewissenhaftigkeit und Mühsal: »Ich habe es nicht allerwege erreicht noch getroffen. Denn die lateinischen Buchstaben hindern aus der Maßen, sehr gut deutsch zu reden. Auch habe ich nicht allzu frei die Buchstaben lassen fahren, sondern mit großen Sorgen samt meinen Gehilfen darauf gesehen, daß ich ein Wort nach dem Buchstaben behalten habe und nicht leichthin davongegangen bin, wo es etwa an einem Worte lag. Da habe ich eher der deutschen Sprache etwas abbrechen wollen, als von dem Worte weichen. Ach, es ist ja Dolmetschen nicht eines jeglichen Kunst, wie die tollen Heiligen meinen. Es gehört dazu ein recht frommes, treues, fleißiges, furchtsames, christliches, gelehrtes, erfahrenes, geübtes Herz.«

Zuweilen kam mein Doktor oder ein anderer Herr

zu mir, zu Muhme Lene, gar zu unserem Diener Wolf Sieberger, auszuforschen, wie man zu diesem oder jenem auf gut Deutsch sage. Oder sie schoben auf eine Zeit ein Wort auf, um den Mann auf der Straße, den Töpfer, Fleischer oder sonst wen vom Handwerk oder einen hohen Herrn wie den Bürgermeister, den Stadtschreiber, einen Medicus und so zu befragen. Mein Doktor entlieh sich gar unseres gnädigsten Herrn Juwelenschatz, des Edelsteines Gestalt, Farbe und Wirkung genau zu erfahren.

Es gab auch wohl freundliche, aber harte Streitereien wegen eines Wortes, etwa wenn Magister Philippus meinte, bei seiner Übersetzung des Griechischen bleiben zu müssen: »Es ist mir nur ums Griechisch.« Dann gab mein Doktor zurück: »Und mir ums Deutsche!«

Auch Herr Spalatin bei des Kurfürsten Hof wurde um Mitarbeit gebeten: »Helft mir, die Wörter zurechtsetzen, aber so, daß Ihr allgemein gebräuchliche, keine Hof- und Schloßwörter an die Hand gebet. Denn dieses Buch will nur auf allgemein verständliche und einfältige Art erklärt werden.«

Andere, die zuzeiten hinzugezogen wurden, noch junge Gelehrte, enttäuschten nicht wenig. Mein Doktor sagte: »Wenn's mir nur nicht geht wie dem König Salomo, der auf was Köstliches aus Indien hoffte und erhielt dafür Affen und Pfauen!«

Als nach Jahren die Arbeit vollbracht war, blickten sie alle auf diese Zeit zurück und bestätigten, was der Doktor im »Sendbrief vom Dolmetschen« schrieb: »Lieber, nun es verdeutscht und bereit ist, kann's ein jeder lesen und meistern. Läuft einer jetzt über drei oder vier Blätter, so stößt er nicht einmal an. Er wird aber nicht gewahr, welche Wacken und

Klötze da gelegen sind, da er jetzt über sie hin geht wie über ein gehobelt Brett. Aber wir haben da schwitzen müssen und ängstigen, ehe denn wir solche Wacken und Klötze aus dem Wege räumten, auf daß man könnte so fein dahergehen. Es ist gut pflügen, wenn der Acker gereinigt ist. Aber den Wald und die Stöcke ausrotten und den Acker zurichten, da will niemand an.«

Wenn die Herren die Arbeit eines Tages geschafft hatten, mußte ich für Stärkung und Trunk sorgen. Dann saß zuweilen auch ich mit bei Tische. Die Herren führten Reden, die mir zu hoch waren. Das habe ich schweigend und oft auch bittend an ihnen getadelt, indem ich sagte, auch Essen und Trinken sei ein christliches Werk, wenn schon einer dabei der Theologie nicht bedüfe. Dann lachten sie, und mein Doktor brachte eine Fabel seines geliebten Heiden Äsopus, etwa diese: »Der Löwe lud alle Tiere in seine Höhle. Die roch nicht gut. Er fragte den Wolf, wie es in der Höhle röche. Der sagte: »Es stinkt!« Da sagte der Esel, der schmeicheln wollte: »Es riecht wunderbar!« Als dritten fragte der Löwe den Fuchs. Darauf der Fuchs: »Ich habe den Schnupfen.« Mein Doktor hatte die Fabel halb lateinisch und halb deutsch erzählt. Arglistig meinten die Herren, er solle sie doch ganz deutsch sagen und also der Frau Doktorin zuliebe recht und schlecht verdolmetschen. Mit einer zweideutigen Antwort schlug sie mein Doktor: »Nun nun, meine Käte ist nicht so schnell am Ende des Lateins wie wir.« Dann machten sie hohe Politik, die Fabel verlockte ja dazu. Am Ende hockten sie wieder bei ihrer Theologia. Sie können es nun einmal nicht lassen, die Herren Theologen.

Bei solcher Arbeit verging der Frühling. Im Sommer, am 15. Juni 1531, ist meines Doktors Mutter gestorben. 68 Jahre alt. Dort an der Wand hängt ihr Bildnis, auch dieses vom Meister Lucas gemalt. Während ihrer Krankheit schrieb mein Doktor an die Mutter: »Deshalb mögen wir unser Herz erheben und sagen: Siehe, liebe Seele, wie tust du? Lieber Tod, liebe Sünde, wie tobet ihr und erschreckt mich? Wisset ihr nicht, daß ihr überwunden seid und du Tod gar tot bist? Kennst du nicht einen, der von dir sagt: Ich habe die Welt überwunden? Mir gebühret nicht, dein Schrecken zu hören noch anzunehmen, sondern die Trostworte meines Heilandes: Seid getrost, seid getrost, ich hab die Welt überwunden.«

Ich danke Gott, daß ich mutterloses Menschenkind an dieser Frau eine Mutter gefunden habe, die mir herzlich zugetan blieb bis an ihren Tod.

Von Waisenkindern und von einer Liebesgeschichte. – Martin und Maruschel. – Die neun Gebote des Predigtamtes. – Wie Herr Pfarrer Stiefel sich verrechnete.

MEINES DOKTORS Herz – oder muß ich sagen Leichtsinn, schreckliche Güte, maßlose Kinderliebe oder was sonst noch – aber meines Doktors Herz war so groß, daß er mir zu meinen eigenen Kindern auch noch anderer Leute Kinder ins Haus gebracht hat. Nun, ich war den Kindern nicht abhold. Wußte ich doch aus eigenem Erleben, wie das ist, wenn dem Kinde die Mutter starb und danach hat das Kind nicht einmal mehr Haus noch Heimat. Aber noch heute seufze ich ein wenig, wenn ich bedenke, was alles mir aufgeladen worden ist in dem großen Schwarzen Kloster mit seinen Studenten, Tischgesellen, Gelehrten, Gesinde und allerlei Volk. Nun kamen mit der Zeit die Waisenkinder hinzu, von meines Doktors Verwandtschaft allein elf Kinder, dazu noch drei Kinder, die näher oder ferner meines Blutes waren. Tagtäglich, wohl nachtnächtlich, gab das ein Sorgen, Pflegen, Helfen, Raten, Tadeln und Strafen nach vielen Seiten. Manchmal wußte ich nicht mehr recht, wo mir der Kopf stand, so mußte ich hin und her schauen und rufen: Fabian! Andreas! Georg! Cyriakus! Hanna! Else! Hans! Martin! Anna! Florian! Und Lene!

Die Lene vor allem, Lene Kaufmann, meines Doktors Schwesterkind. Die hatte es früh und arg mit jungen Burschen in der Stadt. Und da Veit Dietrich, der Famulus, ein straffer, kühner Geselle, nicht selten in ihre Nähe kam, was Wunder, daß sie sich in ihn und er sich in sie vergaffte! Fast ein Kind war sie noch, aber ein frühreifes Früchtlein. Wie leicht fällt das ins Gras! Wir haben sie behütet, auch gegen den Famulus Dietrich, der um sie freite. Wir blieben hart, und mein Doktor sagte: »Die Lene wäre mit Euch wohl versorgt. Aber ob Ihr mit der Lene, das ist ein ander Ding. Die muß noch besser gezogen werden.« Dabei blieb es. Der Famulus tat ob des viel besungenen »Zu tiefen Wassers wohl zwischen dir und mir« einen gar schnellen und kühnen Sprung zu einer anderen.

Der Lene mußten wir später die Hochzeit richten mit Ambrosius Berndt, Professor unserer Hohen Schule. Ich habe das Brautkleid nähen lassen, nach meinem Geschmack, mit Geld, das ich dem Hausstand abgespart hatte. Mein Doktor knurrte, es war ihm zu viel Goldgespinst an dem Kleide: »Heute muß alles Gold sein. Heute hängt man an den Hals, was man früher zu Schmuck der Kirche gab.« Er jedoch geizte auch nicht. Musik, Wildbret, Wein und wer weiß was schaffte er herbei. Und es gab eine große Hochzeit.

Ach, die Lene! Nicht lange blieb ihr der Professor. Nach drei Jahren holte ihn der Tod.

Da ich dieses schreibe, lebt Lene Berndt noch immer im Schwarzen Kloster. Jetzt hat sie etwas mit einem unreifen Studentlein, 20 Jahre alt. Der Doktor hat zu seinen Lebzeiten dem Studentlein und der Witwe Lene die Köpfe gewaschen. Der Witwe hat er's deutlich gegeben über Tisch: »Böse Geister treiben ihr Wesen in Wald und Feld, in Haus und Hof, um die Menschen und in den Menschen. Den Männern erscheint er als schönes Mädchen, den Weibern als flotter Junker, aber auch als grauer Mönch, Eremit, Pfarrer, Student, Drache, Kalb, Bock soll er schon gesehen worden sein. Außerdem steckt etwas von ihm in den Katzen, Affen, seltsamen Raupen und so weiter. In der Regel aber schweben und weben die bösen Geister unsichtbar neben und in den Menschen. Zu Wittenberg hatte eine bettlägerige Jungfrau eine Erscheinung: Christus stand vor ihr in herrlicher Gestalt. Man rief mich zu diesem Mirakel. Ich sagte der Kranken, sie solle sich nicht äffen lassen vom Teufel. Da schlägt sie dem Teufel ins Gesicht. Der verschwindet alsbald, und wird das Bild verwandelt in eine große Schlange. Die läuft zur Jungfrau ins Bett und beißt sie ins Ohr, daß ihr die Blutstropfen auf dem Ohr standen und herunterflossen, und war die Schlange bald darauf verschwunden.«

Die Witwe Berndt hat wohl gemerkt, wohin mein Doktor zielte. Der hatte zu deutlich betont, worauf es ihm ankam. Gefruchtet hat's nicht. Nun mein Doktor gestorben ist, wollen und sollen sie tun, wie sie mögen. Aber sie werden noch hartes Brot essen müssen.

Ich darf wohl behaupten: Wir haben an den Pflegekindern gehandelt wie rechte Eltern, ohne alles Entgelt, so schwer wir auch zu sorgen hatten um das Brot für so viele. Etwas Hilfe und Dankbarkeit der Verwandten wäre uns willkommen gewesen. Aber Verwandtendank ist unter allen Sippentugenden der verkümmerte Zwerg. Er macht große Worte, Verbeugungen und Purzelbäume, wenn's aber an einen Taler geht, ist er nicht daheim. So erging es uns mit der Erbschaft der verstorbenen Mutter Margareta

Lutherin. Man wollte die uns zustehenden 250 Gulden beschneiden. Darüber will ich weiter keine Worte machen. Mein Doktor hat seine Meinung deutlich genug gesagt: »Wessen habe ich mich zu versehen, das sie meinen Kindern antun, wenn ich gestorben bin, da sie schon bei meinen Lebzeiten so unbillig handeln! Hätten sie doch in aller Teufel Namen das Geld für sich behalten! Gott gibt mir als seinem Diener jedes Jahr so viel, ihm will ich auch meine Kinder empfehlen. In Gott wird mein Sohn reich sein, während die Verwandten bettelarm sind.«

*

Erschütternde Botschaft gelangte zu uns aus der Schweiz. Huldrychus Zwingli ist in der Schlacht bei Cappel gefallen und gestorben, danach als Ketzer verurteilt, gevierteilt, verbrannt und in alle vier Winde gestreut.

Gottes Reich wird nicht und nirgendwo mit dem Schwerte gebaut. Zwingli hat es versucht. Andere versuchen es, der Papst, der Kaiser, gar einige von uns. »Wer das Schwert nimmt, wird durch das Schwert umkommen.« Denn das Reich Gottes wird gebaut wie die Rebe am Weinstock, nicht anders.

Als mein Doktor die Botschaft vernahm, ist er sehr still und traurig geworden. Später sagte er: »Zwingli ist ein großer, aber schrecklicher Mann gewesen. Er hat das Evangelium mit der Politik versäuert. Aber das Evangelium ist unser Fähnlein, Christus unser Feldherr, unter ihm haben wir gut siegen und gewinnen den Sieg durch das göttliche Wort.«

Wenige Tage nach dieser Botschaft ist unser viertes Kind eingetreten in die schwere Erdenzeit, den

7. November. Martin haben wir es bei der Taufe genannt.

Wenn ich diesen Knaben pflege oder stille, konnte es geschehen, daß mein Doktor singend uns betrachtete und plötzlich seine Gedanken verriet: »Wer kann sagen, wie Gott das allerkleinste Ding und die geringste Kreatur geschaffen habe. Zum Exempel, wie er einem Floh oder Laus Auge und Beine gegeben hat. Oder wie im Menschen das Auge sehen kann. Oder wie es zugeht, daß ein Weib Milch in Brüsten hat und ein Kind im Leibe trägt, wie und von wem es gewartet wird. Am jüngsten Tage werden wir's sehen und werden alle so hübsch sein wie Adam und Eva vor dem Fall, ja zehnmal schöner.«

Aber an einem Abend muß mein Doktor wohl finstere Gedanken gehabt haben, wie ich da so saß und das Knäblein stillte. Da ist er wohl gemahnt worden an die so früh gestorbene Elisabeth. Plötzlich sprach er leise und wehmütig: »Wenn Gott mir wie dem Abraham vorlegte und zumutete, meinen Sohn zu opfern und zu schlachten, ich wollte wahrlich mit ihm disputieren.«

Voller Schrecken sagte ich: »Ich kann es nicht glauben, daß Gott von jemand begehren sollte, er müsse sein Kind würgen.«

Er wußte sich und mir keinen Trost. Er schien verwirrt und sagte sehr verhalten: »Nicht mein Wille geschehe, sondern der deine!«

Aber ich riß ihn aus seiner Niedergeschlagenheit und Angst: »Martinus, jetzt will ich dein Pfarrherr sein und dich fragen aus deinem Katechismus. Die sechste Bitte, wie lautet sie?« Er antwortete erstaunt: »Führe uns nicht in Versuchung.« Darauf ich: »Was ist das?«

Da lächelte er und antwortete wie ein Schulknabe: »Gott versucht zwar niemanden. Aber wir bitten in diesem Gebet, daß uns Gott wolle behüten und erhalten, auf daß uns der Teufel, die Welt und unser eigen Fleisch nicht betrüge und verführe in Mißglauben, Verzweiflung und andere große Schande und Laster. Und ob wir damit angefochten würden, daß wir doch endlich gewinnen und den Sieg behalten.«

So hatte er nun seine Abrahamsnot überstanden. Und auf mich und den kleinen Martin weisend sagte er: »Also ist Gottes Langmütigkeit und Barmherzigkeit gegen uns!« Und beugte sich getröstet wieder über den Berg Briefe, die er zu beantworten hatte. Und als ich vor der Guten Nacht ihm das Kind hingehalten hatte zum Segen, wie er zu tun pflegte, sagte er: »Ein Weib greift mit dem kleinen Finger viel besser zu einem Kinde, denn ein Mann mit beiden Fäusten. Mit wie feinen Gebärden spielen und scherzen die Mütter, wenn sie ein weinendes Kind stillen oder in die Wiege legen! Laß solches einen Mann tun, er stellt sich dazu wie ein Kamel zum Tanz, so gar übel steht ihm solches an.«

Das sagte er, da ich ihn mahnen mußte, weil er gar tolpatschig das kleine Wurm angepackt hatte, wahrhaftig mit beiden Fäusten.

Die zwei folgenden Jahre hat sich viel Kleines, wenig Großes ereignet. Daß mein Doktor an seinem Leibe viel zu erdulden hatte, war schon fast so alltäglich, daß es Wunder nahm, wenn gesunde Tage ihm gnädig kamen. Doch wie ich oft um sein Leben bangte, mich quälte und betete, hat kaum einer gemerkt. Die harte, herbe Lutherin trägt gewiß wenig Liebe zu dem Doktor, so gelassen und nüchtern scheint sie, sagte Herr Jedermann auf der Straße. Was wußte der schon! Ich tat mir Gewalt an, ich hatte das große Haus zu regieren, mußte dem oft niedergeschlagenen Doktor guten Mut machen. Mit Wehklagen oder bei den Leuten Tratschen war da nicht geholfen. Oder hätte ich den Leuten ins Ohr flüstern dürfen, mein Doktor leide mehr an der Seele als am Leibe? Sein Leib gesunde nie ganz, weil sein Geist viel zu sehr zu tun habe mit Anfechtungen mancherlei Art? Die Leute hätten gesagt: »Jaja, der Teufel hat ihn in der Zange!« Und hätte ich gesagt, wie zu anderer Zeit mein Doktor gar fröhlich sei, so hätten sie gelästert: »Da sieht einer den ausgelassenen Mönch: Er will nachholen.« Haben sie ihn doch einen Trunkenbold genannt, dessen Weinkeller und Bierfaß nicht leer werde, einen Schlemmer, Lüstling und was sonst noch. Ich schwieg. Wie der Eichbaum mit rauher Rinde sich schützt, so habe ich meinen Doktor und mich geschützt mit Herbheit.

Im Schwarzen Kloster gibt es die große Aula. Die hatte mein Doktor zu einem Bethaus gemacht. Hier hielt er mit der Gemeinde, die im Schwarzen Kloster Hausstand und Herberge besaß, Morgen- und Abendandachten, wie ich schon sagte. Hier hat er gepredigt. O, er konnte predigen! Es gab Studenten, die schrieben in Hast seine Predigten mit. Aber manchmal waren sie so erstaunt und ergriffen, daß ihnen die Hand versagte. Da mag manches aufgezeichnet worden sein, was den Worten meines Doktors nicht entsprach. Ich selber hatte tagelang an dem zu zehren, was er verkündet hatte, und noch weiß ich viele seiner Worte und Gebärden, so tief prägten sie sich ein. Er wußte, jedes Wort habe er vor Gott zu verantworten, jede Predigt werde im Himmel mitgehört: »Öfter habe ich selbst mich angespeit, wenn ich vom Predigstuhl gekommen bin: Pfui dich an, wie hast du gepredigt! Du hast's wahrlich wohl ausgerichtet, hast dich nicht an dein Konzept gehalten. Und eben diese Predigt haben die Leute auf's Höchste gelobt, ich hätte in langer Zeit nicht eine so gute, schöne Predigt getan. Wenn ich hinunter vom Predigtstuhl gestiegen bin, so hab ich mich besonnen und gefunden, daß ich nichts oder gar wenig davon gepredigt habe, das ich bei mir konzipiert und bedacht hatte. Das ist ein närrischer Prediger, der da meint, er will alles sagen, was ihm einfällt. Solche Prediger erinnern mich an Mägde, die zum Markte gehen. Wenn ihnen eine andere Magd begegnet, so halten sie mit ihr einen Taschenmarkt oder einen Ständerling. Begegnet ihnen dann noch eine andere Magd, so halten sie mit der auch eine Sprache. Also tun sie mit der dritten und vierten, kommen also langsam zum Markte.« Und spottend zählte er die sechs Stücke auf, die zu einem Prediger gehören, wie ihn die Welt heute haben will: »1. daß er gelehrt sei. 2. daß er eine feine Aussprache habe. 3. daß er beredt sei. 4. daß er eine schöne Person sei, den die Mägdlein und Fräulein lieb können haben. 5. daß er kein Geld nehme, sondern Geld zu gebe. 6. daß er rede, was man gerne hört.« Er aber forderte von einem guten Prediger diese Eigenschaften und Tugenden: »Zum ersten, daß er fein richtig und ordentlich lehren kann. Zum andern soll er einen feinen Kopf haben. Zum dritten wohl beredt sein. Zum vierten soll er eine gute Stimme haben. Zum fünften ein gutes Gedächtnis. Zum sechsten soll er wissen, aufzuhören. Zum siebenten soll seines Dings gewiß und fleißig sein.

Zum achten soll Leib und Leben, Gut und Ehre dransetzen. Zum neunten soll sich von jedermann fexieren und zum besten haben lassen.«

Mein Doktor hörte aber selber gern auf anderer Pfarrherren Predigten. Dann saß er in der Kirche in dem ihm vorbehaltenen Stuhl und hörte fleißig zu, zufrieden oder auch unzufrieden, wie es denn der Gottesgelehrten Unart sein kann, Gottes Wort tiefer in den Kopf als ins Herz zu nehmen, nachher darüber zu disputieren und zu mäkeln. Solches ist auch meinem Doktor manchmal geschehen: Der Professor hörte die Predigt, nicht aber der einfältige Christ.

Forderte Martinus, daß ein Prediger wisse, rechtzeitig aufzuhören, so hat er doch selber nicht gar selten arg lange Predigten getan. Sie waren jedoch wohl gegründet und klar und einfältig genug bis ans Amen. Des öfteren setzte er sein Amen jäh und für die Zuhörer unerwartet wie einen Schlußstein ins Gewölbe seiner Predigt. Da seufzte mancher: »Schade, ich hätte ihm wohl noch eine Stunde zuhören mögen.« Aber der Herr Doktor lehrte seine Schüler die kurze Predigt. Und als er einmal erlebte, wie ein Prediger auf der Kanzel an einem Nagel festhing mit seinem Talar, sagte er lachend: »Dachte ich mir's doch, er wäre angenagelt gewesen, weil er nicht aufhören konnte.«

Ein Großes geschah unserem Hause, als am 28. Januar 1533 unser Paul geboren wurde. Wir nannten ihn Paul, weil der Vater bei der Taufe bekannte, Sankt Paulus habe ihm so viel an Licht und Heil gegeben, daß eigentlich auch der Martin hätte Paul genannt werden müssen.

Hier nenne ich nun unser sechstes und letztes

Kind, die Margarete, »Maruschel«, wie mein Doktor sie zu nennen liebte. Sie kam zu uns den 17. Dezember 1534.

Ich habe das Mägdelein schwer getragen und geboren. Denn in der Zeit der Erwartung litt mein Doktor wieder einmal gar sehr an allen möglichen Übeln und Peinen. Wegen seiner maßlosen und fast ständigen Kopfschmerzen fürchtete er, sein Leben könne plötzlich zu Ende gehen.

Warum er dieses sein letztes Kind so liebte? Er grübelte seinem Kranksein nach und schloß, das Kind werde ohne den Vater aufwachsen müssen bei viel Not und Bedrängnis der Mutter. Lange quälte ihn die Todesahnung. Ein paar Jahre nach Margaretes Geburt schrieb er an ihren Paten: »Es grüßt Euch meine Käte und Euer Patchen, mein Töchterlein Margarete, für die Ihr nach meinem Tode auf einen rechtschaffenen Bräutigam denken werdet. Über mich kann ich nur schreiben, betet für mich, daß der Herr mich von den Faustschlägen und Stacheln des Satansengels befreie und daß er mir nach seinem Willen ein gutes Stündlein beschere, wenn ich Erlösung finden soll aus dieser Trübsal.«

Mit den Faustschlägen und Stacheln des Satansengels meinte er zuoberst nicht seine häufigen Krankheiten, vielmehr die Zweifel an sich und seinem Werke. Wenn er Wittenberg betrachtete, Nürnberg, Torgau und andere Städte und Gemeinden, so hatte der Teufel leichtes Spiel mit ihm. Der flüsterte ihm zu, was er auch den Päpstlichen ins Ohr geträufelt hatte, es sei des Doktors Schuld und Frucht, dieses sittenlose Treiben allenthalben. »Ich betrachte es voller Ekel, und daß es nicht auch noch Christus tut, da sei Gott vor. Aber mag auch alles schlimm enden, so kann dieser Zustand der Menschheit nicht weiter, nicht länger als drei Jahre anhalten.«

Das also war seine große Trübsal, es ekele sich auch der Herr Christus vor dem Zustand der Gemeinden. Dieser Gedanke setzte ihm so lange zu, bis er glaubte, er müsse Wittenberg als ein neues Sodom und Gomorra verlassen. Und als gar noch ein Komet gemeldet wurde, der über Italien seine Bahn zog, Anno 1532, war nicht nur mein Doktor überzeugt, das Ende der Welt nahe sich mit Schrekken, es sei denn, die gottlose Menschheit bekehre sich. Ein Flugblatt ging von Hand zu Hand, verfaßt von einem gottesfürchtigen Poeten, die Christenheit zu warnen:

»Es hat niemals eines Kometen Schein
pflegen ohn böse Bedeutung sein.
Achterlei Unglück insgemein entsteht,
so in der Luft erscheint ein Komet:
Viel Fieber, Krankheit, Pest und Tod,
schwere Zeit, Mangel und Hungersnot,
groß Hitz, dürre Zeit, Unfruchtbarkeit,
Krieg, Raub, Mord, Aufruhr, Neid und Streit,
Frost, Kälte, Sturmwetter, Wassersnot,
viel hoher Leute Abgang und Tod,
groß Wind, Erdbeben an manchem End,
viel Änderung der Regiment.
Wenn wir aber Buße tun von Herzen,
so wendet Gott manch Unglück und Schmerzen.«

Wer offene Augen und Ohren hatte, der sah all das sündige Unheil und Jammer Macht haben bei Christen und Heiden. Mein Doktor glaubte allerdings nicht, der Komet habe die gottlosen Zustände aus der Luft des Teufels auf die Erde niederfallen lassen. Wohl glaubte er, Kometen vermögen allerlei unnatürliche Veränderung bei Wasser, Getreide und Tieren zu bewirken. Wie wir denn die Brunnen zudecken müssen gegen das Gift des Kometenhaares oder Schwertes. Und wie denn im Lande Westfalen großes Katzensterben gewesen ist zur Zeit eines Kometen oder Seuche des Hornviehs, oder in einem Dorfe bei Rom ist ein Kalb geboren worden, das hatte zwei Köpfe. Aber die Bosheit der Menschen steigt auf aus dem Abgrund des Satans. Und da Gott Erbarmen hat mit dem Menschen und will nicht den Tod des Sünders, so schreckt er sie mit der Rute oder Schwert der Kometen. Es tut also Papst Clemens ungut und wider Gottes Vorsehung, wenn er den Kometen bannt, damit er von Italien weg hinüberziehe auf den Türken.

Als ein getreuer Verkünder des Wortes Gottes hat mein Doktor in seinen Predigten auf die Zeichen der Zeit hingewiesen mit dem Finger und hat zu Buße und Umkehr gerufen: »Also, wenn ihr sehet, daß solches geschieht, so wisset, daß es nahe vor der Tür ist.«

»Den Tag aber und die Stunde weiß niemand«, hat der Herr Christus gesagt. Nur der gute Pfarrherr Magister Stiefel zu Tolleth, der hat Tag und Stunde gewußt. Mein Doktor fragte ihn, womit er seine merkwürdige Wissenschaft beweisen wolle. Magister Stiefel darauf: »Ich hab's berechnet.« Hinterlistig fragt mein Doktor zurück: »Habt Ihr Euch nicht verrechnet?« »Nein«, sagt Stiefel, »meine Rechnung stimmt.« Und war von seiner Wissenschaft so fest überzeugt, daß er sie seinen Leuten zu Tolleth predigte. »Ei«, dachten die Bauern, »wenn's denn schon ein Ende nehmen wird, so wollen wir nicht vergeblich geschuftet und geschwitzt haben.« Und lebten fein lustig in den Tag hinein, verzehrten und vertaten alles, was sie in Keller, Speicher und Stall hatten, und harrten auf diese ihre Weise des Tages. Der Tag ist gekommen, der Untergang blieb aus. Da saßen nun die Bauern bei ihren ausgeschlemmten Töpfen, ergrimmt über den Propheten, schleppten ihn nach Wittenberg vor den Richter und forderten seinen Tod. Der arme Stiefel ist mit einem blauen Auge davongekommen, und wer den Schaden hat, braucht für den Spott nicht zu sorgen. Das taten die Studenten unserer hohen Schule, die sangen auf Straßen und Gassen, und die Bürger sangen und singen noch heute:

»Stiefel muß sterben,
ist noch so jung, jung, jung.
Stiefel muß sterben,
ist noch so jung.
Wenn das der Absatz wüßt,
daß Stiefel sterben muß!
Stiefel muß sterben,
ist noch so jung.«

»Biblia, das ist die ganze Heilige Schrift Deutsch.« – Legat und Apostat. – Die Kirche des Herrn Christus. – Zwiegespräch. – Epitaph für Muhme Lene.

NACH JAHREN mühsamer und gewissenhafter Arbeit meines Doktors und seiner gelehrten Gehilfen wurde die Verdeutschung der Heiligen Schrift Anno 1534 vollendet und alsbald an's Licht gebracht:
Biblia / das ist / die gantze Heilige Schrifft Deudsch.

Mart. Luth.
Wittemberg.
Begnadet mit Kurfürstlicher zu Sachsen freiheit.
Gedruckt durch Hans Lufft.
A. D. XXXIIII.

Ein Riesenwerk, in der Gestalt seiner Sprache gewaltiger als die lateinische Übersetzung, die der Kirchenvater Sankt Hieronymus geschaffen hat.

Nun ruhten aber weder mein Doktor noch seine Mitarbeiter. Ihm wie ihnen kamen wieder Erleuchtungen, wie sie dieses und jenes Wort noch besser verdeutschen könnten, wie sie Fehler auszumerzen hätten, die unterlaufen waren.

Ich habe, weiß Gott, nicht das geringste Verdienst an der Vollendung des heiligen Werkes. Aber darf ich nicht fröhlich sein, wenn mein Doktor hie und da auch mich fragte nach der Sprache des gemeinen Mannes? Daß ich dann auf die Straße und in die Häuser gegangen bin, zu fragen und zu forschen? Auch lauschte ich zu Zeiten aufmerksam in die

Stube, da die Gelehrten arbeiteten, und schnappte lateinische Wörter auf, die sie gerade in der Hand hatten wie der Töpfer den Ton. Und da ich des Lateins, wenn nicht mächtig, so doch etwas kundig war, so prüfte auch ich das deutsche Wort, das die Herren gefunden und beschlossen hatten. Und bei zwei Wörtern glaubte ich einen Irrtum der Herren rügen zu müssen. »Du hast verdolmetscht: ›Gerechtigkeit, die vor Gott gilt‹, und ›Ruhm, den sie bei Gott haben müßten‹«, sagte ich.

Er fuhr mich herrisch an: »Na und?«

Zaghaft wagte ich: »Das steht da nicht. Da steht ›Gerechtigkeit Gottes‹ und ›Die Herrlichkeit Gottes‹, Justitia Dei, Gloria Dei.«

Und mein Doktor? »Aus dir redet die Schlange des Paradieses. Will mir meine Theologia verwirren! In der Gemeinde halte das Weib den Mund! ›Gerechtigkeit, die vor Gott gilt‹, und ›Mangeln des Ruhmes, den sie bei Gott haben müßten‹, genau so meint die Schrift, nur kürzer, für den ungelehrten Christen etwas schwer zu verstehen: ›Gerechtigkeit Gottes, Ruhm Gottes.‹ Laßt mich in Frieden, Frau Doktorissa, mit Eurem Latein! Ich will nicht tun nach Deinem Willen!«

Demgemäß habe ich gehandelt. Aber ich ahne noch heute, es müsse in den zwei Wörtern »Gerechtigkeit Gottes« und »Herrlichkeit Gottes« etwas gar Geheimnisvolles enthalten sein, und mein Doktor habe das Geheimnis jetzt erfahren, da er im Lichte lebt.

Zur Zeit geht bei Professoren unserer Hohen Schule ernsthafte Rede, in Schweizer Landen walte ein aus Italien flüchtiger geistlicher Herr seines Amtes als Prädikant schweizerischen Bekenntnisses. Er habe in der päpstlichen Kirche einmal die bischöfliche Mitra getragen und heiße Petrus Paulus Vergerius. Die Herren behaupten für wahr und gewiß, derselbe Vergerius sei Anno 1535 als päpstlicher Legat in Sachsen des verheißenen Konziliums am Hofe unseres gnädigsten Herrn gewesen, bei welcher Gelegenheit er auch den berühmten Doktor Luther habe kennenlernen und sprechen wollen.

Wenn dieser Prädikant jener Legat Vergerius ist, wie die Herren sagen, so erinnere ich mich genau des Gespräches, das mein Doktor mit ihm geführt hat. Mein Doktor, angetan mit Tracht und Zeichen seiner Würde, begab sich mit Johannes Bugenhagen zu diesem Gespräch, schon um des Kurfürsten willen, obschon er sich wenig davon versprach. Denn damals stand Vergerius zumindest äußerlich noch weitab von Martinus. Mag aber auch sein, wie denn laut und leise geredet wurde, der Legat habe bei dem Kurfürsten erstaunlich schweigsam gesessen, als ihm des Doktors Person und Lehre von einem Fürsten gedeutet wurde, an dessen Lauterkeit kein Zweifel aufkommen konnte. So wäre es möglich, daß damals in dem Legaten selber der Apostat erwachte, wenngleich dieses Erwachen auch schon zu Rom begonnen haben kann. So saßen sie sich denn gegenüber, der gebannte Apostat Luther und der Legat, der zunächst nur aufhorchte bei der fremden Stimme und bei der Stimme im eigenen Herzen. Mein Doktor sagte: »Wenn Ihr ein freies, allgemeines, christliches Konzilium berufen wollt, sei es zu Padua, Florenz oder Mantua, so werde ich kommen, und solltet ihr mich verbrennen. Aber dem Papste ist es mit dem Konzilium doch nicht ernst.«

Ob der Legat dachte, es sei Art der Apostaten, nach dem Martyrium zu verlangen? Oder ob er erkannte, es sei unrecht, einen Apostaten zu verbrennen, da doch das letzte Gericht über das Gewissen nur Gott allein zusteht? Vielleicht gehörte Vergerius jedoch damals schon zu den mit Scham Wissenden, die vom Konzilium die nötige Läuterung des christlichen Hauptes und der Glieder aufrichtig erwarteten. Zwar bekundete Vergerius zu der Zeit solches nicht. Aber ich möchte für wahr halten: Auch dieser Mann zählte zu den vielen ehrlichen Christen, die mit bekümmertem Herzen beteten: »Herr, unser aller Sünde und Schuld ist es, daß du an uns leidest.« Ich bin aber dessen ganz gewiß, als Zeuge bin ich dessen gewiß, ich hab's mit eigenen Ohren oft und oft vernommen: Mein Doktor, der so viel hat streiten müssen als ein Mann des Streites, wie er sich nannte, dieser selbe Doktor hat mehr gebetet als gestritten. Und mit Schrecken hat er sehen müssen, wie nicht Eine Kirche blieb, sondern zwei wurden. Daher denn auch viele seiner Anfechtungen gekommen sind, daß er wie ein versagender Schwimmer mit letzter Kraft sich festklammerte: »Ihr allzumal irret und habt unrecht. Meine Lehre allein ist recht und Gottes sichere Wahrheit, dabei bleibe ich, wenngleich die ganze Welt anders sagt. Denn Gott kann nicht lügen, da hab ich sein Wort, das kann mir nicht irren noch von allen höllischen Pforten überwältigt werden, und hab den Trost dazu, daß Gott sagt: Ich will dir Leute und Zuhörer geben, die es sollen annehmen. Laß mich nur sorgen, ich will über dir halten, bleibe du nur fest bei meinem Wort.«

Lieber Martinus, da stehen nun die zwei Kirchen gegeneinander. Wenn sie sich versöhnten, wäre dann die Kirche des Herrn Christus? Ach, ich bin alt geworden. Da ich nun vereinsamt lebe, besitze ich nicht mehr Mut noch Sicherheit wie vor Jahren. Aber beten kann ich noch. An Tagen, die mich traurig, zornig, aufbegehrend und müde machen, hilft mir meines Doktors Notlied:

»Ob bei uns ist der Sünden viel,
bei Gott ist viel mehr Gnade.
Sein Hand zu helfen hat kein Ziel,
wie groß auch sei der Schade.
Er ist allein der gute Hirt,
der Israel erlösen wird
aus seinen Sünden allen.«

*

Für eine Weile will ich mich zurückziehen aus aller Zwietracht und Widerwärtigkeit des Lebens.

Zu mir in dieses Schwarze Kloster rufe ich dich, Martinus. Dankbar wollen wir zu zweit durch Stuben, Kammern, Säle und Korridore schreiten, wollen Zwiesprache halten miteinander.

»Ein getreuer und gestrenger, rechtschaffener und ehrsamer Vater, Herr und Diener unserer Kinder bist du gewesen.«

»Aber die Käthe hat auch gewußt, wo sie Herrin hat sein müssen. Zu Beginn geschah bei mir ein Aufmucken. Nachher ward mir die Herrin recht. Als eine mütterliche Herrin hat sie mich wohl geborgen.« – »Wenn's auch hin und wieder heiße Köpfe und Zungen gab, lieber Martinus.«

»O wie wohl steht's, wenn Eheleute miteinander zu Tisch und Bett gehen! Ob sie gleich schnurren und murren, das muß nicht schaden. Es geht in der Ehe nicht allzeit schnurgleich zu, ist ein zufällig

Ding. Darin muß man sich ergeben. Auch Adam und Eva werden sich gar weidlich die neunhundert Jahre zerscholten haben und Eva zu Adam gesagt haben: ›Du hast den Apfel gefressen.‹ Herwiderum wird Adam gesagt haben: ›Warum hast du ihn mir gegeben?‹ Denn sie werden in so einer langen Zeit ihres Lebens ohne Zweifel gar viel Böses und viel Unglück mit Herzeleid und Seufzen in ihrem Ehestand gesehen haben. Welches alles aus ihrem Fall und Ungehorsam hergekommen ist. Es wird ein wunderlich Regiment gewesen sein.«

»Und war doch ein seliger Stand, Martinus.«

»Weil wir ihn hielten für ein heiliges Ding und göttlichen Stand, wo die drei Stücke bleiben: Treu und Glauben, Kinder und Leibesfrüchte und Sakrament.«

»Sieh, Martinus, in dieser unserer Kammer habe ich sechs Kinder geboren.«

»Sechs, ja. Denn auch Elisabeth und Lenichen gehören dazu. Die Mägdelein sind nicht tot, sondern sie leben.«

»Warst du nicht gar zu streng mit den Kindern? Drei Tage durfte dein Hans nicht zu dir ins Haus kommen. Sagtest du nicht: ›Ich wollte lieber einen toten denn einen ungezogenen Sohn haben‹?«

»Ja, denn Sankt Paulus lehrt, daß ein Bischof soll ein solcher Mann sein, der seinem Hause wohl vorstehe und wohl gezogene Kinder habe, auf daß andere Leute davon erbaut werden, ein gut Exempel nehmen und nicht Ärgernis gewinnen. Wir Prediger sind darum so hochgesetzt, daß wir anderen ein gut Exempel geben sollen, aber unsere ungeratenen Kinder ärgern andere. So wollen die Buben auf unsere Privilegia sündigen.«

»Nun nun, Martinus, so arg war's ja nicht mit dem Johannes.«

»Arg genug. Aber du hast mir nicht alles angezeigt, sondern es heimlich gehalten für dich. Dazu die Muhme Lene, auch die versteckte die Unartigen unter der Schürze.«

»Unartige, sagst du. Aber es wird doch Gutes aus ihnen, darf ich hoffen.«

»Was ist aus ihnen geworden?«

»Hast du's im Himmel immer noch so arg mit der Theologia, daß du nicht weißt, was aus den Kindern geworden ist?«

»Mit der Theologia? Nein, vielmehr mit dem Staunen, wie bei Gott alles so einfach ist, so klar, so durchscheinend. Wir Theologen da oben schauen uns manchmal sprachlos an, höchstens daß wir murmeln: ›Ach so!‹ Darüber hinaus: Zu oberst haben wir's mit den Psalmen zu tun, mit den erlösten Psalmen, wenn du begreifst, was wir darunter verstehen. Vor allem mit dem Psalm 104: ›Lobe den Herren meine Seele! Herr mein Gott, du bist sehr herrlich. Du bist schön und prächtig geschmückt.‹ Die Weise ist wunderbar. Aber was ist's mit unseren Kindern?«

»Du müßtest es wissen. Lebst du nicht mehr mit mir?«

»Doch, Käthe, aber anders als zuvor. Durch's Beten hin und her. Nur fehlt es dir beim Vaterunser.«

»Wie meinst du das?«

»Die dritte Bitte. So kommt's nicht recht durch die Wolken, wenn du betest. Die dritte Bitte schließt oder öffnet den Weg durch die Wolken. Da sei auf der Hut, liebe Käthe!«

»Ach, was weißt du schon, wie einer Witwe um

Herz und Mund ist, wenn's um den Willen Gottes geht! Aber ich will dir von den Kindern sagen. Hans, der hat es doch noch zu etwas gebracht. Studiert zur Zeit noch allhier, also daß wohl ein Hofrat aus ihm werden könnte. Auch wohl ein guter Ehemann, vielleicht mit Doktor Cruzigers Elisabeth. Die beiden haben's gar arg miteinander. Ja, da staunst du über dein Sorgen-Hänschen. Martinus hat es bis auf den Tag nicht bringen können zu einem Herkules des Leibes, weißt ja, wie sehr wir des allzeit schwächlichen Bübleins haben Sorge tragen müssen. So mag er sich nicht in ein Amt getrauen, lebt wie Sankt Hieronymus im Gehäus, schaut aber aus nach Bürgermeisters Anna hier zu Wittenberg. Über unseren Paul wirst du dich nicht wundern. Weißt ja, wie er an Geist, Leib und Tugend das stärkste unserer Kinder ist. Gewiß wird er zu einem Doktor medicinä promovieren und Professor, gar Leibmedicus zu Jena sein. Da seine Erwählte ein prächtiges Weibsbild ist, klug und nicht auf's Maul gefallen, möchte ich noch erleben, der Paul führt sie zum Altar und in sein Haus. Das Mädchen heißt Anna von Warbeck, Tochter des Kanzlers Veit beim Kurfürsten Johann Friedrich zu Torgau. Zuletzt unsere Jüngste, Margarete, ist noch ein Kind. Teilt mit mir das Schwarze Kloster. Mir scheint aber, sie weiß schon Augen zu machen einem gewissen Studiosus Georg von Kunheim, der jedoch der Margarete noch ärger. So lange ich das Mägdlein mir halten kann, werde ich es halten, mein letztes Kind, mein Nesthäkchen. Oder muß ich alsbald ganz einsam werden? Da sei Gott vor! Wie gehts übrigens Muhme Lene?«

»Muhme Lene? Ei, die ist neugeboren, ganz jung

und frisch, geht mit Elisabeth und Lenichen spazieren, wird nicht müde. Hat ansonsten auch gar viel zu tun mit den Erzengeln, welche das Heiligtum hegen in den Gewächsen und die Herren Medici zu beraten haben, ihre Mixturen recht und bekömmlich zu reichen.«

Er zieht mich auf die Ofenbank, fein himmlisch neben ihm zu sitzen. Er fragt, wie es denn mit der Musica getan sei heutzutage.

Ich antwortete: »Seitdem du dein Instrument mitgenommen hast auf die Reise, dazu deine Stimme, ist's gar still geworden in der Stube. Die Studenten, ja, die dudeln noch, wenn sie der Hafer sticht. Aber es ist nichts mehr.«

Mein Doktor seufzt: »Ach, war das schön damals, die kunstvolle Musica im Schwarzen Kloster! Aber nun der Engel Musica mit uns im Chor! Da ist kein Streiten wie hier, da ist Wettgesang der Musica, einer will sie noch vortrefflicher als der andere. Schade, daß im Schwarzen Kloster die Musica gar stumm geworden ist!«

»Aber damals war's doch schön, in der Weihnacht, als unsere, des Magisters und anderer Nachbarn Kinder spielten ›Vom Himmel hoch, da komm ich her‹.«

»Eija, wie unser Lenichen gesungen hat ›Vom Himmel hoch‹! Unser Hans dann, die vom Magister, die anderen! Wir zuletzt alle mit, Muhme Lene, Wolf Sieberger, der aus den Tönen zu sinken pflegte wie eine Feder aus der Luft, die Studenten, das ganze irdische Hirtenvolk der Christenheit.«

Mein Doktor summte vor sich hin, deutet mit behutsamen Händen den Takt:

»Des laßt uns alle fröhlich sein
und mit den Hirten gehn hinein,
zu sehen, was Gott uns hat beschert,
mit seinem lieben Sohn verehrt.«

»Dann aber werden wir erkennen, gleich wie wir erkannt sind. Wann kommst du, Käthe, zu sehen, was Gott uns hat beschert?«

Ich antworte: »Da sind noch die Kinder ... Was sagt der Herr Gott zu seiner Kirche?«

»Wegen Vergangenheit und Gegenwart zürnt er gar sehr. Daß er's anders will, heute und in Ewigkeit, das wissen wir. Aber die Zukunft ist sein Geheimnis.«

Über dem Sinnieren und stummen Zwiegespräch muß ich wohl in Schlaf gesunken sein. Ich erwachte von der harten Kachel, gegen die mein Kopf gestoßen hatte, blickte verwirrt zur Seite, da mein Martinus gesessen war, sah aber nichts als auf der Wand zwischen Ofen und Tür die Schrift des Martinus, mit Kreide dorthin geschrieben: »Wer im Geringsten treu ist, der ist auch im Großen treu.«

*

Muhme Lene, du treue Magd des Herrn!

Da wir noch Klosterfrauen waren zu Maria Thron, hast du mir geholfen mit dem Beispiel deiner schlichten, aufrichtigen Frömmigkeit, auch mit deinen Heiltümern mancherlei Art, so garstig sie manchmal gewesen sind, du Menschlein, an dem der Teufel nichts verdienen konnte. Du demütiges Wesen, dem das Dienen ins Herz geschrieben war als ein Gesetz. Du einfältige Frau, die aus allen Klosterhimmeln stürzte, als der Mönch von Wittenberg die Sünde des Ablaßhandels geißelte. Mit deines Herzens Einfalt und Echtheit warst du stärker als der Teufel. Mehr als deine »Teufelsgeißel«, Pülverlein, Johanniskranz und Räucherwerk hat dein keusches Herz ihn verjagt. Zu allerletzt dir habe ich es zu danken, daß unser Hausstand trotz aller Mühsal und Kümmernis rund und um gediehen ist. Und das Wunderbare an dir war deine Liebe zu allem Schwachen und Bedürftigen. Unseren Kindern zuoberst galt deine Liebe. Aber du hast sie mir verwöhnt und verzogen. Du konntest dein gutes Herz nicht in die Hände nehmen. Deine Liebe mangelte des Maßes. Auch mit meinem Doktor bist du gar zu zärtlich umgegangen, ja, das bist du, und es sei dir von Herzen gedankt. Deine Heiltümer pflegten ihn im Schwarzen Kloster und reisten mit dem ewig kränkelnden Riesen. Des Leibmedicus Schurff Medikamente mußten nicht selten nachgesandt werden und kamen oft genug zu spät, da hattest du schon geholfen mit deinen Blättern und Pulvern. Und er dankt dir wohl heute noch, seines armen Erdenleibes ledig, für die schrecklichen, glühendheißen Haferstrohbäder, die eine rechtschaffene Pferdekur waren, aber den Stein wunderbar lösten. Und unser Stall und Garten dankt dir, der Garten vor allem, von dessen Magerkeit unser Doktor spöttelte:

»Ländiken, Ländiken,
du bist ein Sändiken.
Wenn ik dik arbeite,
so bist du licht,
wenn ik dik egge,
so bist du schlicht,
doch wenn ik dik mähe,
so finde ich nicht.«

Doch, nicht wahr, wir haben viel gefunden, wir zwei, Topf und Teller haben es bewiesen.

Gäbe Gott, du wärest noch in deinem Leibe bei mir! Anno 1537 bist du im Herrn entschlafen, als die Sonne des Tages unterging. So nahm dich das Licht der Welt mit sich in die Sonne, die nicht untergeht.

Deiner gedenkend, Muhme Lene, fühle ich erst recht, wie einsam ich bin. Fast meine ich, der Schöpfer Gott habe dich, Muhme Lene, gemeint, als er zu Beginn der Menschheit sagte: »Es ist nicht gut, daß der Mensch allein sei. Wir wollen ihm eine Gehilfin machen, die um ihn sei!«

Schrecklicher und tröstlicher Brief aus Schmalkalden. – Herr Doktor Grobian. – Als unser lieber Herr Gott gestorben war. – Magister Melanchthon wird aus dem Tode gerufen. – Wie Doktor Martinus dem Teufel auf den Leim ging.

Dem Konzilium, das, wie man sagte, nach Mantua berufen werden sollte, gedachte mein Doktor eine Konfession oder Bekenntnis vorzulegen. Dieses zu beraten, mußte er nach Schmalkalden, wo die Freunde auf ihn warteten. Mein Doktor sagte später, zu Schmalkalden habe er mir viermal geschrieben. Aber nicht ein Brief ist übergekommen. Das mag auch gelegen haben an den schrecklichen Verhältnissen, in denen weder Lutherisch noch Römisch des Lebens sicher war. Herrschte doch Mißtrauen, Haß, Verrat und Gewalt überall, seitdem des Reiches oberstes Gericht über Recht und Unrecht beider Teile urteilen sollte. War doch befohlen, den alten Zustand der Kirche wiederherzustellen, die Lutherischen mit Gewalt zu unterdrücken, wogegen diese mit Gewalt sich wehrten. So herrschte weit und breit Unfrieden und Unsicherheit. Dahin muß es ja kommen, wenn Gottes Wort zum Schwert umgeschmiedet und Glokken zu Geschützen umgegossen werden, wie geschehen ist zu Minden.

Erst zu Ende des Monats Februar 1537 lag endlich ein Brief in meinen Händen. »Gestern bin ich von Schmalkalden aufgebrochen, auf meines gnädigsten Herren eigenem Wagen. Ursache ist: Ich bin nicht über drei Tage allhier gesund gewesen, und ist bis auf diese Nacht vom ersten Sonntag an kein Tröpflein Wasser von mir gekommen, hab nicht geruht noch geschlafen, kein Trinken noch Essen behalten mögen, Summa: Ich bin tot gewesen und hab dich mit den Kindlein Gott befohlen und meinem gnädigsten Herrn, als würde ich Euch in dieser Sterblichkeit nicht mehr sehen. Es hat mich Euer sehr erbarmt, aber ich hatte mich dem Grabe beschieden. Nun hat man so hart gebeten für mich zu Gott, daß vieler Leute Tränen vermocht haben, daß mir Gott diese Nacht der Blasen Gang hat geöffnet, und in zwei Stunden ein Stübchen von mir gegangen ist, und mich dünket, ich sei wieder von neuem geboren. Darum danke Gott, und laß die lieben Kindlein mit Muhme Lenen dem rechten Vater danken. Denn Ihr hättet diesen Vater gewiß verloren. Der fromme Fürst hat lassen laufen, reiten, holen und mit allem Vermögen sein Höchstes versucht, ob mir möchte geholfen werden, aber es hat nicht wollen sein. Deine Kunst hilft mir auch nicht mit dem Mist. Gott hat Wunder an mir getan, diese Nacht, und tut's noch durch frommer Leute Fürbitte.

Solches schreibe ich Dir darum, weil ich meine, mein gnädigster Herr habe dem Landvogt befohlen, Dich mir entgegen zu schicken. Da ich ja unterwegen stürbe, daß du zuvor mit mir reden oder mich sehen möchtest. Welches nun nicht not ist. Denn Du magst daheim bleiben, weil mir Gott so reichlich geholfen, daß ich mich versehe, fröhlich zu Dir zu kommen.«

Beim Lesen dieses Briefes ergriffen mich Schrekken und Freude. Am Ende dankte ich Gott. Und lächelte über meines Doktors deutliches Wort »Mist«, mit dem er das Heiltum abtat, welches doch vielen anderen geholfen hatte. Später sagte er einmal: »Ja, man hat mir Tränke gegeben, als sei ich ein Ochse.« Er ist aber auch nicht ein Mann der großen Geduld gewesen. Sein häufiges Kranksein ärgerte und reizte ihn. So wurde er oftmals ungenießbar, gab kaum oder mürrisch Antwort, schimpfte plötzlich los und wehrte sich auf solche Weise doch nur gegen Schmerzen und Unlust zur Arbeit. Mit zunehmendem Alter ist das schlimmer und schlimmer geworden. Schließlich mußte ich selber alle Kraft sammeln, nicht auch in solche Weise zu verfallen. Denn auch ich bin nur ein Mensch, der einmal ans Ende der Geduld gelangt. Abgesehen davon, daß ich überhaupt meine Zunge nur mühsam habe bändigen können, wenn mir das geschürte Blut zu lodern begann. Ach ja, Adam und Eva!

Bei meinem Doktor aber war es so: Er hat allezeit eine kräftige Sprache geführt, über die nicht nur der zarte Magister Melanchthon sich entsetzte. Mein Doktor wollte oder konnte nicht davon ablassen: »Ich bin heißblütig von Natur und meine Feder ist reizbar. Man soll den Hund nicht reizen. Wenn Gott das Erdreich will fruchtbar machen, läßt er zuvor einen guten Donner vorausgehen, darauf fein gemächlich Regen. Also befruchtet sich das Erdreich durch und durch. Auch ist wohl ein Weidenrütlein mit einem Messer zu zerschneiden und mit einem Finger zu biegen, zu einem alten und harten Stamm bedarf es aber der derben und scharfen Axt.«

Manchmal gereute ihn seine scharfe Axt: »Ich bitte einen jeglichen, meine Worte also aufzunehmen, ob sie vielleicht auch spöttisch oder spitzig sein würden, als aus meinem Herzen gesprochen, das sich mit großem Wehe hat brechen müssen.«

Und auch das ist wahr und kann ich bezeugen:

Verleumder galten ihm als »Säue, die ihren Rüssel in Unflat stecken und der Rosen und Veilchen im Garten nicht achten«. Alles in allem jedoch: Mich dünkt, der Teufel selber habe ihn zu seiner oft so garstigen Weise verführt. Der wußte wohl, was damit zu beginnen war: Scham, Ärger und Zweifel bei den Evangelischen, bei den Päpstlichen Abscheu und, wo sie schon auf dem Wege zu uns standen, Zurückschrecken und Umkehr zum Alten. Der Teufel lachte sich ins Fäustchen, da mein Doktor wieder und wieder ihm den Gefallen tat, sich selber zu Spott und Ärgernis zu machen, womit der leidige Höllenfürst gewann, was er wollte: Haß der Christen gegeneinander. Er hoffte zu erreichen, daß ein Hochwasser der Feindschaft zwischen Christ und Christ rauschen werde. Wenn dann einer riefe: »Hol über!«, so würde das andere Ufer antworten: »Über das alles ist zwischen uns und euch eine große Kluft befestigt, daß die da wollten von hinnen hinabfahren zu euch, könnten nicht, und auch nicht von dannen zu uns herüberfahren.«

Noch könnte ich von mancherlei Krankheit meines Doktors berichten, fast zu jedem Jahre seines Lebens. Es ist ein Wunder, wie dieser Mann bei all seiner Leibesschwachheit noch so groß hat arbeiten, reisen, disputieren, predigen und schreiben können. Sein Geist obsiegte über den Leib. So vergaß er oft genug seines Leibes, wenn nicht gerade wieder einmal eine schwere Krisis ihn niederwarf. Nein, er gab der Krankheit nicht so leicht und schnell nach, vor allem redete er sich selber nicht zu, wie krank er sei. Einem Freund schrieb er: »Bezwingt Euren ewigen Argwohn, mit dem Ihr Euch sonst wie viele Krankheiten ausdenkt. Ihr kennt das Sprichwort von der Einbildung, die krank macht. Ihr müßt Euch also Mühe geben, die Gedanken zu vertreiben, statt ihnen Raum zu geben. Denn der Teufel geht um uns herum und sucht nicht bloß die Seele zu verschlingen, sondern denkt auch unseren Leib zu schwächen durch die Gedanken der Seele. Weiß er doch wohl, daß leibliches Wohlbefinden zum guten Teil von unserem Seelenleben abhängt, wie es heißt: ›Guter Mut, halber Leib‹, und ›Ein fröhlich Herz macht das Leben lustig, aber ein betrübter Mut vertrocknet das Gebein.‹ So gebe ich Euch gute Lehren, ohne sie mir selbst aufzuerlegen.«

Anderen konnte er helfen, sich selber nicht. Wie oft mußte ich erleben, wie er düsteren Gedanken Macht ließ über seine Seele.

Eines Tages reist er mir weg, irgendwohin über Land. Ich wußte, ihm Pulsatilla geben zu lassen von Muhme Lehne oder von mir gute Worte, das half durchaus nicht immer. Jetzt mußte ich einmal anders vorgehen. Wie oft hatte er gesagt, es gehe in der Welt zu, als ob Gott nicht daheim wäre. Nun gut, wenn mein Doktor von der Reise seiner Traurigkeit zurückkehrte, wollte ich ihm ein Spiel spielen, als ob Gott nicht mehr daheim wäre! Ich lege ein schwarzes Trauerkleid an, dazu das schwarze Tuch. Und da ich höre, wie er die Treppe hinaufgestapft kommt, langsam und schwer als wie hinter dem Sarge, setze ich mich auf der Bank unter dem Fenster zurecht, das Taschentüchlein vor den Augen, und gebärde mich verzweifelt. Er tritt ein, er stutzt: »Käthe, was ist geschehen?« Ich wische über die Augen und sage trostlos: »Ach, Martinus, denk dir, unser lieber Herr Gott ist gestorben!« Er starrt mich an, streicht sich über die Stirn, lächelt, lacht lauthals, küßt mich und sagt: »Du hast recht Käthe, tat ich doch, als sei Gott nicht mehr daheim.«

Anderen hat mein Doktor geholfen. So seinem Freunde Magister Philippus. Der sollte nach Hagenau, dem Willen des Königs Ferdinand gemäß. An ein Konzilium war so bald nicht zu denken, Kaiser und Papst hatten anderes zu tun. Die es aber mit der Kirche zu tun hatten, besaßen hüben wie drüben Gewissen genug, auf Mittel und Wege zum Frieden untereinander zu sinnen und zu suchen. Man hoffte auf die versöhnende Kraft von Religionsgesprächen. Auch wähnte man, Hoffnung setzen zu dürfen auf guten Willen beider Seiten.

Als nun Magister Melanchthon nach Hagenau reisen sollte, war er ernstlich erkrankt. Dennoch reiste er, kam aber nur bis Weimar. Dort ging es mit ihm auf Leben und Sterben. Er selber glaubte an seinen Tod und nahm Abschied von seinen Freunden. Die tüchtigsten Ärzte wurden herbeigeholt, die konnten nicht helfen. Ob nun Doktor Martinus helfen sollte oder nur dem Sterbenden beistehen in letzter Not, jedenfalls wurde Martinus eiligst gerufen.

Der Magister lag ohne Besinnung, als wie ein Toter. Mein Doktor jammerte: »Behüte Gott! Wie hat mir der Teufel dies Werkzeug Gottes geschändet!« Er zog sich zurück, stand am Fenster und betete. Plötzlich ergreift er die Hand des Magisters und schreit laut:

»Seid getrost, Philippus, Ihr werdet nicht sterben. Gebet dem Trauergeiste nicht Raum! Werdet nicht Euer eigener Mörder!«

Der Magister schlug die Augen auf. Er atmete wieder. Und er gesundete.

Mein Doktor sagte nachher: »Da ich betete, mußte

unser Herr Gott mir herhalten. Ich warf ihm den Bettelsack vor die Tür und rieb ihm die Ohren mit allen Verheißungen des Gebetes, die ich aus der heiligen Schrift zu erzählen wußte. Da mußte er mich erhören, wo anders ich seinen Verheißungen trauen sollte.« Und Magister Melanchthon wußte: »Ich wäre gestorben, wenn ich nicht durch des Doktors Ankunft mitten aus dem Tode wäre gerissen worden.«

Ich selber bin der Überzeugung, mein Doktor habe geistige Macht besessen über Leibes und der Seele Not vieler Menschen. Gewiß, sich selber hat er nur selten helfen können. Seine eigene Seele gehörte bald der Freude des Sankt Paulus, bald den Klageliedern des Propheten Jeremia, bald ruhte sie oder gab sich doch zufrieden in Gottes Händen, bald wurde sie vom Teufel hin und wider gerissen. Aber bei all dem war mein Doktor beileibe nicht ein grauer Kopfhänger. Wie gar fröhlich hat er sein können! Ich vermöchte ein Büchlein zu schreiben mit anmutig fröhlichen Worten und Taten meines Doktors. Mit solchen Worten und Taten überwand er viel schwierige Sachen. Kommt da einer zu ihm, der gibt vor, um seines Glaubens willen außer Lande leben zu müssen. Ob's wahr gewesen, mag ich bezweifeln. Mit solcher Klage narrten viele gerissene Leute den gutmütigen Martinus. Der hat nun aber nur noch einen Joachimstaler in seiner eigenen – nicht meiner – Kasse, den hergeben kostet Überwindung. Da ruft er: »Joachim, heraus! Der Heiland ist da!« Und gibt den letzten Taler her.

Nein, er ist kein Griesgram gewesen. Zwar beim Fastnachtstreiben mochte er nicht mithalten. Narrenkappen stehen Predigern nicht wohl. Strengstens ließ er jeden Narren von der Tür weisen. Begreiflich, daß die lustigen Studenten auf Fastnacht es gerade abgesehen hatten auf ihren Professor. Und da sie als Narren nicht ins Schwarze Kloster gelangen konnten, vermummten sie sich als zünftige Bergmänner, versahen sich mit Grubenlampen und Gezähe und baten mich, ich möchte ihnen als einer Abordnung Mansfeldischen Gewerkes Audienz verschaffen bei Herrn Doktor Martinus Luther. So kamen sie ins Haus, taten meinem Doktor mit »Glückauf« und kundigen Bergmannssprüchen Reverenz und freuten sich diebisch, ihn hinters Licht zu führen. Der erkannte die Studenten schon bald, und da er sich der Bergmänner erfreute, tat er mit beim Schachspiel, das sie ihm zum Angebinde mitgebracht hatten. Er gab auch einen kleinen Umtrunk in einem mäßigen Commercium mit Singen und Scherzen wegen des gelungenen Streiches und Hereinfalls.

Auf vortreffliche Weise verstand er zu tadeln, ohne wehe zu tun. War es nicht Tadel und Wohltat zugleich, wenn er mich zurechtwies, weil ich nach meiner dummen Weise ihm in die Rede fiel: »Käthe, ihrer zwei können wohl miteinander singen, aber nicht reden«?

Oder da steht ein Student der Theologia auf der Kanzel, im Predigen sich zu üben. Unter den Kommilitonen prahlte der Student, er könne alles sehr wohl, ob seiner Tüchtigkeit würden sie das Staunen bekommen. Steht also auf der Kanzel, unter sich seinen Professor Luther, und beginnt: »Ich bin der gute Hirt... ich bin der gute Hirt... ich bin der gute...« Und sitzt fest. Lachend erhebt sich mein Doktor und ruft dem Verwirrten zu: »Nein, sondern du bist ein gutes Schaf!« Steigt auf die Kanzel und gibt dem Studenten das Exempel einer ordentlichen Predigt.

Auch solch bunte Fäden hat der Herr Gott eingeknüpft in den Teppich unseres Lebens. Ich möchte sie nicht missen. Wenn ich den Teppich hätte knüpfen müssen, an solch fröhlichen Farben wäre er gar arm gewesen. Ich gehöre zu den Menschen, auf deren Herzenswiese es schon lange regnen und scheinen muß, bis da ein kleines Gänseblümchen zu lächeln beginnt.

Aber nun harmonieren die Farben des Teppichs gar wohl miteinander. Zum Exempel: Ich habe meinem Doktor das Rechnen beigebracht, er mir das Lachen. Eheleute, die zwei Leben in einem Leben sein wollen, müssen einander ergänzen. Wo das geschieht, kann der Herr Gott seine Kunst beweisen. Und wo's nicht geschieht? Da haben die Leute dem Herren Gott ins Handwerk gepfuscht mit unguten Fäden. Immer wieder schiebt er die unguten Fäden von sich, weil er doch bessere in Händen hält. Aber dann geschiehts, wenn der Herr Gott gerade einmal ein wenig beiseite blickt, zu einem Bürger oder Bettler, zu Papst oder Kaiser, knotet ein Menschlein seinen unguten Faden dem Faden des Herren Gottes an, und wenn der weiter knüpft, merkt er wohl, er habe nicht Göttliches zwischen Daumen und Zeigefinger, aber er läßt und sagt: »Nun gut, wie du willst. Aber komm mir hernach nicht mit Jammern: ›Herr, so hab ich's nicht gemeint!‹«

Solch einen unguten Faden hat der gnädige Landgraf Philipp von Hessen dem Herren Gott ins Gewebe gepfuscht.

Mir ist widerwärtig, davon zu schreiben. Steht mir auch nicht zu, Gericht zu halten, wenn, entgegen weltlichem Rechte, auch göttlichem Rechte des Testamentes Jesu Christi, ein Mensch, gar ein Fürst, zwei Frauen ehelich besitzt zu gleicher Zeit. Mit solchem Handel des Fürsten Philipp ist der evangelischen Christenheit unsagbar Schimpf und Schande angetan worden, zu oberst meinem Doktor und dem Magister Philippus, welche Ja gesagt haben zu der Sünde. Worüber der Magister erkrankte und zu Weimar auf den Tod daniederlag, wie ich berichtete.

Mein Doktor aber? Mir hat er den traurigen Handel verschwiegen, weil er der Sache vor mir nicht gedenken mochte. Aber ich erfuhr sie doch. Ich las den Brief, den er dem gnädigsten, frommen und keuschen Herrn Kurfürsten Johann Friedrich geschrieben hatte. Tagelang mag mein Doktor daran geschrieben haben. Er war in den Tagen unausstehlich zu mir und den Kindern, und der Brief lag offen auf dem Tische, über Nacht zu Ende gebracht, noch unversiegelt. Darin beschwichtigte mein Doktor mit Hilfe großer Theologia, auch mit menschlichen Gründen, Schwächen, Nöten und Wagnissen sich selber und unseren gnädigsten Herren. Mag sein. Aber ich glaube nicht, daß es ihm gelungen ist. Meines Doktors Gewissen ist sehr wach gewesen alle Zeit. Es konnte einen Grashalm sehen, der im Wege lag, so hat es gewiß auch das Unrecht jenes Beichtrates gesehen, der dem Landgrafen von Hessen durch meinen Doktor zuteil geworden ist. Ich denke zu hoch und zu ehrfürchtig von ihm, als daß ich ihn für einen Leichtfertigen halte, der sich selber schnell zu trösten versteht. Nun aber das Unrecht einmal geschehen war, hat er sicherlich aus Liebe zur Kirche sich abgemüht, der bösen Sache ein besseres Gesicht zu geben. Gewiß auch hat er sich heimlich geschämt, dem Teufel so auf den Leim gegangen zu sein. Was er niemals hat überstehen können: Die Schmach, die er durch seinen Beichtrat der Kirche antat. Niemals hat er mir eingestanden, aber überzeugt war er doch von dem, was ein hoher Fürst beklagte: »Wer hat in langer Zeit jemals eine törichtere Sache gehört? Den Teufel mag es viel Arbeit gekostet haben, dem Evangelium einen solchen Klotz in den Weg zu werfen.«

Unsere Gegner jubelten, über eine Sünde jubelten sie, wo sie mit uns gemeinsam hätten trauern müssen.

Es ist zu nichts nutze, den Finger zu heben und zu rufen: »Und ihr?« So tat mein Doktor, da er in jenem Briefe schrieb: »Daß aber die zu Dresden behaupten, ich hätte vor dreizehn Jahren dergleichen gelehrt, geben sie zu verstehen, wie gar ein freundlich Herz sie zu uns haben und wie große Lust zu Liebe und Einigkeit, gerade als wäre bei ihnen kein Ärgernis noch Gebrechen, die vor Gott zehnmal schwerer sind als dieser unser Ratschlag. Aber die Welt spottet über den Splitter im Auge des Nächsten, den Balken im eigenen Auge vergißt sie.«

Das hilft nun alles nicht. Das Unheil ist geschehen und geht seinen Weg. Fürst Philipp hat sich beim Kaiser seiner Freiheit begeben und muß ihm nun mehr und mehr willfährig sein um seines Landes und Lebens willen. Der Fürst ist zum Knecht geworden. Und die Christenheit muß über eine offenbare Sünde klagen. Helfe uns Gott!

Die gnädige Frau von Zulsdorf und der Türkenschreck. – Das Testament des Herzens. – An Lenichens Sterbebett. – Wittenberg verlassen? – Doktor Martinus wird zu seinen Lebzeiten begraben und vom Teufel geholt.

»KINDER sind das lieblichste Pfand in der Ehe. Sie binden und erhalten das Band der Liebe. Es ist die beste Wolle am Schaf.«

So glaubten und erfuhren wir immer wieder, mein Doktor und ich.

Wenn aber eine Mutter sich ihr Kindlein vom Herzen reißen lassen muß, bevor es als ein rechtes Wesen geboren werden kann, so empfindet eine Mutter das nicht nur als Weh des Leibes und Gemütes, sondern auch als Schimpf und Erniedrigung, davon sie nicht gern und nur leise spricht. Daraus mag sich auch ein Hader mit Gott ergeben, als habe er sein Saatkorn vergeudet oder seiner Pflicht nicht genügt, wo doch das werdende Menschlein im Mutterleibe ganz und gar in Händen des Schöpfers liegt. Ja, Gott gibt uns viel auf, und Glaube ist nicht nur Gnade, sondern auch Tapferkeit.

Lange mußte ich leiblich und seelisch leiden. Und wenn mein Doktor an die Freunde zu Schmalkalden schrieb, seine Käthe krieche mit den Händen an Tisch und Stühlen entlang, so fand er die rechten Worte. Denn auch die Hände meiner Seele krochen an Tisch und Stühlen entlang, sie suchten Stütze und Halt im Glauben, zweifelnd zwar und murrend, doch endlich wieder in den Willen Gottes sich ergebend wie ein Kind, das von der Treppe herunter sich fallen läßt in die Arme des Vaters. Den Mut dazu gab mir mein Doktor zurück, der Mann, dessen Leben ein beständiges Sichfallenlassen in Gott hinein gewesen ist.

Als ich mich erholt hatte von meinem Unglück und wieder fest auf den Beinen stand, zog es mich des öfteren auf das kleine Gut Zulsdorf. Was man mir nachsagt, will ich gerne zugeben als ein Stück Wahrheit: Gutsherrin sein! Wie begehrenswert für mich! Käthe Lutherin, geborene von Bora, Herrin auf Zulsdorf! Lächerlich, ich weiß. Doch viel mehr trieb mich dazu die ernste Sorge um die Zukunft unserer Kinder. Meines Doktors leibliche Schwachheiten nötigten mich, an diese Zukunft zu denken. Was sollte geschehen, wenn er mir plötzlich starb? Zwar hatte der gnädigste Kurfürst Johann an meines Doktors Krankenlager tröstlich versprochen: »Euer Weib soll sein wie mein Weib und Eure Kinder wie meine Kinder.« Aber Magister Melanchthon warnte einmal meinen zuversichtlichen Doktor: »Haben sie Christus vergessen, so werden sie auch Euer vergessen.«

Auf den Kurfürsten traf das nicht zu. Der tat, wessen er mächtig war.

Ich mußte weit und nüchtern genug denken und raten. Wohl war mir eine Pachtung gelungen, ich wirtschaftete für geringen Zins auf dem Vorwerk Boos hier in der Nähe. Das genügte mir nicht. Ein Gut zu eigen haben, ersehnte ich! Unabhängig sein von eines Herren Gunst und Unbeständigkeit! Dach und Zuflucht besitzen in schweren Zeiten, wenn jeder sich selbst der Nächste ist! Den Kindern etwas hinterlassen, wofür die Mutter gesorgt und gewirkt hat! Und einmal mit einiger Ruhe die Augen schließen können mit der Gewißheit, man habe mehr zurückgelassen als Grube und Hügel!

An solche Sachen dachte mein Doktor nicht. Wohl schrieb er Anno 1542 ein Testament. Das hat er mit dem Herzen allein geschrieben, sein Kopf dachte nur die Wörter. Er ahnte nicht, daß das Herz allein bei den Juristen so viel gilt wie ein lediges Blatt Papier.

Ob nun das Gut Zulsdorf von mir hineingepfuscht worden ist in den Teppich meines Lebens? Oder ob's der Herr Gott mitbedacht und gewollt und als Faden verknüpft hat, wird sich zeigen, wenn ich die Augen für immer geschlossen habe. Aber so oder anders, der törichte menschliche und der weise göttliche Teppichfaden wirkt hinein in die Zukunft derer, die nach uns leben. Das ist Mahnung und Trost.

Mein Bruder Hans wollte seines Erbgütleins ledig werden. Es verschluckte zuviel und gab ihm zu wenig her. So hatte er es zu einer wüsten Mark werden lassen. Wüst oder nicht, dachte ich, ich würde es schon meinem Willen unterwerfen. Für ganze 610 Gulden kaufte ich es dem Bruder ab, obwohl ich nicht wußte, woher das Geld nehmen. Aber der gnädigste Herr Kurfürst half mit 600 Gulden. Und Freunde, die konnten und wollten, leisteten zum Wiederaufbau der verfallenen Gebäude Dienste mit Gespann und Hilfe jeder Art, mir, der Herrin auf Zulsdorf! Ja, und da die Mäuse tanzen, wenn der Herr nicht im Hause weilt, so mußte ich notgedrungen in Zulsdorf daheimsein, so oft das Schwarze Kloster mich entbehren konnte oder auch mußte. Weiß Gott, hätte ich in weltlichen Sachen nicht einen so harten Schädel gehabt wie mein »hartnäckiger Sachse« in geistlichen Sachen, ich hätte das Werk nie geschafft. Aber so durfte mein lieber Doktor eines Tages im Briefe mich anreden: »Der reichen Frau zu Zulsdorf, Frau Doktorin Katharin Lutherin, zu Wittenberg leiblich wohnhaftig und zu Zulsdorf geistig wandelnd, meinem Liebichen.« Oder ein ander Mal: »Gnad und Friede, liebe Jungfrau Käthe, gnädige Frau von Zulsdorf oder wie Eure Gnaden mehr heißt.«

Gnädige Frau von Zulsdorf! Was war denn schon dieses Häuflein Haus, Scheune und Stall mitten in Ackerland und Wiese? Nach meines Doktors Anreden könnte das winzige Hab und Gut mir zu Kopfe gestiegen sein. Er wußte es besser, und jedes Wort seiner schalkigen Anreden klingt danach: Da war meine kleine Zuflucht. Denn die Jahre hatten mich mitgenommen. Der ewige Streit der Männer zehrt die Frauen auf. Sind sie schon härter und beständiger als die Männer, so bedürfen sie doch eines Winkels, in dem sie ganz sie selber sein können. Und zu Zulsdorf fand ich neue Kraft, dem Doktor zu dienen mit allem, dessen er bedurfte. Das ist nicht wenig gewesen.

Mein Doktor wußte auch den anderen Grund meiner Freude am Gute Zulsdorf. Da er ahnte, wie nahe ihm der Tod schon zuleibe gerückt war, begrüßte er die feste, nüchterne Sicherheit, mit der ich Zulsdorf aufbaute und pflegte. So sprach denn aus seinen Briefen an mich mehr Freude und Beruhigung als liebevolle Neckerei und Spott.

Er wußte mich gern zu Zulsdorf, nicht nur, wenn ich dort Äpfel, Birnen, Roggen, Hirse und Hafer erntete. Aber einmal, da ich ihm zu lange auf Zulsdorf weilte, wegen der Ernte, forderte er mich in einem besorgten Briefe zu alsbaldiger Heimkehr auf: »Liebe Käthe« – ich hörte diesen Namen innigster Gemeinschaft so gern aus seinem nun auch hart und herb gewordenen Munde – »Liebe Käthe, ich lasse hiermit Urban zu Dir laufen, damit Du nicht erschrekken sollst, wenn ein Geschrei vom Türken zu Dir kommen würde. Und mich wundert's, daß Du so gar nichts schreibst oder entbietest, so Du doch wohl weißt, daß wir hier nicht ohne Sorge sind für Euch, weil Mainz, Heinz und viele vom Adel in Meißen uns sehr feind sind. Verkaufe und bestelle, was Du kannst, und komme heim!« Eiligst verkaufte ich allen Überfluß der Ernte, packte den Wagen voll mit Obst, Korn und Fleisch und fuhr die zwei Tage durch nach Hause.

*

Ich schrieb vom Testamente meines Doktors. Lange hat er sich gesträubt, bis er einsah, er müsse es endlich einmal aufstellen. Ich will's hierhinsetzen, gehörte es doch in das Jahr 1542.

»Ich, Martinus Luther, bekenne in dieser meiner eigenen Handschrift, daß ich meiner lieben und teuren Hausfrauen Katharin gegeben habe zum Leibgedinge, oder wie man das nennen kann, auf ihr Leben lang, womit sie ihres Gefallens und zu ihrem Besten gebaren möge, und gebe ihr das in Kraft dieses Briefes gegenwärtiges heutiges Tages: Nämlich das Gütlein Zulsdorf, wie ich dasselbe gekauft und zugerichtet habe, allerdingen, wie ich's bis daher gehabt habe. Zum anderen das Haus Bruno zur Wohnung, so ich unter meines Wolfs Namen gekauft. Zum dritten die Becher und Kleinod, als Ringe, Ketten, Schmuckgroschen, güldene und silberne, welche ungefähr sollten bei tausend Gülden wert sein.

Das tu ich darum:

1. daß sie mich als ein fromm, treu, ehrlich Gemahl allzeit lieb, wert und schön gehalten und mir durch reichen Gottessegen fünf lebendige Kinder, die noch vorhanden, Gott gebe lange, geboren und erzogen hat.

2. daß sie die Schulden, so ich noch schuldig bin, wo ich nicht sie bei Lebzeiten ablege, auf sich nehmen und bezahlen soll, welcher mag sein ungefähr, mir bewußt, 450 Gulden, mögen sich vielleicht wohl mehr finden.

3. Und allermeist darum, daß ich will, sie müsse nicht den Kindern, sondern die Kinder ihr in die Hände sehen, sie in Ehren halten und unterworfen sein, wie Gott geboten hat. Denn ich habe wohl gesehen und erfahren, wie der Teufel wider dies Gebot die Kinder hetzet und reizet, wenn sie gleich fromm sind, durch böse und neidische Mäuler, sonderlich, wenn die Mütter Witwen sind und die Söhne Ehefrauen und die Töchter Ehemänner kriegen und wiederum socrus nurum, nurus socrum, die Schwiegermutter eine Schwiegertochter, die Schwiegertochter eine Schwiegermutter. Denn ich halte, daß die Mutter werde ihrer eigenen Kinder der beste Vormund sein und solch Gütlein und Leibgedinge nicht zu der Kinder Schaden oder Nachteil, sondern zu Nutzen und Besserung brauchen, als die ihr Fleisch und Blut sind, und sie unter ihrem Herzen getragen hat.

Und ob sie nach meinem Tode genötigt oder sonst verursacht würde, – denn ich Gott in seinem Werke und Willen kein Ziel setzen kann –, sich zu verändern, so traue ich doch und will hiermit solches Vertrauen haben, sie werde sich mütterlich gegen unser beider Kinder halten und treulich, es sei Leibgeding oder anderes, wie es recht ist, mit ihnen teilen.

Und bitte auch hiermit untertäniglich meinen gestrengen Herrn Herzog Johann Friedrich Kurfürsten pp. Se. Kurf. Gnaden wollten solche Begnadung oder Leibgeding gnädiglich schützen und handhaben. Auch bitte ich all meine guten Freunde, wollten meiner lieben Käte Zeuge sein und sie entschuldigen helfen, wo etliche unnütze Mäuler sie beschweren oder verunglimpfen wollten, als sollte sie etwa eine Barschaft hinter sich haben, die sie den armen Kindern entwenden oder unterschlagen würde. Ich bin des Zeuge, daß keine Barschaft da ist, ohne, Becher und Kleinode droben im Leibgedinge erzählt. Und zwar sollte es bei jedermann die Rechnung öffentlich geben, weil man weiß, wieviel ich Einkommens gehabt von meinem gestrengen Herrn, und sonst nicht einen Heller noch Körnlein von jemand einzukommen gehabt, ohne was Geschenk ist gewesen, welches droben unter den Kleinoden, zum Teil auch noch in der Schuld steckt und zu finden ist. Und ich doch von solchem Einkommen und Geschenken so viel gebaut, gekauft, große und schwere Haushaltung geführet, daß ich's muß neben anderem selbst für einen sonderlichen, wunderlichen Segen erkennen, daß ich's hab können erschwingen, und nicht Wunder ist, daß keine Barschaft, sondern daß nicht mehr Schuld da ist.

Dies bitte ich darum, denn der Teufel, so er mir nicht konnte näherkommen, sollte er wohl meine Käte allein der Ursachen halben allerlei Weisen suchen, daß sie des Mannes Dr. Martin eheliche Hausfrau gewesen, und gottlob noch ist.

Zuletzt bitte ich auch jedermann, weil ich in dieser Begabung oder Leibgeding nicht brauche der juristischen Form und Wörter, dazu ich Ursach gehabt, man wolle mich lassen die Person, die ich doch in der Wahrheit bin, nämlich öffentlich, und die beide, im Himmel, auf Erden, auch in der Höllen bekannt, Ansehens oder Autorität genug hat, der man trauen und glauben mag, mehr denn keinem Notario. Denn so mir verdammten, argen, unwürdigen, elenden Sünder Gott der Vater aller Barmherzigkeit das Evangelium seines lieben Sohnes vertraut, dazu mich auch treu und wahrhaftig darinnen gemacht, bisher behalten und befunden hat, also daß auch viele in der Welt deshalben durch mich angenommen und mich für einen Lehrer der Wahrheit halten, ungeachtet des Papstes Bann, Kaisers, Könige, Fürsten, Pfaffen, ja aller Teufel Zorn, soll man ja viel mehr mir hier in diesen geringen Sachen glauben, sonderlich weil hier ist meine Hand, fast wohl bekannt, der Hoffnung, es soll genug sein, wenn man sagen und beweisen kann: Dies ist Martin D. Luthers, der Gottes Notarius und Zeuge ist in seinem Evangelio, ernstliche und wohlbedachte Meinung, mit seiner eigenen Hand und Siegel zu beweisen.

Geschehen und gegeben am Tag Epiphaniä. 1542
M. Lutherus.«

Wen mag es wunder nehmen, wenn die Herren Juristen nach solch einfältigem, vertrauensseligem Testament die Stirn kräuselten? Und wenn sie sich darüber lustig machten, daß andere hochgelehrte Professoren wie Melanchthon, Cruziger und Bugenhagen ihre handeigene Unterschrift als der Zeugen dieses unjuristischen Testamentes hergaben! Bestand doch der Anschein, als wolle das Testament den Witwen, entgegen allem verfaßten Recht, etwas erstreiten, das ihnen nicht zusteht: Freie Verfügung über die gesamte Erbschaft.

Und wer mag nicht lächeln, wenn er merkt, wie mein Doktor, der begnadete, einfache und klare Prediger und Verdeutscher der Bibel, in solchem Testament sich abquält, der krausen Sprache der Juristen sich anzugleichen!

Ich aber bin ergriffen von der Liebe meines Doktors und dankbar, weil der Herr Gott mich zur Gemahlin eines solch lauteren und biederen Mannes bestimmte. Zugleich senke ich mein Haupt in Ehrfurcht und Vertrauen nieder zu dem Namen, der unter dem Testamente steht. Eingegossen in den Namen M. Luther wie die Seele in einen äußerlichen Leib schaue ich die Gestalt dieses Mannes, dem die Erdendinge gar wenig, die göttlichen Dinge alles bedeuteten.

So war nun endlich ein Testament vorhanden. Und der gutmütige Herr Professor mochte vertrauen, die Käthe habe nach seinem Tode nichts mehr zu bestehen. Der Name M. Luther, »fast wohl bekannt«, würde ja ein Zauberschlüssel sein, der alle Herzen öffnen konnte.

*

»Fünf lebendige Kinder, die noch vorhanden«, so stand in unseres Vaters Testament.

Am 20. September desselben Jahres 1542 verloren wir unsere Magdalena.

Während der kurzen Zeit ihrer Krankheit verlangte sie sehr nach ihrem Bruder Hans, der damals bei Markus Crodel zu Torgau Grammatik und strenge Sittenzucht lernen sollte.

Der Vater schickte unseren Wolf Sieberger, den Knaben eiligst zu holen.

Hans hat noch ein paar Tage am Krankenlager seiner Schwester sitzen dürfen. Dann mußte er zum ersten Mal in seinem Leben zusehen, wie ein Mensch stirbt.

Mein Doktor kniete am Bette seines Kindes, betete und weinte.

Ich stand am Fenster der Kammer, ich wollte die Seele des Kindes nicht stören, da sie sich anschickte, den Leib zu verlassen und heimzukehren.

Für unser Lenichen ist der Tod nicht schrecklich gewesen. Schrecklich war er für den Vater, die Mutter, die Geschwister.

Als das Kind in seinem Sarge lag, staunten wir und die Nachbarn über das Wunder: Das Kind lächelte. So ist es uns in Erinnerung geblieben.

Eine Woche nach der Beerdigung schrieb der Vater in einem Briefe: »Des väterlichen Schmerzes bin ich Herr geworden, doch nur, indem ich gegen den Tod murrte und schalt. So hat Entrüstung meine Tränen gelindert. Aber der Tod wird am jüngsten Tage seine Vergeltung empfangen zugleich mit dem, der ihn in die Welt gebracht hat. Meine Käthe grüßt Euch, noch unter Schluchzen und das Auge noch vom Weinen naß.«

In den letzten Lebensjahren meines Doktors trug ich manchmal mehr Hoffnung als er, es könne aus dem schrecklichen Streit der Christenheit doch bald wieder Einheit und Frieden geboren werden, wie aus dem Wehbett einer Mutter das lebendige Kindlein. Fest stand ich in der Gewißheit, daß wir gerecht werden vor Gott durch den Glauben ohne des Gesetzes Werke. Ungeteilt auch war ich einig mit meinem Doktor im Haß des Evangeliums gegen alles Unheilige und Heillose an heiliger Stätte. Aber ich als ein Weib war nicht geboren zum Kriege wie mein Doktor und sah vieles mit anderen Augen als er. Ich freute mich, wenn wieder Botschaft kam, da und dort wollten die streitenden Parteien zusammenkommen zu einem Gespräch über den Frieden. Und wenn ich danach erfuhr, in manchen Sachen hätten sie sich gefunden als auf einem Grunde stehend und in anderen Sachen seien sie willens, nachzugeben oder zuzugestehen, so offenbarte ich meine Freude. Aber mein Doktor verharrte bei seinem Mißtrauen, auch bei seinem Eigensinn und allein Rechthabenwollen. Durch die leidvollen Jahre seines Ringens, durch das Unrecht, das ihm angetan worden war, durch Verfolgung, Verachtung und ständige Bedrohung, auch durch das Versagen der ihm freundlichen Fürsten, des gemeinen Mannes, der Gemeinden und nicht zuletzt durch die bitteren Enttäuschungen seiner Hoffnung auf eine geläuterte Kirche, war er zu einem Menschen geworden, der eher das Unkraut sah als den dazwischen mühselig wachsenden Weizen. Und wenn auch ihm eine neue Hoffnung sich darbot, neigte er dazu, sie als Blendwerk des Teufels und Hinterlist des Feindes von sich zu weisen.

Sah er denn gar nicht, wie auf beiden Seiten so manche des besten Willens waren? Sah er nicht, daß auch zu Rom eine andere Zeit sich ankündigte? Wie dort um den Papst Paulus Männer am Werke waren, denen nichts mehr am Herzen lag, als daß die Kirche rein und wieder einig werde? So sagten sie wenigstens, und ich meinte, man müsse ihr Wort auf die Probe stellen. Mein Doktor sah es wohl auch. Aber er glaubte nicht mehr an die Aufrichtigkeit seiner Gegner. So wenig glaubte er daran, daß er zuletzt nicht einmal mehr bereit war, das Konzilium zu besuchen, das nun endlich auf das Jahr 1545 angesagt ward. Vielmehr versank er wieder in Schwermut, dachte und sprach mehr als zuvor: »Es ist die vorhergesagte Zeit: Die Menschen sollen Epikuräer und Gottesleugner sein, damit das Wort Christi erfüllt werde: ›Wie es geschah zu den Zeiten Noahs und Lots, so wird es auch geschehen in den Tagen der Zukunft des Menschensohnes.‹«

So ermüdete und alterte mein Doktor vor meinen Augen. Vor lauter enttäuschter Liebe verbitterte und erblindete sein Herz. Er sah nicht einmal mehr, wie sie hüben mit drüben einig waren durch den Abendmahlstisch im Brot und Wein des Leibes und Blutes Jesu Christi. Zwischen Hüben und Drüben sah seine bekümmerte Liebe zur Kirche eine unübersteigbare Mauer, einen Abgrund, aus dem der Teufel höhnisch die Zunge streckte.

Traurig und bedrückend sind die Briefe seiner letzten Zeit: »Mein Wunsch ist ein gutes Stündlein, hinüber zu gehen zum Herren. Ich bin satt, müde, ein Nichts ... Ach, ich bin träge, müde, kalt. Ich bin ein Greis und zu nichts mehr nütze. Ich habe meinen Lauf vollendet. So bleibt noch, daß mich der Herr versammelt zu meinen Vätern und der Verwesung und den Würmern ihr Teil wird. Ich habe mich satt gelebt, wenn man von einem Leben hienieden reden darf, ich habe das Gefühl, auch für die Welt ist die Stunde ihres Hingangs gekommen, und, wie der Psalmist sagt: Sie ist ganz alt wie ein Gewand und wird verwandelt werden wie ein Kleid. In den Fürsten ist kein Funke mehr von heldenhafter Tugend, sondern unheilbarer Haß, Zwietracht, Geiz, selbstisches Begehren. So besitzt das Gemeinwesen keine Männer, und in fliegender Eile naht sich die Erfüllung des 3. Kapitels Jesaja. Das einzige Gute, das wir hoffen können, ist darum, daß jener Tag des Ruhmes unseres großen Gottes und unserer Erlösung offenbar werde ... Ich sehne mich nach jenem Tag und nach dem Ende des rasenden Satans und der Seinen ... Um Reichstage und Konzilium kümmere ich mich nicht, es fehlt mir dafür jeder Glaube, jede Hoffnung und jede Teilnahme. Vanitas vanitatum ... Keine Gerechtigkeit – kein Regiment im Reich – ein Reich ohne Herrschaft – des Reiches Hefe und Ende.«

Dann eines Tages der niederschmetternde Brief an mich: »Liebe Käthe, wie unsere Reise gegangen ist, wird Dir Hans alles wohl sagen. Ernst von Schönfeld hat uns zu Löbnitz schön gehalten, noch viel schöner Heinz Scherle zu Leipzig. Ich wollt's gerne so machen, daß ich nicht brauchte wieder gen Wittenberg kommen. Mein Herz ist erkaltet, daß ich nicht gern mehr da bin, wollte auch, daß Du verkauftest Garten und Hufe, Haus und Hof. So würde ich meinem gnädigen Herren das große Haus wieder schenken, und wäre Dein Bestes, daß Du Dich gen Zulzdorf setztest, dieweil ich noch lebe, und könnte Dir mit dem Solde wohl helfen, das Gütlein zu bessern. Denn ich hoffe, mein gnädiger Herr soll mir den Sold folgen lassen, zum wenigsten noch ein Jahr meines Lebens. Nach meinem Tode werden Dich die vier Elemente zu Wittenberg doch nicht wohl leiden. Darum wäre es besser bei meinem Leben getan, was denn zu tun sein will. Vielleicht wird Wittenberg, wie sich's anläßt, mit seinem Regimente nicht Sankt Veits Tanz noch Sankt Johannis Tanz, sondern den Bettlertanz oder Beelzebubs Tanz kriegen, wie sie angefangen, die Frauen oder Jungfrauen zu blößen hinten und vorne, und niemand ist, der da strafe oder wehre, und wird Gottes Wort dazu gespottet. Nur weg aus dieser Sodoma. Ich habe auf dem Lande mehr gehört, denn ich zu Wittenberg erfahre, darum ich der Stadt müde bin und nicht wiederkommen will, dazu mir Gott helfe. Übermorgen werde ich gen Merseburg fahren, denn Fürst George hat mich sehr darum lassen bitten. Will also umherschweifen und eher das Bettelbrot essen, ehe ich meine arm alten Tage mit dem unordentlichen Wesen zu Wittenberg martern und verunruhigen will, mit Verlust meiner sauren teuren Arbeit. Magst solches, wo Du willst, D. Pomer und Mag. Philipps wissen lassen. Und soll D. Pomer hiemit Wittenberg von meinetwegen gesegnen. Denn ich kann des Zorns und Unlusts nicht länger leiden.«

Wittenberg verlassen? Gewiß, schon des öfteren hatte mein Doktor gegen die Zustände in seiner Stadt zu Felde ziehen müssen. Er mußte der Bürgerschaft und der Hohen Schule ins Gewissen reden, sie möchten doch um Gottes Willen nicht das Geschrei über sich ergehen lassen, daß es bei ihnen, die so lange und reichlich Gottes Wort gehört hätten, je länger je ärger geworden sei. Dreißig Jahre habe er sich bei ihnen abgemüht. Nun müsse er am Ende gar erleben, wie es jetzt ärger sei als zuvor.

Aber darf der Hirt fliehen, wenn die Herde ihm über die Hürde springt?

Spornstreichs eilte ich zu Magister Melanchthon. Mit dem Magister stand mein Doktor wiederum eine Zeit nicht auf gutem Fuße. In Sachen der Reformation unter dem Bischof Hermann zu Köln hatte der Magister unklar und zweideutig sich ausgedrückt, wie mein Doktor meinte. Er war über Melanchthons Nachgiebigkeit so entrüstet, daß die alte Freundschaft kaum noch möglich schien. Aber der friedliebende Magister rang um die Freundschaft. Er wußte, käme er und der Doktor in den Mund der Leute wegen der Zwietracht, so würde viel größere und traurigere Zerrüttung folgen als zuvor. Und Melanchthon sagte voller Verzweiflung: »Was dann mit mir geschehen wird, weiß ich nicht. Vielleicht werde ich in diesem meinem Alter auswandern müssen. Gibt es etwas Betrübenderes, etwas, das mehr beweint zu werden verdient, als daß das heilige Pfand der Liebe zum Gegenstand von Zank und Zwietracht gebracht wird?«

Es ist wohl Melanchthons Güte und Friedfertigkeit zu danken, wenn die alte Freundschaft bald wieder hergestellt wurde. Ich meine auch: Hätte mein Doktor mehr auf diesen Mann gehört, der auf seinem festen Glaubensgrunde stand und dennoch Frieden in der Kirche zu schaffen sich mühte, es hätte nicht so viel böses Blut gegeben.

Magister Melanchthon setzte die Hohe Schule mit der Nachricht über meines Doktors Absicht in Schrecken, den Kurfürsten dazu. Schließlich reiste eine Gesandtschaft und des Kurfürsten eigener Leibarzt Ratzenberger zu meinem Doktor. Und als sie zurückkehrten, brachten sie mir meinen Doktor mit. Mag sein, daß die Herren nicht allein aus Liebe zu meinem Doktor so schnell und eifrig handelten.

Sicher dachten sie auch an die Schmach und Schande, die über Stadt und Hohe Schule hätte fallen müssen, wenn der verzweifelte Plan meinem Doktor gelungen wäre.

Eine Zeitlang wirkte die Liebe der Freunde wie ein Heiltum auf meinen Doktor. Ich selber gab mir Mühe, den Teufel seiner Schwermut fernzuhalten oder gar zu verjagen. So forschte ich nach allem Guten, das in der Stadt und im Lande geschah, nach allem, das Ursache besserer Hoffnungen sein konnte, und nach dem, worüber ein Mensch herzlich lachen konnte. Da brauchte ich nicht erst viel zu suchen. Es flogen Blätter durch die Stadt, von Poeten und Malern, die rupften den Päpstlichen und Evangelischen gar arg an den Federn und waren lustig zu sehen und zu lesen. Denn wer seines Glaubens gewiß war, dem schadeten die erbarmungslosen Spottlieder und Bilder nichts, ihm zeigten sie wunde Stellen, die des Heilkrauts bedurften.

An einem Tage kommt ein Bote vom Landgrafen Philipp und gibt mir ein Büchlein, das solle der Doktor lesen und danach einen herzhaften Trunk tun. Ich las das Büchlein, bevor ich damit laut lachend zu meinem Doktor ging.

Das Büchlein war über die Alpen gekommen, von einem frommen Christen in Italien verfaßt, und verkündete den Päpstlichen und uns, der Luther sei eines gottlosen Todes gestorben. Noch habe er auf dem Sterbebette das Abendmahl empfangen, dann sei ihm der Teufel gekommen und habe ihm den Hals umgedreht. Vor seinem schrecklichen Ende habe der gottlose Bube verlangt, man solle seinen Leichnam auf den Altar setzen und anbeten. Aber die göttliche Vorsehung sei auf der Hut gewesen, sie habe dem Ketzer die Wunder nicht zugelassen, die doch durch einen Heiligen geschehen müssen. So sei er denn zu Grabe getragen worden unter furchtbarem Lärm der Luft und Getümmel der Erde. Die heilige Hostie, von einem solch Unwürdigen empfangen, habe in der Luft gehangen und geschwebt. Man habe sie hinter dem Altar in das Sacrarium gelegt, wo solche Heiligtümer aufbewahrt werden, wie man weiß. In der Nacht erhob sich ein entsetzlicher Sturm, daher man das Grab des Bösewichts öffnete. Das sei leer gewesen und habe nach Schwefel gestunken, davon viele Leute krank wurden. Viele Sünder aber hätten sich gebessert und zur Kirche bekehrt.

So herzhaft lachten wir, daß unsere Maruschel herbeilief, Wolf Sieberger und die Studenten. Und war noch am Abend bei Tische das Lachen so gesund wie selten im Schwarzen Kloster. Und mein Doktor sagte: »Ausgenommen die Gotteslästerung, die solche Lügen der hohen göttlichen Majestät zuschreibt, tut mir die Schrift sanft, weil mir der Teufel und die Gegner so herzlich feind sind. Aber Gott bekehre sie vom Teufel!«

Daß die sauberen Christen auf der uns feindlichen Seite an solcher Gottes- und Menschenschmähung Freude genossen hätten, mag ich nicht glauben. Aber mein Doktor, der nicht Ursache hatte, seine Evangelischen über den grünen Klee zu loben und die Päpstlichen so zu behandeln, wie der Verfasser der Schmähschrift mit ihm getan hat, sagte: »Ich hab Sorge, es werden noch ihrer viel, so sich zu unserer Lehre gehalten, einen Schiffbruch am Glauben leiden, wie ich auch in der Hoffnung stehe, daß ihrer noch viel, so jetzt mit inbrünstigem Ernst und lauterem papistischen Eifer wider uns sind, das heilige Evangelium annehmen werden. Denn es ist sich viel mehr zu einem frommen Papisten zu versehen, der ernstlich über seiner Religion hält und vermeint, durch seine Werke selig zu werden, denn zu den anderen, so fleischlicher Freiheit und Mutwillens halber den Papst schelten, verfolgen und ihm seine Schwungfedern helfen ausrupfen und nur solche Prädikanten gerne hören, die auf die Äbte, Chorherren und ihre Widersacher böse und spitzige Karten auswerfen.«

Martin Luthers letzte Reise.

Im November 1545 beendete mein Doktor seine Vorlesungen über das erste Buch Mose.

»Das ist nun die liebe Genesis«, schloß er. »Unser Herr Gott gebe, daß es nach mir andere besser machen. Ich kann nicht mehr, ich bin schwach. Betet für mich, daß er mir ein gutes, seliges Stündlein verleihe!« Als mein Doktor nach diesen Worten seinen Lehrstuhl verließ, wußten weder er noch die Studenten, daß er von hieraus nie mehr Gottes Wort verkünden werde.

Ich aber ging sorgenvoll an seiner Seite. Mir war, ich müßte jeden Augenblick den Tod eintreten sehen ins Schwarze Kloster.

*

Den 13. Dezember 1545 eröffneten sie zu Trient das oft verheißene und bis dahin aufgeschobene Konzilium.

Und zu Wittenberg beteten wir in Häusern und Kirchen: »Vor Pest, Hunger und Krieg bewahre uns o Herr!« Denn die Welt allüberall atmete schwer unter drohenden Gewitterwolken vielerlei Farben.

Es kam die heilige Weihnacht und das Jahr 1546. Friede auf Erden?

Mein Doktor zog sich ein Augenübel zu. Trotz dieser und anderer Krankheiten arbeitete er, obwohl er Ursache zur Ruhe gehabt hätte. »Alt, abgelebt, träge, müde, kalt und nun gar einäugig schreibe ich als einer, der gehofft, es werde ihm als einem Erstorbenen, die, wie mir scheint, durchaus gerechte Ruhe gewährt werden. Dennoch werde ich, als hätte ich nie etwas gearbeitet, geschrieben, gesprochen, verhandelt, getan, jetzt überschüttet mit Dingen, die geschehen, gesprochen, verhandelt, getan werden sollen. Aber Christus ist alles in allem, er vermag's und vollbringt's.«

Da es ihn drängte, trotz seines unguten Zustandes die Predigt zu tun, begleiteten wir ihn am 17. Januar des Jahre 1546 zur Kirche. Der Tod stand unter der Kanzel. Als mein Doktor sie verließ, hängte der Tod sich bei ihm ein, das Stundenglas in der Hand. Aber noch konnte mein Doktor ihm trotzen.

Als er jedoch nach Eisleben reisen mußte, den 23. Januar, begleiteten ihn nicht nur unsere drei Söhne, der Famulus und Diener, sondern auch der Tod saß auf dem Wagen.

Ich sah meines Doktors Antlitz erst wieder, als der Teppich seines Lebens vollendet war.

Zu Eisleben hatte mein Doktor einen alten Streit der Mansfelder Grafen zu schlichten, harte Arbeit, an der er schon lange vergeblich sich abmühte. Denn so sehr er sie bat, sie möchten Gott und seinem Wort zu Ehren sich demütigen und untereinander freundlich handeln, so blieb ein jeder der Brüder bei seinem Eigensinn und Widerstand.

Die garstige Winterreise wurde zu Halle aufgehalten durch Hochwasser und Eisgang. Die Reisenden mußten warten, bis die Fluten sich verlaufen hatten:

»Denn weil die Leute und Fährmeister selbst kleinmütig waren, haben wir uns nicht wollen ins Wasser geben und Gott versuchen. Denn der Teufel ist uns gram und wohnt im Wasser.«

Er kann wieder scherzen, machte ich mir Mut beim Lesen dieser Zeilen: »Ich halte, wärest Du hier, so hättest Du uns auch geraten, es so zu tun, damit Du siehest, daß wir auch einmal Deinem Rate folgen.«

Wenige Tage später ließ Magister Melanchthons Hausfrau mich einen Brief meines Doktors lesen: »Auf der Reise packte mich eine Ohnmacht und dazu die Krankheit, die Ihr als »tremor ventriculi« zu bezeichnen pflegt. Ich ging über meine Kräfte zu Fuß und schwitzte, und als dann im Wagen das durchschwitzte Hemd verkühlte, griff die Kälte einen Muskel am linken Arm an. Daher kam die besprochene Herzbeklemmung und Atemnot, an der eben mein Alter schuld ist. Jetzt geht es mir ganz leidlich, wie lange freilich, weiß ich nicht, da man dem Alter nicht trauen darf.«

Den 6. Februar an mich: »Wir sitzen hier und lassen uns martern und wären wohl gern davon. Magister Philipps magst Du sagen, daß er sein Postilla korrigiere. Denn er hat nicht verstanden, warum der Herr im Evangelio den Reichtum Dornen nennt. Hier ist die Schule, da man solches verstehen lernt. Deine Söhnchen sind noch zu Mansfeld. Sie haben zu essen und trinken genug und hätten gute Tage, wenn der verdrießliche Handel nicht wäre.«

Den 7. Februar: »Lies, Du liebe Käthe, den Johannes und den kleinen Katechismus, davon Du einmal sagtest: ›Es ist doch alles in dem Buch von mir gesagt.‹ Denn Du willst sorgen an Stelle deines Gottes, gerade als wäre er nicht allmächtig, der da könnte zehn Doktor Martinus schaffen, wo der eine alte ersöffe in der Saale oder im Ofenloch oder auf Wolfs Vogelherd. Laß mich zufrieden mit Deiner Sorge, ich hab einen besseren Sorger denn Du und alle Engel sind. Der liegt in der Krippe und hängt an einer Jungfrau Brust, aber sitzt gleich wohl zur rechten Hand Gottes des allmächtigen Vaters. Darum sei zufrieden. Amen . . . Du sollst Magister Philipps diesen Brief lesen lassen. Denn ich hatte nicht Zeit ihm zu schreiben, damit Du Dich trösten kannst, daß ich Dich gern lieb hätte, wenn ich könnte, wie Du weißt, und er gegen seine Frau vielleicht auch weiß und alles wohl versteht . . . Und wisse, daß alle Briefe, die Du geschrieben hast, sind angekommen, und heute sind die gekommen, die Du am letzten Freitag geschrieben hast, mit Magister Philipps Briefen, damit Du nicht irrest. Dein Liebichen M. Luther.«

Den 14. Februar: »Wir hoffen, diese Woche wieder heimzukommen, so Gott will. Gott hat große Gnade hier gezeigt, denn die Herren haben durch ihre Räte alles verglichen, bis auf zwei Artikel oder drei, unter welchen ist, daß die zwei Brüder Graf Gebhard und Graf Albrecht wiederum Brüder werden, welches ich heute soll vornehmen. Ich will sie zu mir zu Gast bitten, daß sie auch miteinander reden, denn sie sind bis daher stumm gewesen und haben sich mit Schriften hart verbittert. Ansonsten sind die jungen Herren fröhlich, fahren zusammen mit den Narrenglöcklein auf Schlitten, und die Fräulein auch, und bringen einander Mummenschanz und sind guter Dinge, auch Graf Gebhards Sohn. Also kann mit Händen greifen, daß Gott ist Erhörer der Bitten.

Ich schicke Dir Forellen, so mir die Gräfin Albrechts geschenkt hat. Die ist von Herzen froh über die Einigkeit.

Deine Söhnchen sind noch zu Mansfeld. Jakob Luther will sie wohl versorgen. Wir haben hier zu essen und zu trinken wie die Herren, und man wartet unser gar schön und allzu schön, daß wir Euer wohl vergessen könnten zu Wittenberg. Auch der Stein ficht mich nicht an. Aber Doktor Jonas Bein wäre schier schlimm geworden, so hats Löcher gewonnen auf dem Schienbein. Aber Gott wird auch helfen. Solches alles magst Du Magister Philipps anzeigen, Doktor Pomer und Doktor Cruziger. Hier ist das Gerücht aufgekommen, Doktor Luther sei weggeführt, wie man zu Leipzig und Magdeburg redet. Solches erdichten die Naseweisen, Deine Landsleute. Etliche sagen, der Kaiser sei 30 Meilen Wegs von hinnen bei Soest in Westfalen, etliche, daß der Franzose Kriegsknechte annehme, der Landgraf auch. Aber laß sagen und singen: Wir wollen warten, was Gott tun wird. Hiermit Gott befohlen, Amen.«

Dies ist meines Doktors letzter Brief.

An demselben 14. Februar, da er diesen Brief schrieb, tat mein Doktor zu Eisleben die letzte Predigt seines Lebens über Matthäus 11, 25: »Ich preise dich, Vater und Herr Himmels und der Erde, daß du solches den Weisen und Klugen verborgen hast und hast es den Unmündigen offenbart.«

Herr Jedermann sagt, der Teufel habe meinen Doktor von der Kanzel gezogen, daß er die Predigt nicht könnte zu Ende tun. Es ist aber so geschehen: Er gab seine letzte Kraft her, noch einmal seinen Glauben zu bekennen und Gott zu danken, bevor er ihn rief: »Wohlan, du guter und getreuer Knecht.« Und wahr ist, daß meinem Doktor auf der Kanzel die Kraft ausging, die letzte Kraft, wie das Wörtlein »ausgehen« trefflich sagt. So mußte er denn zum Amen eilen, indem er rief: »Du bist allein mein lieber Herr und Meister, ich bin dein Schüler. Das und viel mehr wäre zu sagen von diesem Evangelium. Aber ich bin zu schwach. Wir wollen's hierbei lassen bleiben. Amen!« – Als er mühsam von der Kanzel stieg, ahnte er seine Stunde: »Zu Eisleben bin ich geboren und getauft. Wie, wenn ich hier bleiben sollte?«

»Du bist allein mein Herr und Meister.« Wie hat es mich gequält und traurig gemacht, wenn mein Doktor mutlos sprach und schrieb, als sei ihm der Berge versetzende Glaube zerbrochen! Aber dieses Auf und Ab seiner gläubigen Tapferkeit und seines müden Verzagens war ein Teil und eine Last seines Wesens. Man muß es dem Herren Gott überlassen, warum er gerade denen solche Widersprüche aufbürdet, die er zu großen Werken erwählt hat. Darf ich diese Widersprüche leugnen? Nein, ich betrachte den Teppich unseres Lebens mit wahrhaftigen Augen. Denn ich weiß: Gottes Gnade ist in den Schwachen mächtig. Kommt noch hinzu: Mein Doktor war wie ein mächtiger Schwimmer, der zwar ermüden kann und an Land schwimmt, der aber immer wieder in den Strom springt und von neuem gegen den Strom arbeitet, vertrauend auf die Kraft in seinen Armen. Und die Kraft meines Doktors ist die Gnade gewesen. Wie klagt doch Sankt Paulus? »O ich unglückseliger Mensch, wer wird mich befreien von diesem Leibe des Todes? Wollen das Gute habe ich wohl, aber Vollbringen habe ich nicht. Gott aber sei Dank, der uns den Sieg gegeben hat durch unseren Herren Jesus Christus!«

Als in der Frühe des 18. Februar 1546 die Sonne über Eisleben aufging, sah sie, wie mein Doktor heimkehrte in das ewige Reich, aus dem er vor 63 Jahren herabgesandt worden war gemäß den Plänen Gottes.

Bald darauf galoppierten Reiter durch die Stadttore und trugen Botschaft ins Land: »Doktor Martinus ist tot!«

Zu unserem Kurfürsten kamen sie: »Doktor Martinus ist tot!«

Zum Kaiser: »Der Luther ist tot!«

Zum König Ferdinand, zu Fürsten, Grafen, Herren: »Der Luther ist tot!« Zu den Gelehrten der Hohen Schulen aller Welt: »Der Luther ist tot!« Nach Rom, nach Trient ins Konzilium: »Der Luther ist tot!«

Noch sehe ich, wie am Nachmittag des 19. Februar die drei Herren Melanchthon, Bugenhagen und Cruziger in traurig feierlicher Tracht bleich und seltsam erstarrt vor mir standen und erst zu sprechen vermochten, als ich tonlos gefragt hatte: »Ist er ... ist er ... gestorben?«

Die Herren saßen lange bei mir. An meinem linken Arm geschmiegt stand Margareta.

Während die Herren berichteten, mußte ich mich immer wieder zurückreißen aus dem leeren Raume, in den ich zu versinken drohte. Die Worte kamen mir wie Geräusche aus einer sehr großen Kirche am Abend, wenn der Küster als letzter durch die Halle schlurft, mit dem Schlüsselbund klingelt und das Portal schließt.

Nur langsam gewann ich wieder Gewalt über mich und die Kraft, die Worte der Herren zu hören und zu begreifen. Dann kam großer Trost über mich. Er kam mir aus der Sterbestunde meines Doktors. Wie bitter waren ihm die letzten Jahre und Monate gewesen! Von einer Anfechtung geriet er in die andere, er, der so glaubensmächtig zu predigen verstand:

»Gott ist vollkommen in allen Kreaturen, in allen Winkeln. Er ist vor dir und hinter dir. Meinst du, daß er im Himmel auf einem Kissen schlafe? Er wacht, behütet dich und sorgt sich um dich. Wir wissen nicht, wie unser Herr Gott seinen Bau zurichtet, wir sehen nur das Gerüst und die Stangen und ästenen Stücke, aber wenn wir in jenem Leben Gottes Gebäu und Haus sehen, werden wir uns verwundern und freuen, daß wir Anfechtung ausgestanden haben.«

So konnte er predigen und die verzagten Herzen trösten. Und doch, wie viel dunkelste Nächte habe ich durch ihn und mit ihm erleiden müssen!

Nun aber lauschte ich auf das, was die Herren mir vom Sterben meines Doktors berichteten nach dem Zeugnis des Herrn Justus Jonas und ich erkannte, daß ich in jenen Zeiten der Anfechtungen nicht hatte schauen können bis auf den Grund seines Geistes: Sein menschliches Herz mußte zwar Anfechtungen auskosten, aber sein Geist bewahrte Gottes Wort, Glauben und Zuversicht. Sein Geist blieb unerschüttert. Das ist ein Geheimnis Gottes. Ich kann's nicht deuten, glaube es aber als gewiß und offenbart in meines Doktors Sterben. Sein Sterben wurde zu einer Summa all seiner Predigten: »Also hat Gott die Welt geliebt, daß er seinen eingeborenen Sohn gab, auf daß alle, die an ihn glauben, nicht verloren werden, sondern das ewige Leben haben.«

Dreimal sprach er diese Worte, als müsse er noch

drei Stufen überwinden bis in das Haus des Friedens. Dann stand er in der offenen Tür.

»Vater, in deine Hände befehle ich meinen Geist.«

Und danach die stammelnde Danksagung:

»Du hast mich erlöst, Herr, du treuer Gott!«

Somit bestätigte der Sterbende, der doch nicht heucheln noch lügen konnte: »Es ist nur ein Artikel und Regel in Theologia, nämlich: Rechter Glaube oder Vertrauen auf Christum. In dem Artikel fließen und gehen wieder heraus die anderen allzumal und ohne diesen sind die anderen nichts. Den betrübten, elenden, geplagten und angefochtenen Herzen, denen schmeckt dieser Artikel und sie sinds, die den Artikel verstehen.«

Dort an der Wand sehe ich tagtäglich und vor allem in den Nächten, da ich vom Teppich unseres Lebens schreibe, das Totenantlitz meines Doktors. Der Maler Furttenagel hat das Conterfei gemacht nach dem Antlitz, das zu Eisleben auf dem Totenbette lag. Aber das Antlitz hat nichts von Tod. Zwar die Augen sind geschlossen. Aber durch den Vorhang der schweren Augenlider schimmert das geheimnisvolle Licht der Erkenntnis, Klarheit, Gewißheit, Erlösung und des Friedens.

Erst am 22. Februar brachten sie uns von Eisleben den Leib. Zwar hätten die Mansfelder Grafen ihn gerne in ihrem Eisleben bestattet aus Dankbarkeit und Ehrfurcht vor dem »hochteuren, von Gott mit unaussprechlichen Gaben begnadeten Mann«, der ihren unseligen Bruderzwist geschlichtet hatte. Aber unser gnädigster Herr Friedrich Johann forderte, die sterbliche Hülle des Doktors müsse zu Wittenberg ruhen als in der Stadt seines Wirkens, wohl auch mir zum Troste. Indem er den Grafen diesen seinen

Willen kundtat, konnte er seinen Groll nicht verschweigen, daß die zankenden Brüder meinen Doktor mit ihrer leidigen Streitigkeit behelligt hatten: »Wir hätten am liebsten gesehen, Martinus selig wäre als ein alter, abgelebter Mann mit diesen Sachen verschont geblieben.« Friedrich Johann glaubte vielleicht, die Mühsal des Friedenschaffens habe meinem Doktor den letzten Stoß zugefügt. Wie dem auch sei, diese Mühsal war als ein letzter Faden eingeknüpft in seinen Lebensteppich: »Gott tötet niemanden, er läßt's aber geschehen und verhängt es!«

An jenem 22. Februar des Jahres 1546 erwartete ganz Wittenberg seinen Doktor Martinus. Kopf an Kopf standen die Menschen beim Elstertor. Und als der Türmer den Wagen aus der Ferne kommen sah, begannen die Glocken zu läuten, aus jedem Turme die eine strenge, bittere Glocke.

Polternd schwankte der Wagen durchs Tor. Er und die Glocken allein hatten das Wort.

Die Herren des Rates, die Gelehrten der Hohen Schule entblößten ihr Haupt, die Bürger taten es ihnen nach.

Eine Weile stand der Wagen.

Ich trat mit Margareta hinzu.

Das Mädchen weinte sehr.

Mir waren die Tränen in den Augen erfroren.

Ich hatte nicht bemerkt, wie meine drei Söhne Hans, Paul und Martin, die mit einem Wagen im Gefolge des Verstorbenen von Eisleben gekommen waren, sich zu uns gesellten. Ich fühlte nur plötzlich ihre Hände an meinem Arme und hörte ihr Schluchzen.

Um uns her ein Raunen von tiefem Atmen, Seufzern und Weinen.

Dann wieder das hohle Poltern des Wagens.

Mit Margareta bestieg ich ein kleines Gefährt. Das folgte der schwarzen Samtdecke, mit der der Zinksarg verhüllt war.

Hinter unserem Gefährt schritten die Söhne.

Die Räder rollten zur Schloßkirche. Die Glocken klagten. Über die Straßensteine schlurften die Schuhsohlen der Bürger in einem so merkwürdig langsamen Takt, daß ich ihn heute noch vernehmen kann, wenn ich dieses Trauerzuges gedenke.

Das alles spann sich um mich wie tönender Nebel. Meine Seele war wie außer mir. Ich war so einig mit Martinus, daß ich mit ihm atmete in einem gemeinsamen Zuge. Nein, er war mir nicht tot, mit einem Lebenden vereinigt bewältigte ich den Weg zur Schloßkirche. Gerade diese Vereinigung ließ mich überaus schmerzlich erschrecken, als ich in der Schloßkirche plötzlich nur noch den schwarzen Schatten der Samtdecke sah und dann nichts mehr als eine dunkle Tür in die Tiefe.

Da erst wurde mir bewußt, was wir verloren hatten. Des Herrn Bugenhagens Predigt bestätigte die Erkenntnis, und die Worte des Magisters Melanchthon vermochten nicht zu trösten: »Ach, dahingegangen ist der Lenker und Wagen Israels, welcher die Kirche in diesem Greisenalter der Welt regiert hat.«

Es bedarf der Tapferkeit, eine Todesstunde aufrecht zu bestehen. Dem Tode so kalt ins Auge zu sehen wie er seinem Opfer, das reicht nicht aus. Der Glaube an den auferstandenen Christus allein verleiht die Tapferkeit, mit der ein Mensch Sieger bleibt über den Tod. Aber in jener Stunde, da ich zuletzt nach dem Worte tastete »Selig sind, die nicht sehen und doch glauben!«, erfuhr ich an mir selbst, wie gar leicht ein Mensch im Glauben bestünde, wenn der Herr Gott seinen Schleier doch einmal lüftete. Und erst nach Monaten, als ich meine Schwachheit überstanden hatte als eine Krankheit und meines Doktors Gegenwart in meinem Witweleben wunderbar erfuhr, konnte ich neben der Gruft meines Doktors stehend mit der Gemeinde singen:

»Und ob es währt bis in die Nacht
und wieder an den Morgen,
doch soll mein Herz an Gottes Macht
verzagen nicht noch sorgen.«

Bis auf diesen Tag, da ich von der dunkelsten Verknüpfung im Teppich meines Lebens schreiben muß, ist die Gruft meines Doktors noch nicht recht gebaut. Ich weiß aber, unser gnädigster Herr Friedrich Johann hat ein bronzenes Epitaphium gießen lassen für meines Doktors Gruft. Doch wie soll es bei solch gefährlichen Zeitläuften nach Wittenberg gelangen?

Die Stunde der Finsternis. – Das Schwarze Kloster, die Witwe und ihre Kinder. – Krieg! – »Du bist meine letzte Hoffnung, die letzte, hörst Du?«

»So lange ich lebe, wirds, so Gott will, keine Gefahr haben und guter Friede in Deutschland bleiben. Wenn ich aber sterbe, so betet! Es wird wahrlich Betens brauchen, und unsere Kinder werden müssen nach den Spießen greifen, und es wird in Deutschland übel stehen.«

Solche Zeit der Spieße, wie mein Doktor sie vorhergesagt hat, ließ nicht lange mehr auf sich warten. Es war ja die Sache der Kirche in schrecklicher Weise eine Sache der Politik geworden. Mit betrübtem und klagendem Gewissen erkannten das alle, die die Kirche nicht verworren sehen wollten mit den Händeln und Geschäften weltlicher Gewalt. Aber gerade bei diesen heillosen Sachen hat der Teufel das Loch gefunden, durch das er ungesehen einschlüpfen konnte in die Kirche. Das hatte mein Doktor kommen sehen. Aber als er seine Schrift ausgehen ließ »Von weltlicher Obrigkeit«, wars, wie ich meine, schon eine Stunde vor dem zwölften Schlage der Nacht. Da schien den Fürsten und Herren jeder Art und Höhe die Lehre meines Doktors fast unmöglich, oder sie hörten schon nicht mehr hin, da er sagte: »Ein Fürst soll nicht denken: Land und Leute sind mein, ich wills machen, wies mir gefällt! Sondern also: Ich bin des Landes und der Leute, ich solls machen, wie es ihnen nütze und gut ist . . . Also soll ein Fürst in seinem Herzen sich seiner Gewalt und Obrigkeit entäußern und nehme sich an der Notdurft seiner Untertanen und handle darin, als wäre es seine eigene Notdurft ... So sprichst du dann: Wer wollte dann Fürst sein? Mit dem würde der Fürstenstand der elendeste, da viel Mühe, Arbeit und Unlust innen ist. Wo wollen dann die fürstlichen Ergötzungen bleiben mit Tanzen, Jagen, Rennen, Spielen und was dergleichen Freuden sind? Antworte ich: Wir lehren jetzt nicht, wie ein weltlicher Fürst leben solle, sondern wie ein weltlicher Fürst ein Christ sein solle, daß er auch gen Himmel komme. Denn wer weiß das nicht, daß ein Fürst ein selten Wildbret im Himmel ist? ... Ich weiß das wohl, daß Gottes Wort sich nicht lenken noch beugen wird nach den Fürsten, sondern die Fürsten müssen sich nach ihm lenken.«

Die Fürsten haben das gehört, willig oder unwillig, danach gehandelt haben sie nicht, hüben wie drüben, will nicht urteilen, in welchem Maße. Aber sie haben es sich einfach gemacht, indem sie ihre weltliche Sache für Gottes Sache erklärten. Damit wähnten sie, alle ihre Sünde zuzudecken, als sei sie gar ein gutes Werk. Mit Gottes Wort und Kirche gingen sie um wie mit Söldnern, die einer werben und entlassen mag nach Bedarf seiner Geschäfte. Im Rechte war, wem Gewalt genug zu Händen stand. Treue wurde zu Marktgut, das man kaufen und verkaufen kann, kostspielig oder billig, schnell oder nach Zeiten, wie eines jeden Handel oder Notdurft gerade gedieh oder erforderte. Was Wunder, daß sie mit Blut an Schwert und Hand Te Deum laudamus sangen, wenn sie einen Gegner gefangen oder geschlagen und sein Land an sich gerissen hatten!

Die schwersten Anfechtungen kamen meinem Doktor nicht aus Not des Glaubens, daß er nicht mehr vertrauen könne auf Gottes gnädiges Tun, auf des Herren Christus Tod, Auferstehung, Wort und Sakrament. Sondern sie bedrängten ihn als Vorwurf, er selber habe gefehlt, indem er der weltlichen Obrigkeit Gewalt gab in Sachen der Kirche. Freilich hat er gewußt, das Reich Gottes ist nicht von dieser Welt. So hat er gepredigt, gesungen und singen lassen:

»Mit unsrer Macht ist nichts getan,
wir sind gar bald verloren.«

Und hat bei Matthäus die Worte des Herren gelesen und verdeutscht: »Stecke dein Schwert an seinen Ort! Denn wer das Schwert nimmt, der soll durchs Schwert umkommen. Oder meinst du, daß ich nicht könnte meinen Vater bitten, daß er mir zuschickte mehr denn zwölf Legionen Engel? Wie würde aber die Schrift erfüllt? Es muß also gehen.« Das alles hat er gewußt, geglaubt, gepredigt und geschrieben, gemahnt und gebeten. Trotzdem war die Kirche am Ende so sehr vermengt mit weltlicher Macht, daß er voller Entsetzen nur noch ohnmächtig und verzagt zuschauen konnte. Fast möchte ich glauben, er ist zu Eisleben so schnell und bitter dahingegangen, weil ihm das Herz gebrochen ist wegen der Not seiner geliebten Kirche.

Lange vor meines Doktors Heimgang war offenbar, der Kaiser werde das Schwert gebrauchen, die »Protestanten« zu schlagen. Und die dem Kaiser anhingen, planten nicht anders. Sie alle warteten auf ihre Stunde.

Hier muß ich eines Geschehens gedenken, das in

seinem Beginn wie ein Unwetter anzusehen war, das am fernen Horizont tobt und vorbeizieht, ohne uns zu berühren. Jedoch wurden aus dem einen Wetter andere gezeugt. Und schließlich erfaßten ihre Wirbelstürme auch uns hier zu Wittenberg.

Anno 1542 wagte der unselige Herzog Heinrich von Braunschweig-Wolfenbüttel einen Streit gegen die Stadt Goslar wegen eines Klosters, das der evangelische Rat der Stadt eingezogen hatte. Ich kann nicht entscheiden, ob zu Recht oder Unrecht. Jedenfalls grämte sich der Herzog Heinrich deswegen, der Mann, der äußerlich der päpstlichen Kirche zwar getreu, aber bei Gott, keine Zierde war. Das ist alles weltbekannt und durch meines Doktors zornige, leider maßlos wilde Schrift »Wider Hans Worst« gebrandmarkt worden.

Goslar geriet durch das Reichskammergericht in die Acht. Zwar wurde sie nicht vollzogen, aber der zügellose Herzog gebärdete sich, als habe er kaiserlichen Auftrag. Er rückte gen Goslar. Unser gnädigster Herr Friedrich Johann im Bunde mit dem Landgrafen Philipp boten ihm die Stirn. Der Herzog entfloh. Man hörte aber, irgendwo im Norden sammle er neues Kriegsvolk.

Wochenlang sehe ich mich mit Sorgen um. Die wilden Zeiten jagen mich von einer Unruhe in die andere. Das schreckliche Wort »Krieg«! Immer lauter ruft es. In den Kirchen beten wir, Gott möge uns bewahren.

Wenn ich in meinen Garten muß draußen vor der Mauer, sehe ich, wie an Mauer und Graben gearbeitet und geflickt wird. Frage ich ängstlich, so zuckt man die Schultern und sagt: »Damit das Wasser nicht über die Körbe geht.« Das kann viel heißen.

Gewiß ist: der Wolfenbütteler Heinrich zieht heran! Mir scheint, ich müsse mich beeilen. Wer weiß, was nun kommen mag! Sollte es mich treffen, so will ich den Kindern den Teppich meines Lebens hinterlassen als eine Chronik ihres Vaters und ihrer Mutter, damit sie allzeit wissen, wie ihre Eltern innerlich erlebten, was sie äußerlich leben mußten, und wie beides zusammengeflossen ist, eben zu diesem seltsamen Teppich unter Gottes Händen. Vielleicht lieben sie uns Gestorbene dann mehr, als da wir lebten. Sehen sie doch aus meiner Aufzeichnung, wozu der Herr Gott beide Eltern brauchte, welch seltsame Wege sie aus solcher Ursache haben gehen müssen, wie sie Gott gehorchten, wie sie ihm dienten, und wie sie mit großer Liebe einander liebten, ihre Kinder, die Kirche, Volk und Vaterland.

Ja, ich will mich beeilen. Auf der Straße stehen schon wieder Gruppen von Männern, die reden sehr laut, ich höre ihren Spott über »Hans Worst«.

Der gnädigste Herr Kurfürst Johann Friedrich hat bei all seinen Sorgen und Geschäften doch auch meiner sich angenommen. Standen doch meine Sachen so, daß ich ohne des Kurfürsten Beistand nicht zurecht gekommen wäre.

Da war das Testament, das mein Doktor allein mit seinem Herzen geschrieben hatte, ohne der Juristerei Genüge zu tun. Von den Juristen sagte mein Doktor einmal: »Ihr Juristen werdet auch einen Luther haben müssen wie die Theologen.« Aber der Kurfürst besaß Ehrfurcht auch vor der unfahrenen Einfalt des Doktors Martinus. Er gab dem Testamente Gültigkeit.

Dann gings um die Vormunde über meine Kinder. Nicht jedermann konnte mir recht sein. Herr Brück, des Herrn Kurfürsten Kanzler, hielt mich wohl für ein »stumpfes, kurz angebundenes« Weib, wie er gesagt hat, als ich in einem mich beschämenden Briefe mitteilen mußte, zur Zeit sei ich auf die Fürsorge des Herren Kurfürsten angewiesen. Ein Bettelbrief, den ich bei aufeinander gebissenen Zähnen schrieb, schreiben mußte wegen der Kinder. Brück hielt mich dazu auch noch für hochmütig, rechthaberisch, streitsüchtig, nicht willig, nach der nun einmal kurz gewordenen Decke mich zu strecken, und was weiß ich, was ich in dieses obrigkeitlichen Mannes Augen nicht alles sein sollte. Eija, bei soviel Unart hätte es ein rechtes Gebeiß geben müssen zwischen der bösen Lutherin und den Herren Vormunden. Nun, die Vormunde sind bis auf diesen Tag recht gut mit mir einig geworden. Sie besitzen eben Einsehen, und wo es recht und billig ist, werde auch ich gefügig.

Mein Beschützer und Beistand aber ist der gnädigste Herr. Um meines Doktors willen läßt er mich nicht in Not, wenn er mir auch nicht alles zuspricht, was ich für meine Kinder erreichen möchte.

Zum Schwarzen Kloster, das mir zu eigen bleibt, gewann ich durch Hilfe des Kurfürsten und der Vormunde das Gut Wachsdorf, nicht für mich, dort Herrin zu spielen, sondern für meine Kinder. Steht doch das Gütlein Zulsdorf auf schwachen Füßen, da ist wenig Sicherheit. Aber das Rittergut Wachsdorf wird leisten können, was ich erhoffe. Ich gedenke, gutes Hornvieh dort ziehen zu können, ist es doch ein Weidegut.

Auch im Schwarzen Kloster will ich fernerhin die Hausfrau sein, die ich gewesen bin zu meines Doktors Lebzeiten. Der Brück meint zwar, das viele Gesinde sei überflüssig, meine Margareta bedürfe nur eines Mägdleins, ich könne Stuben vermieten, das reiche uns dann wohl aus. Ich verstehe, er will mich demütigen. Aus irgendeiner Ursache mag er mich nicht leiden. Aber hat mein Doktor verdient, sein Schwarzes Kloster so erniedrigen zu lassen zu einer kümmerlichen Behausung seiner Witwe und Tochter und zu einer zufälligen Herberge für unbeständige Studenten? Schließlich gar zu einer letzten Zuflucht fahrenden Volkes? Nein, Herr Brück, ich werde im Schwarzen Kloster das Werk des Herrn Doktor Martinus Luther weiterführen mit Burse und Tischgemeinschaft. Hier lebt mehr als Erinnerung an einen Mönch und eine Nonne. Es reden die Zellen und Säle, es redet hier diese Stube, der Tisch hier, die Bücher dort im Kasten, die Bilder da an der Wand, die Sprüche bei dem Ofen, von Doktor Martinus mit eigener Hand dahin geschrieben. Das alles redet, wenn die Menschen schweigen sollten.

Zuletzt: Meinen Kindern will ich die Heimat bewahren. Ob sie später einmal auswandern in fremdes Land, dahin sie der Beruf führen mag, liegt in Gottes Hand. Aber solange ich lebe, sollen sie ihre Mutter finden in dem Hause, darin sie geboren wurden und ihre Jugend verbrachten. Auch bin ich nicht anders als wohl jede Mutter: Ich mag mich nicht trennen von den Kindern. Wohl hat mein Doktor mir die Mahnung gegeben, bei Zeiten solle ich mich damit abfinden, als eine alte Mutter allein bleiben zu müssen. So dürfe ich die Kinder nicht an mich fesseln und mich selber nicht an die Kinder. Einsamwerden sei Elternlos, und ob eine Mutter klage, wenn die Kinder ihr entlaufen, um des gewählten Amtes und Brotes willen, danach frage das

Leben nicht. Gut, ich bin bereit, hinzugeben, was das Leben für sich fordert. Aber solange ich meine höchsten Güter mir nahe halten kann, will ich sie halten. Und also habe ich mich gegen des Kanzlers Brück kalten Willen zur Wehr gesetzt, meine drei Söhne jetzt schon von mir zu tun. Zum Studium, wie er sagte. Gewiß, zum Studium, ja, außer Hans, den er in die Kanzlei stecken wollte als Schreiberling. Ich gab nicht nach und nicht zu. So blieb dem Brück nichts anderes, als Ja zu sagen zu meinem Willen: Die drei, auch der Hans, der lieber studieren als Briefe und Rechnungen schreiben mag, leben fortan bei mir im Schwarzen Kloster, im Hause ihres Vaters, dessen strenge Augen sie gewiß in jedem Winkel sehen können. Die drei haben einen vortrefflichen gelehrten Präzeptor. Ich will's an nichts fehlen lassen, daß aus den Söhnen des Doktors tüchtige Männer werden, ihm zur Ehre. Auch sehe ich, wie in unseren Tagen eines hohen Geiststrebens fast zu viel von der heranwachsenden Jugend gefordert wird. Von Jahr zu Jahr erschwert man die Examina. Fast ist es soweit, daß ein Bäckergeselle nur mit dem Doktorhut sich in die Meisterprüfung wagen kann! Im übrigen ist es so im Leben, wie mein Doktor die Kinder mahnte, wenn sie faul wurden:

»Ein jeglicher Bauer, der nur bis fünf zu zählen weiß, der reißt Äcker, Wiesen und Wälder an sich von den Klöstern und treibt all seinen Mutwillen. Ihr aber müßt lange harren, bis euch ein gebratenes Huhn ins Maul fliegt aus Schlauraffia!«

In diesen Sachen meiner Kinder stand ich nicht allein. Meine und der Kinder Vormunde traten mir bei: Herr Stadthauptmann Erasmus Spiegel nebst Hans von Bora, Herr Doktor Ratzeberger, Jakob

Luther, Ambrosius Reuter, dazu die Gegenvormunde Magister Melanchthon und Doktor Cruziger. Gegen soviel gewichtige Fürsprecher meines mütterlichen Willens konnte der Brück nicht an. Der Brück! Gott verzeihe mir, aber ich mag den kalten Kopf und eisigen Mund nicht, wenn mir dieser Mann hin und wieder auch eine Wohltat zukommen läßt.

Es geht nicht groß zu bei uns. Wir haben das Alltägliche, wenn ich auch rechnen und einteilen muß, sorgsamer als je zuvor, oft genug kleinlich.

*

Erschreckende Botschaft: Der »Hans Worst« Herzog Heinrich marschiert!

Unser Fürst rückt ihm entgegen, auch Landgraf Philipp.

Gott bewahre uns! Der Wolfenbütteler wird sicherlich Rache nehmen an uns wegen meines Doktors Zorn, mit dem er den »Mordbrenner« vor die Augen aller Welt nackend hinstellte.

Und wenn sie obsiegen sollten, wenn sie ihn fangen, daß sie dann doch täten nach meines Doktors Mahnung:

Gott die Ehre geben und Barmherzigkeit geschehen lassen!

O der Krieg! Martinus sagte: »Büchsen und Geschütze ist ein grausam, schädlich Instrument, zersprengt Mauern und Felsen und führt die Leute in die Luft. Ich glaube, es ist des Teufels und der Hölle eigen Werk. Der hat es erfunden, weil er ja sonst nicht streiten kann mit leiblichen Waffen und Fäusten. Gegen Büchsen hift keine Stärke noch Tapferkeit, er ist tot, ehe man ihn sieht. Wenn Adam das

Instrument gesehen hätte, das seine Kinder gemacht hätten, er wäre vor Leid gestorben.«

*

Sie haben den Herzog Heinrich gefangen!

Mannhaft muß er sich gewehrt haben, aus vielen Wunden blutend geriet er in unserer Fürsten Hände. Der Herr Kurfürst soll ihn in Gewahrsam getan haben.

Ursache zu Siegesjubel besteht nicht. Ringsum schwarze Wolken. Grauenvolle Gerüchte wuchern wie Unkraut. Wer in die Stadt kommt aus den vier Winden, weiß nichts anderes als: »Kriegsvölker marschieren!«

Ich erfahre, in diesen Tagen lesen die Christen mehr als je das schwere Buch der Offenbarung der Endzeit. Viele, die es lesen, glauben als Propheten auftreten zu dürfen. Mehr als Sankt Johannes wollen sie Erleuchtung besitzen. Sie spielen mit den Zahlen des Apostels wie mit einem Kalender: »Die Zeit ist herbeigekommen! Sehet, hier steht sie geschrieben!«

Freilich, die Zeichen beängstigen. Aber das Ende soll wie ein Dieb in der Nacht kommen.

*

Den 25. Juli 1546

Heute hab ich mein Herz rütteln und schütteln müssen mit meines Doktors Worten, bis es sich ergab und gläubig mich niederschreiben ließ:

»Das ist die große Kunst und Klugheit des Glaubens, daß er in der Not nicht hin und her läuft, alle Ohren vollklagt, den Feinden flucht und schilt, auch nicht wider Gott murrt: ›Warum tut mir Gott das? Warum tut er es nicht andern, die böser sind als ich?‹ Verzagt auch nicht an Gott, der ihm solches zuschickt, hält ihn darum nicht für zornig oder für einen Feind, sondern kann Gottes väterlich Herz sehen durch einen solchen unfreundlichen Anblick hindurch und die Sonne erkennen durch solch eine trübe, dicke, finstere Wolke und Wetter, und darf den herzlich anrufen, der ihn schlägt und sich so sauer zu ihm stellt.«

Das, was mich zagen machte: Über unseren gnädigsten Herrn Friedrich Johann ist die Reichsacht verhängt!

Wir müssen der kaiserlichen Majestät gehorchen. Von Gottes Gnaden ist sie uns bestellt. Aber wenn einer Obrigkeit Macht mehr gilt als Recht und Gewissen? Dann »gebet dem Kaiser, was des Kaisers ist, und Gott, was Gottes ist!«

Trotz all dem behauptet Magister Melanchthon, es stehe gut um unsere evangelische Sache. Aber bitter lächelnd sagt er »Unsere Sache«. Bisher war das Evangelium unsere Sache. Soll sie nun der Krieg sein? Setzen wir denn auf den Krieg, weil unser Kriegsvolk dem Kaiser überlegen sein soll, wenngleich Fürst Moritz von Sachsen von uns zum Kaiser abgefallen ist?

Fehlt nur noch, daß die Herren auf ihre Banner schreiben: »Gott will es!« Muß ja der Herr Gott und Christus in dieser Endzeit herhalten für alles, womit ein Böses entschuldigt oder gerechtfertigt werden soll. Vortrefflich hat der Teufel gesät. Und was da gedeiht, scheint vielen echter Weizen.

Martinus hat schon recht gesprochen: »Das wäre

die rechte Kunst eines Christen, wer im rechten Kampfe unterscheiden könnte, was Christi oder des Teufels Eingebung sei. Aber wie schwer das ist, glaubt niemand, als wer es erfahren hat.«

Da stehe ich nun und blicke mit Sorgen und Ängsten der nahen Zukunft entgegen, was noch alles sie mir bescheren wird. Wahrlich, ich muß dieses mein bedrängtes Herz rütteln und schütteln, daß es nicht zurücksinke in die Nächte des Zweifels. Ja, Gottes väterliches Herz nicht aus den Augen verlieren »durch solchen unfreundlichen Anblick! Die Sonne erkennen durch solch eine trübe, dicke, finstere Wolke und Wetter!«

*

Während wir Menschen uns ängstigen wegen der Zeiten, die kommen werden, geht die Natur zwischen Leben und Tod und immer wieder Tod und Leben ihren sicheren Weg. Da ist kein Tier, das an den nahen Winter denkt, kein Blatt, das den Tod fürchtet. Die Dinge ahnen nicht, aus welcher Kraft sie leben, sterben und aufstehen. Wir wissen die Kraft und bewundern in den Dingen, wie sie wirkt. Aber wir können die Macht, Kraft und Herrlichkeit Gottes in uns selber erfahren. Demnach könnten wir so gelassen in die Sonne schauen wie blühende Rosen, reifende Früchte oder vergilbende Blätter. Statt dessen flüstern oder schreien wir über den ganzen Teppich unseres Lebens Zweifel und Klagen, weil Gott dieses und jenes doch nicht richtig gemacht habe mit uns, und in Zukunft möge er doch anders wirken und knüpfen. Derweilen reifen auf Äckern und Bäumen schweigend die Früchte, und die Gaben des sorgenden Vaters beschämen uns: »Euer himmlischer Vater weiß, daß ihr das alles bedürfet.«

Auf Zulsdorf brechen wir das Obst. Ach Gott, und unser Garten hier vor der Mauer? Der Stadthauptmann will Hütten, Scheunen und Bäume zwischen Mauer und Graben brechen und schlagen lassen. Hackebüchsen und Stücke müßten freies Feld gewinnen gegen irgendeinen Feind.

Zu Magister Melanchthon bin ich gelaufen. Der sagte, gerade Wittenberg als des gnädigsten Herrn Hauptfestung müßte auf alles gerüstet sein. Die Reichsacht! Und meine Bäume? »Ach, Frau Doktorin, Gott läßt andere wachsen, es sei denn, Himmel und Erde vergehen. Sorgt Euch doch nicht um die Bäume! Es gibt ernstere Ursachen der Sorgen. Fürst Moritz, der wie ein Judas unserem gnädigsten Herrn und uns getan hat! Doch wenn nur dieser Verräter unsere Stadt bedrängte, dürftet Ihr getrost sein. Hingegen der Wolfsbütteler! Der würde der Lutherin das Honorar auszahlen für Ihres Hausherren sündhaft grobes Opus wider Hans Worst!«

Ich fragte, was ich tun solle.

Er meinte: »Ihr seid die Lutherin. Ihr müßt die Stadt verlassen.«

Und was er zu tun gedenke? »In meinem geliebten Elbenest bleiben, so lange auch Herr Bugenhagen ausharrt. Sind wir doch einander Treue schuldig.«

*

Man redet, einige Bürger vergrüben ihr Gold und Silber. Andere, aber nur wenige Reiche haben die Stadt bereits verlassen.

Es regnet bei Tag und Nacht. Die Straßen ins Land

hinaus versumpfen. Es soll einen frühen Winter geben.

*

Unsere Kirchen zu Wittenberg fassen die Menschen nicht mehr, so fromm sind die Leute geworden. Ja, weil der Herr Gott mit der Rute droht!

Wenn ich nach meinem verstümmelten Garten sehe, muß ich an einer Schenke vorbei. Da klopft man Karten auf den Tisch, Würfelbecher und Krüge. Henkersmahlzeit des Gesindels? Gestern, da für eine kurze Weile die Tür der Schenke offen blieb, sah ich auch Gesellen mancherlei Zünfte, gar einen Meister, auch Studenten und Weibervolk. Der Teufel ist nicht wählerisch. Gerät ihm ein Fürst Moritz in den Weg, so greift er zu, findet er bei Gelegenheit etwas Raute in der Stadtmauer, so gibt er sich auch damit zufrieden.

*

Unsere vielgerühmte Stadt mit ihren mehr als zweitausend Studenten kannte ich nie anders denn als ein unruhiges, lautes Gemeinwesen. Zuerst bedrängte mich, die ehemalige Klosterfrau, solche Unruhe und laute Gebärde des Lebens. Später empfand ich beides als ein Zeichen des Geistes, der von meinem Doktor ausging und alles Aufwärtsstrebende in der Stadt ergriff. Wie unser längst verstorbener Poet Ulrich von Hutten sagte ich in Stunden der stolzen Ergriffenheit: »O Jahrhundert! O Wissenschaften! Es ist eine Lust zu leben!«

Gewiß habe ich das Gleichmaß und die Ruhe des Schwarzen Klosters geliebt. Gewiß stöhnte ich, wenn gar zu viel Wirbel der Zeit und der Welt von meinem Doktor hineingesogen wurde. Aber welch eine Hochstimmung hob mich über das Alltägliche empor, zum Exempel in der Zeit, da die Männer des Geistes in dieser unserer Stube die heilige Schrift verdeutschten! Das war Leben! Die ganze Stadt, ob Gelehrter oder Student, ob von der Gilde der Goldschmiede oder der Bäcker, ob Bürgermeister oder Stadtrat, all das konnte auf einen Beobachter wirken wie ein Bienenvolk, das in seinem Korbe summt und singt, ein Volk, das auf irgendeine gute Weise schafft, baut, fliegt und kommt mit Wachs und Honig einer himmelhochblühenden Linde.

Und heute? Unruhe und laute Gebärde tausendfach gesteigert, aber krank und bang, unsicher und an die Angst verloren.

Fürst Moritz rückt heran!

Nun knarren hochbeladene Wagen und Wäglein durch die Tore den Landstraßen zu, obenauf Frauen und Kinder, neben den Tieren verbissen schweigende oder aus vielfacher Ursache verzweifelt fluchende Männer. Wagen hinter Wagen. Oft sind die Stadttore verstopft, wenn auch noch armselige Fußgänger mit ihren Bündeln nach draußen drängen, irgendwohin, wo es keinen Krieg gibt. Angst und Verwirrung einer Herde. Die Wölfe sind schon nahe.

Wenn unsere Straße für eine Weile verstummt und aus der Ferne nur noch dumpfer Lärm von Wagen und Flüchtlingen an das Schwarze Kloster rauscht, höre ich Regen auf die Pflastersteine springen. Die schweren Tropfen sind mit grauem Brei vermischt: Schneeflocken.

*

Man hat die Hohe Schule schließen müssen. Nur noch wenige Professoren. Kein Student mehr.

Wie sinnlos komme ich mir vor, eine verlassene Magd, überflüssig geworden. Nein, doch nicht. Für die Kinder und ihren Lehrer, für den Wolf Sieberger habe ich zu sorgen. Ist es nötig, daß der Herr Gott sich so große und hartnäckige Mühe gibt, mich ganz klein und demütig zu machen? Ich bin's doch schon, Herr Gott, ich bin's schon. Was denn ist übrig geblieben von der hochwohlgeborenen Käthe von Bora? Sieh meine Hände an, meine Kleidung, meine Kinder, so weißt du es. Und schau den Teppich meines Lebens an, so siehst du, auf welche Weise du mich hast werden lassen hin und her! Irgendwo unten in einer Ecke brüstet sich meines Geschlechtes Wappen. Irgendwo oben, dem Ende und Rande zu, heben sich zwei runzelige rauhe Hände, die greifen nur noch nach dir. Siehe, du bist mein letzter Stolz und meine letzte Hoffnung. Die letzte, hörst du?

*

Der gute Magister Melanchthon! Besorgt um mein Schicksal kommt er und drängt mich, Wittenberg zu verlassen, seit Tagen schon drängt er. Noch sei der Weg nach Magdeburg möglich.

Muß das alles sein? Dieser ganze unaufhörliche Schrecken? Ich kann mir nicht vorstellen, wie ich zu leben vermöchte außerhalb des Schwarzen Klosters, mit dem ich verwachsen bin, wie Efeu mit dem Baumstamm. Mutlos fragte ich Melanchthon.

Der griff nach meines Doktors Auslegung des 118. Psalms, blätterte hastig und las: »Das ist die Kunst über alle Kunst und menschlicher Natur unmöglich. Daher lerne hier, wer lernen kann, und werde ein jeglicher ein Falke, der sich in die Höhe schwingen möge in solcher Not und wisse aufs erste gewiß, zweifele auch nicht, daß ihm Gott solche Not nicht zuschickt zum Verderben, sondern daß er ihn damit treiben will zum Rufen und zum Streit, damit er seinen Glauben übe und lerne Gott erkennen in einem anderen Anblick, als er bisher getan hat ...‹ Frau Doktorin, darauf stehet! Rüstet zur Reise! Nehmet Euers Doktors Psalter mit! Er wird Euch mehr dienen als Eure Sorge und Angst.«

So habe ich mich denn entschlossen. Wir wagen die Reise.

Wolf Sieberger mag nicht mit uns fliehen. Wer denn solle das Schwarze Kloster bewachen und bewahren? Als er das sagte, schien er mir merkwürdig mannhaft und stolz. Meine Behauptung, wir bedürften seiner auf dem Wege, überzeugte ihn nicht: »Was wird der Doktor sagen, wenn ich das Schwarze Kloster im Stich lasse?«

*

Die drei Buben haben den Wagen gerüstet. Mit Margareta trug ich die nötigen Dinge zusammen: Kleidung, Decken, Kissen, Geschirr, einiges Silber und Brot.

Zu oberst in der Truhe liegt unseres Vaters Psalter. Morgen in der Frühe werde ich die Chronik hinzulegen.

Beim letzten Abendessen bemerkte Paul: »Ihr seid so ruhig und streng.« Ja. Seitdem Melanchthon mir unseres Vaters Gedanken und Vertrauen vorgelesen hat, verwandelte sich meine zitternde Sorge in kühle, feste Zuversicht. Ich lasse geschehen.

Zu dieser Stunde liegen meine Kinder in ihren Betten. Soeben sprachen sie noch recht laut: Was sie tun wollten, wenn Strauchdiebe oder Landsknechte der Mutter zu nahe kämen oder der Maruschel. Und wie sie antworten würden, wenn einer forschen sollte nach Herkunft und Namen. Über den Namen wurden sie nicht einig. Leiser und leiser sprachen sie. Zuletzt schien Paul auf den schützenden Namen gekommen zu sein. Gähnend sprach er vor sich hin: »Lauter . . . Martin Lauter.«

Jetzt ist es still im Kloster. Auch in der Stadt.

Martinus, laß dir Urlaub geben vom Herren Gott! Wir bedürfen deiner.

Sehr, sehr müde bin ich. An den beladenen Wagen, der wegen des Schneefalls im Schuppen steht, will ich nicht denken, obwohl er uns tragen wird in ein dunkles Morgen. Sondern will einschlafen unter dem Troste unseres Vaters:

»Gott muß mir gewiß viel freundlicher sein und mit mir reden denn meine Käthe mit ihrem Martinchen. Nun kann meine Käthe oder ich meinem Kinde mit Willen ja doch kein Auge ausstechen oder den Kopf abreißen. Also auch Gott, ja viel weniger. Denn er hat gegen seine Gläubigen viel ein gütiger und freundlicher Herz denn ein Vater und Mutter gegen ihr Kind haben, wie Gott selber sagt: Und ob ein Weib ihres Kindleins vergäße, so will ich doch dein nicht vergessen.«

Zu Magdeburg: Brot um Gottes willen. – Gott läßt nicht ewig schneien und frieren. – Grübeleien. – Zwei Wunder. – Fünfzig königliche Taler. – Wieder im Schwarzen Kloster. – Der Kurfürst geschlagen. Der Kaiser zieht gen Wittenberg. – Die Witwe eines gewissen Martinus Luther auf der Landstraße. – Zurück nach Wittenberg. – Die »armen Leute« im Schwarzen Kloster. – Die Pest! Die Pest!

Zu Magdeburg.

Seltsame Verknüpfung: Da nun meines Doktors Leben vollbracht ist, muß ich in Magdeburg Zuflucht suchen, wo einstmals, ich meine, es sei das Jahr 1496, gewesen, der Knabe Martin Luther Schüler war bei den »Brüdern vom gemeinsamen Leben«.

Bei den ganz und gar veränderten Umständen, mit denen ich hier zu tun habe, bei dem Wirrwarr in der Stadt, der frostigen Begegnung der Bürger, dem hemmungslosen Ringen um tägliches Brot und bei all dem, was leider Gottes das Schicksal auch christlicher Flüchtlinge in einer christlichen Stadt zu sein pflegt, dachte ich nicht an die seltsame Verknüpfung meines Lebens. Ein guter Mann in dieser Stadt, ein weißhaariger Bäckermeister, mußte mich erst darauf aufmerksam machen. Als ich Brot bei ihm kaufte, fragte er nach meinem Namen. Lutherin? Wohl gar des seligen Doktors Martinus? »O, den kannte ich früher als Ihr. Bei den Brüdern lernte er, damals, weiß nicht mehr das Jahr. War ein schmächtiges, hölzernes Kerlchen. Und hatte eine so feine, silberne Stimme. Und gute Augen. ›Panem propter Deum!‹ sang er auf den Straßen, auch vor meiner Tür da. ›Brot um Gottes willen!‹ Hör's noch in meinen Ohren, das demütige Singen des Hungerleiderleins. Was doch der Herr Gott aus solch einem Knaben machen kann! Solch einen Doktor und Feldmarschall! Was für einen Prediger! Hab meiner Lebetage keinen besseren gehört. Unser Bischof von Amsdorf hier, ja, der kann's auch. Aber es geht nicht so durch und durch. Hab nicht viel davon behalten. Mein alter Kopf! Aber einiges. Zum Exempel: ›Wohlan, laß schneien, reifen und frieren! Es gehe wie übel es wolle, so wird es doch wieder Sommer und gut werden. Gott wird's nicht ewig schneien und frieren lassen.‹ Ja, so. Das soll mal einer vergessen! So, so die Frau Lutherin! Da, nehmt noch dieses Brot! Und kommt wieder! Sollte doch mit dem Teufel zugehen, wenn dem Luther seine Witwe darben müßte.«

Der Meister schaute mich forschend an, schüttelte den alten Kopf, konnte es nicht fassen, daß die Lutherin in seinem Laden stand.

Auf solche Weise gewann ich viel Tapferkeit. Der Herr Gott muß dem Bäckermeister wohl in den Mund gelegt haben, was der aus einer Predigt aufsagen solle, nicht wie ein Schulknabe, sondern mit der eigenartigen Glut, die ich an meinem Doktor kannte. »Gott wird's nicht ewig schneien und frieren lassen!«

*

Man sagt zu Wittenberg, Magdeburg sei »Des Herrgotts Kanzlei«. Um der Gottesgelehrten willen, die hier amtieren: Unser erster evangelischer Bischof von Amsdorf, Doktor Major, Flacius und viele andere. Man sagt aber auch: »Je näher Rom, umso schlechter die Christen.« Muß man nun sagen: »Je näher des Herrgotts Kanzlei, umso schlechter die Christen.«? Wenn nämlich die gesamte Magdeburger

Christenheit so beschaffen wäre wie in derselben Stadt die Wucherer, die sich doch auch zu der Christenheit rechnen und gehören, ich müßte ungut auch von Magdeburg sprechen. Mein Doktor sagte, die ganze Welt sei ein Haufen verzweifelter Geizhälse, und gewiß finden diese sich in vielen Städten und Dörfern, kaum mehr oder auch weniger als zu Magdeburg. Aber wir Flüchtlinge hier, wir bei unserer Armut und Hilflosigkeit haben's Tag für Tag mit solchen Leuten zu tun. Es fehlt in der Stadt an Korn und Brot, und die Stadt denkt zuerst an die eigenen Bürger. Der Flüchtlinge, die überraschend über Maggeburg gekommen sind, gibt es hier zu viele. Da gedeiht der Weizen der Wucherer. Die Stadt kann und mag sich ihrer wohl nicht entledigen. Aber die christliche Gemeinde könnte das tun, was mein Doktor forderte: »Öffentliche Wucherer soll man in Bann tun. Und wer mit ihnen isset und trinket, der macht sich teilhaftig ihrer Sünde.«

Auch ich muß zu den Wucherern gehen um des Wohlergehens meiner Kinder willen. Mit Seufzen und Widerstreben trage ich Becher für Becher, Ketten und andere Kleinode in die Truhen der Blutegel. Sie wären imstande, für eine Schuhsohle eine ganze Rinderhaut zu fordern. Gott Dank, daß mir der gute Bäckermeister hold bleibt. Niemals nimmt er unbillig, und mit der Waage wiegt er keineswegs das Brot des freigebigen Gottes. Ich fragte ihn: »Wenn nun aber Korn und Mehl ausgeht und kommt nichts mehr in die Stadt?« Da gibt er seelenruhig zur Antwort: »Gott wird's nicht ewig schneien und frieren lassen.«

*

Endlos lang sind die Tage. Ohne rechten Inhalt kriechen sie dahin. Untätig sein! Überflüssig sein! Anderen im Wege sein! Manchmal zittern mir die Hände, weil sie nichts zu werken haben. Die Schwielen blättern ab. Fast habe ich Hände wie ein Burgfräulein. Wären sie doch wieder hart und schrundig!

Was wohl der Wolf Sieberger treiben mag?

Täglich frage ich auf den Straßen, – ich liebe sie nicht. Ein Garten, ein Acker, welch ein Segen und Friede! – nach Wittenberg frage ich. Meistens erfahre ich Gerüchte. Auf jeder Straße zeigen sie ein anderes Gesicht. Glaubwürdig ist nur, daß unser Wittenberg sich tapfer hält.

Wie kann ich den mißmutigen Grübeleien entgehen, die seit Tagen um mich herumkriechen wie Nattern? Muß ich die Ursache sehen in der leiblichen Schwäche, die gewiß eine Folge vieler Entbehrungen und dazu der widerlichen Untätigkeit sein mag? Oder ist jene Predigt, die Herr von Amsdorf am vergangenen Sonntag tat, schuld an meiner Niedergeschlagenheit und Grübelei? Da steht nun dieser Bischof auf der Kanzel, der vor Jahren meinem Doktor zur Seite war bei der Verdeutschung der Bibel. Der Mann, der allezeit auf den Doktor geschworen hat als auf den Wegweiser der Christenheit zum Mittelpunkt des Evangeliums. Nun aber verkündet er Dinge, die ich nicht begreifen kann, da sie gerade aus seinem Munde kommen. Er behauptet, die guten Werke, die doch Frucht sind auf dem Acker des Glaubens, sie seien zur Seligkeit schädlich. Vielleicht hat er ungeschickte Worte gebraucht. Aber vor der Kirchentür hörte ich, wie zwei Magdeburger Herren aneinandergerieten. Der eine: »Er hat trefflich gepredigt.« Der andere: »Mit nichten. Den Doktor Major müßtet Ihr hören. Der sagt das Gegenteil: ›Gute Werke sind nötig. Wie Trauben am Weinstock.‹« Und Major hat recht. Denn mein Doktor hat gepredigt: »Glaube, der nicht gute Werke zeitigt, der ist tot.«

Was macht mich grübeln? Zum ersten, daß die Brüder zanken. Die andere Ursache: Der dunkle Gott in diesem gepeinigten Jahrhundert. Wohl sage ich mir: Ich kann nicht verlangen, Gott solle mich mit Vorzug behandeln, weil ich des Doktors Ehegemahlin bin. Hier habe ich meinen Glauben zu beweisen! Hier muß ich mein gutes Werk der Tapferkeit tun!

Ich habe meines Doktors Auslegung der Psalmen. Die ist beschaffen, wie aus dem Herzen Gottes herausgekeltert und in den Wein menschlicher Sprache vergoren. Darin lese ich, wenn die Kinder schlafen. Dann finde ich mich wieder zurecht, alles reimt sich so wunderbar selbstverständlich auf Gott. Und das Vaterunser geht mir wieder ungehemmt über die Lippen.

*

Magister Melanchthon und Pfarrherr Bugenhagen sollen zu Wittenberg ausgehalten haben, bis der von Sachsen die Übergabe der Stadt forderte. Melanchthon, so wird gesagt, soll nach Zerbst geflüchtet sein. Von Bugenhagen weiß man nichts.

Oft denke ich an den Tod. Mir ist, meine Zeit sei bald erfüllt, der Herr Gott verlange nicht mehr viel von mir. Zuweilen scheint mir, er habe bereits die Schere in der Hand, den letzten Faden abzuschneiden.

Ist es nicht seltsam, daß mir mein Martinus von Tag zu Tag oder Nacht zu Nacht mit seinem geistigen Wesen näher und näher kommt? Seltsam, wie er in einer durchsichtigen Leibhaftigkeit zu mir ins Schwarze Kloster zu treten vermochte, wie mir ja vor langer Zeit geschah in der Nacht, in der ich diese Chronik zu schreiben begann.

Es gibt aber eine andere Weise geistigen Umgangs der Gestorbenen mit den Lebenden und wiederholt sich öfter. Sie geschieht durch Worte, die gesprochen oder niedergeschrieben hinterlassen wurden. Denn der Geist, der sie geprägt hat, bleibt darin wohnen. Zwar wie ein Stummer, etwa wie die Weise in der Strophe eines Liedes oder wie der Ton in der Saite einer Viola schweigt, bis man die Saite anrührt oder das Lied singt. So geschieht es mit jenen stummen Worten: Wenn einer sie liest oder mit eigenen Gedanken anrührt, beginnen sie zu klingen und zu wirken, als kämen sie geradeswegs aus dem Herzen und Munde des Gestorbenen. Dann leuchtet ein unbeschreibliches Trostlicht aus der Ewigkeit.

Ich las ein Wort meines Doktors, vor Jahren auf der Feste Coburg aus seinem Herzen in die Feder geflossen: »Neulich habe ich zwei Wunder gesehen: Das erste, da ich zum Fenster hinaus sah, die Sterne am Himmel und das ganze schöne Gewölbe Gottes. Und sah doch nirgend keine Pfeiler, darauf der Meister das Gewölbe gesetzt hatte. Dennoch fiel der Himmel nicht ein und steht solches Gewölbe noch fest. Nun sind etliche, die suchen solche Pfeiler und möchten sie gern greifen und fühlen. Weil sie denn das nicht vermögen, zappeln und zittern sie, als werde der Himmel gewißlich einfallen aus keiner anderen Ursache, denn daß sie die Pfeiler nicht greifen noch sehen.

Das andere: Ich sah große, dicke Wolken über uns schweben mit solcher Last, daß sie möchten einem großen Meer zu vergleichen sein. Und sah doch keinen Boden, darauf sie ruhten oder fußten, noch Kufen, darein sie gefaßt wären. Dennoch fielen sie nicht auf uns, sondern grüßten uns mit einem sauren Angesicht und flohen davon. Da sie vorüber waren, leuchteten herfür der Boden und unser Dach, nämlich der Regenbogen, der sie gehalten hatte. Das war doch ein schwacher und geringer Boden und Dach, so daß es auch in den Wolken verschwand, mehr ein Schemen, das durch ein gemalt Glas zu scheinen pflegt. Denn ob solcher Boden auch gewaltig war, so lag doch eine so schwere Wasserlast auf ihm, daß einer wegen des Bodens verzweifeln konnte. Dennoch zeigte sich's in der Tat, daß solcher ohnmächtiger Schemen, wie denn der Regenbogen ist, die Wasserlast trug und uns beschützte.

Dennoch sind etlich, die des Wassers und der Wolken Dicke und ihre schwere Last mehr ansehen, fürchten und achten, denn diese dünnen, schmalen und leichten Regenbögen. Denn sie möchten gern fühlen die Kraft solchen Schemens. Weil sie das nicht können, fürchten sie, die Wolken könnten eine ewige Sintflut anrichten.«

Käthe Lutherin, wo bliebe dein Glaube, wenn Martinus mit dir nicht mehr Umgang hätte in deinen Nöten?

»Seid getrost, ich bin es, fürchtet euch nicht!«

*

Endlich gute und bezeugte Botschaft von Wittenberg: Kurfürst Moritz hat sein Kriegsvolk von der Stadt abgezogen. Ursache: Unser gnädigster Herr eilt von Süden her, wo er bis jetzt sich gebunden sah, gen Wittenberg.

So ist nun der Weg für uns Flüchtlinge frei. Schon ziehen die meisten heimwärts, Hals über Kopf.

Auch meine Kinder drängen. Wäre ich durch diese schwierigen Wochen nicht so sehr geschwächt, daß ich einer solchen Reise zur Zeit nicht gewachsen bin, in dieser Stunde noch träte ich den Heimweg an. Überdies ist inzwischen der mißliche Februar gekommen. In ständigem Wechsel schüttet er Schnee und Regen auf die Erde.

Kommt noch hinzu, daß ich den letzten auf die Flucht mitgenommenen Silberbecher eintauschen muß, um den Kindern genügend Brot zu reichen. Den herrlichen Prunkbecher! Das Hochzeitsgeschenk der Professoren unserer Hohen Schule! Anno 1525!

*

Des anderen Tages. Als ich mich auf den harten Weg machen will mit dem Becher, kommt mir ein fürstlich gekleideter Bote ins Haus. Er bringt mir einen Brief: Von der Königlichen Majestät Christian von Dänemark.

»Ehrbare und viel Tugendsame, Liebe Besondere!

Nachdem mir berichtet worden, daß Ihr in jetzigen gefährlichen Zeiten aus Wittenberg nach Magdeburg gewichen, haben Wir nicht unterlassen wollen, an Euch zu schreiben, Euch Unseren gnädigsten Willen und Neigung zu vermelden. Und da Ihr dermaßen Eure Haushaltung und Euch an fremden Orten unterhalten müßt, worüber Wir ein besonderes Mitleiden haben, schicken Wir Euch durch gegenwärtigen Boten zu Eurer Haushaltung 50 Taler. Die wollet zu Gefallen annehmen und Unsere gnädigste Neigung daraus erkennen.«

Während ich las, hörte ich den hohen Abgesandten des Königs Taler um Taler auf den Tisch legen.

50 Taler! Ich versuchte, meine Überraschung und Freude zu verbergen, tat so, als sei es mir nicht absonderlich, von einem König geehrt zu werden, die »von Bora«! Aber der Bote lächelte. Sah er doch die Armut der Stube und in meinem Gesicht die vielen bestandenen Sorgenstunden. Und hebt seine ringgeschmückte Hand bis an die Balken der Stube, läßt sie bis auf die Dielen fallen, hebt sie und läßt sie abermal fallen und sagt sehr verständig: »Fortuna! Fortuna! Frau Lutherin, meine Hochachtung!« Und erweist mir Reverenz und ist verschwunden.

Morgen werden wir fahren. Ich muß bestehen, was bei der Reise zu bestehen ist. Plötzlich fühle ich mich stark.

Wer hat dem gütigen König meine Flucht und Zuflucht gemeldet? Ich kann mir nichts anderes denken, als daß der Magister und Pfarrherr dahinter stecken. Die Getreuen. Mag auch sein, mein Doktor hat durch irgendein geschriebenes hinterlassenes Wort den König angeredet und ermahnt, so wie mich vor Tagen, als ich die beiden Wunder zu lesen bekam und danach wußte, was ich zu tun hatte. »Seid getrost! Ich bin es! Fürchtet euch nicht!«

Paul und Hans sind dabei, den Wagen zu rüsten und zu laden. Ist nicht mehr viel zu laden.

Am 18. Februar gedenken wir an der Gruft unseres Vaters zu stehen.

*

Im Schwarzen Kloster zu Wittenberg.

Die Kinder schlafen wieder in ihren gewohnten Betten. Kinder vermögen vieles mit Schlaf zuzudecken. Ein Traum verwandelt ihnen die zermürbende Reise über aufgetaute, verschlammte Straßen, durch Sturm und Schnee und Regen, in ein Märchen.

Oft mußten die Burschen absteigen, in die Speichen zu packen, den dampfenden Pferden zu helfen.

Immer saß Maruschel neben mir, in meinen Mantel gekrochen, kaum daß sie ein Wort sprach.

Als wir nach Roßlau kamen, wo das Flüßlein Mulde sich in die Elbe begibt, fragte sie, wie das Flüßlein heiße.

»Mulde« sagte ich.

»Mulde? Liegt da nicht irgendwo Euer Kloster Maria Thron?«

»Etliche Tagereisen zu Berg.«

»Erzähl mir von Maria Thron!«

Und die ehemalige Klosterfrau erzählte, wie Herr Leonhard Kopp weit drüben bei dem Gekreuzigten wartet, bis die neun Klosterfrauen durch die Nacht herzukommen, wie er sie zwischen den Tonnen unterbringt und dann mit seiner Klosterfracht auf Torgau zu hastet.

Während ich erzählte, schob Maruschel sich noch tiefer in meinen Mantel, ich hüllte sie ganz ein, denn sie fror und schüttelte sich. Maruschel fragte ängstlich, als könne ihrer Mutter heute noch ein Leid angetan werden: »Habt Ihr Euch sehr gefürchtet?«

»O ja! Jeder Büttel, wenn er uns entdeckt hätte auf Koppens Wagen, hätte uns festnehmen dürfen als Übeltäter.«

»Der hätte Euch zurückgebracht nach Maria Thron?«

»Vielleicht.«

»Und ich hätte keine Mutter gehabt.«

»Nein, dann wärest du heute nicht meine Maruschel.«

Eine Weile schien das unschuldige Kind zu überlegen. Dann sagte es:

»Es ist gut, daß Ihr weggelaufen seid.«

Lange Zeit hatte ich nicht mehr gelacht. Jetzt konnte ich von Herzen froh und dankbar lachen. Unser Vater muß das sicherlich gehört haben.

Wolf Sieberger war überglücklich, als er uns auf der Straße entgegenflog. Die Burschen der Nachbarschaft hatten am Tor unseren Wagen gesehen. Spornstreichs brachten sie unserem Wolf Botschaft. Der rannte Hals über Kopf und schrie schon von weitem: »Frau Doktorin, Frau Doktorin!«

*

Unser Kurfürst eilt von Sieg zu Sieg. Weit und breit beweist man ihm Ehrfurcht als dem Fürsten, von dessen christlichem Herzen und Händen nicht nur das Land, sondern auch die Kirche behütet und erhalten wird.

Das muß des Kaisers kluge und erzürnte Majestät gewiß erkannt haben. Wie die Wissenden sagen, zielt er gerade auf dieses edle Haupt. Wenn das fällt, so fällt alles.

Man hofft aber, wenn die Stunde schlage, werde unser gnädigster Herr Kurfürst zum Kaiser der Evangelischen gekürt! Ob das der Kirche Rettung brächte aus allem Unheil dieser Zeit? Ich weiß nicht. »Mein Reich ist nicht von dieser Welt.« Wie sehr hat mein Doktor sich abgemüht, die Kirche wieder herauszuringen aus der Verstrickung mit der weltlichen Macht. Es ist ihm nicht mehr gelungen.

Vor kurzem soll Moritz von Sachsen zum Kaiser gestoßen sein. Der steht bei Eger. Unser Fürst rückt gegen ihn. Gott stehe ihm bei! Man sagt ja, der Kaiserlichen seien an die 30000 Fußvolk, an die 20000 Reiter.

Gnade uns Gott, wenn die gen Wittenberg kämen! Ein Obrist der Kaiserlichen soll gedroht haben, er werde unseres Vaters sterbliches Teil aus dem Grabe reißen und verbrennen.

Der Kaiser, wird gesagt, sei ein kranker Mann, mühsam, doch trotzig schleppe er sich von Lager zu Lager. Auch für ihn schlägt einmal die Stunde: »Du Narr! Diese Nacht wird man deine Seele von dir fordern. Und wessen wird's sein, das du bereitet hast?«

Was steht noch bevor? So lange ich in der heiligen Schrift lese, bin ich ruhig und sicher, die Zukunft ängstigt nicht. Schaue ich dann diese Welt mit ihrer offenbaren Gewalt gegen Gottes Wort und Verheißung, dazu den Widerspruch der Christenheit gegen das Christentum in allen Ständen von oben bis unten und das heimliche oder laute Klagen der »Kleinen Herde«, so beginne ich wieder zu zagen. Und oft bin ich niedergeschlagen, weil mir düstere Nächte kommen könnten, ähnlich denen, die mein Doktor hat durchleiden müssen, damals als Mönch, auch später noch in diesem Schwarzen Kloster.

Schaue ich den Gekreuzigten an und frage ihn, so schweigt er, als sei er an seinen Leiden zugrunde gegangen. Und mein Gebet verrinnt wie ausgetrockneter Sand.

Aber es ist gut, Martinus, daß ich dein Bild dort

an der Wand sehe, oder daß du plötzlich bei mir in der Stube stehst und mit harter Stimme mich andonnerst, weil du meines Glaubens Schwachheit nicht fassen kannst:

»Alle Traurigkeit und Schwermut kommt vom Teufel. Denn er ist der Herr des Todes. Es soll ihm aber nicht gelingen. Schlägst du mir den Kopf ab, so schadets nichts. Ich hab einen, der wird ihn mir wohl wieder aufsetzen.«

Hab Dank, Martinus! Will mir Mühe geben, nicht mehr zu denken und zu sprechen wie die Schwester des Lazarus: »Herr, wärest du hier gewesen, so wäre mein Bruder nicht gestorben.«

Ist es doch nicht nötig, daß der Herr sichtbar neben mir stehe. Denn er ist doch hier, ist doch mächtig. Not und Gott, die beiden gehören zusammen. Leicht zu sagen, schwer zu glauben, schwer, danach zu tun.

Gestern Nacht schrieb ich solch mutige Worte. Nun aber? Paul kommt ins Haus gerannt: »Unser Kurfürst geschlagen! Gefangen! Auf der Lochauer Heide. Des Kaisers Kriegsvolk marschiert gen Wittenberg. Wir müssen fort.«

*

Braunschweig.

Den 21. Mai kamen wir an.

Nach einer grauenvollen Flucht.

Magister Melanchthon führte uns.

Beim Abt von Braunschweig brachte er uns unter. Unseres Bleibens kann hier nicht sein.

Auch der Magister glaubt, die Witwe des Doktors Martinus werde zwar mit Achtung empfangen, aber aus mancherlei Ursache sei sie unbequem und gar lästig. Und da der unaufhörliche Wandel der aufgeregten Welt noch mancherlei Aufruhr, Umsturz und Veränderung zeitigen könne, scheine es vielen ratsam, nicht allzu deutlich zu Luthers Witwe sich zu bekennen. Es möchte ihnen sonst wohl geschehen wie dem Sankt Petrus am Feuer: »Und du warst auch mit dem Galiläer!«

Dazu: Welche Stadt mag denn in so unsicheren Zeiten eine so gefährliche Frau mit vier noch unversorgten Kindern aufnehmen und unterhalten? Mit den eigenen Armen hat man genug zu tun, wie sich zu Magdeburg gezeigt hat. Sollen doch die Wittenberger Sorge tragen!

Wohin?

Nach Dänemark will ich, zu der königlichen Majestät Christian. Ohne eigene Gefahr wird sie sich meiner annehmen.

Melanchthon und andere raten ab. Die Straßen seien zu gefährlich. Die Warnenden haben nicht unrecht, auf der Reise von Wittenberg nach hier sah ich genug: Verlaufene Landsknechte, Strauchdiebe, Gesindel, das Gott weiß was treibt. Und anderen, die da reisen, stehts nicht auf die Stirn geschrieben, ob Evangelisch oder Römisch. Mißtrauen gegen Mißtrauen. So ist es beschaffen in christlichen deutschen Landen!

Trotzdem, ich will versuchen nach Dänemark zu gelangen.

Doktor Major, dem ich in einer besonderen Not Fürsprecherin und Helferin gewesen bin bei König Christian, will unser Geleitsmann sein bis nach Dänemark. Magister Melanchthon wird uns zur Seite bleiben, wenigstens bis Lüneburg.

Ein trauriger Zug wird das sein: Der gelehrteste Mann von Wittenberg, der große und getreue Lutheraner von Magdeburg, des Doktors Martinus Witwe und seine vier Kinder! Wenn der Herr Gott nicht eine Legion Engel zum Geleit gibt, dann ... Käthe! Käthe Lutherin! »Es liegt nicht an der Faust noch am Schwert, sondern der Mut tuts. Wenn sich einer ein Ding in den Sinn setzt, daß er's tun darf, so ists schon halb geschehen!«

Ja, Martinus, in Gottes Namen!

Und doch, soweit ist es gekommen, daß der Name Luther wie das Kainsmal gefürchtet und gehaßt wird.

*

Zum anderen Male Braunschweig.

Es glückte nicht.

Bis Gifhorn fuhren wir. Wir mußten umkehren: Kriegsvolk und anderes überall. Als ob die ganze Welt ein einziges Schlachtfeld wäre. Wer nicht mit Geleit reist, muß gewärtig sein, ausgeplündert zu werden. Oder er gerät als ein Kundschafter in eines Söldners Hand. Ob's den Kaiser freuen würde, die umherirrende Familie des gehaßten und mißbrauchten Mönchs von Wittenberg zu fangen? Ich bin müde. Wo ich stehe, könnte ich niedersinken, die Füße wollen nicht mehr, das Herz nicht mehr. Auch die Kinder sind mutlos.

Düstere Stimmen: »Ist denn Gott nicht mehr daheim in seiner Welt?« Aber ich weiß, woher die Stimmen kommen: Von jenem Dunklen, der alles umnachten will. Die Witwe Lutherin soll schreien wie des Hiobs Weib: »Fluche Gott und stirb!«

Aber die Lutherin schreit wohl: »Gott, mein Gott,

warum hast du mich verlassen?« So hat gar der Herr Christus geschrien. Dennoch ist sie bereit, auszuharren, bis alles vollbracht ist. Und dann hofft sie, ein letztes Mal sagen zu dürfen: »In deine Hände befehl ich meinen Geist.«

Tod? Er wäre mir willkommen, so selbstsüchtig und schwach bin ich. Aber weiß ich denn, ob ich schon vollbracht habe? Mir scheint, es seien noch einige Fäden zu knüpfen, dunkel wie Blut, und das Geschehenlassen bereitet mir Schmerz. Herr Gott, wenn ich mich wehre wie jetzt nach dem mißlungenen, von dir also wohl nicht gebilligten Weg nach Dänemark, so halte es mir zugute, ich bin ein Mensch. Jetzt lächelnd und mit kühnen Worten mich zu gebärden, wäre unaufrichtig. In meinen ständig sich steigernden und wiederholenden Nöten steht da nun einmal ein verzagender Mensch vor dir und bittet: »Nimm diesen Kelch von mir.«

*

Heute schreibt mir unser Bugenhagen, von Wittenberg schreibt er: Wir sollen heimkehren! Es lasse sich wieder leben in der Stadt, wenn man sich schikken wolle in das, was der Krieg angerichtet habe.

Und ob ich mich darein schicken werde!

Da nun mitten in solch großer Lebensnot mit Flucht und Armut hin und her alles wunderbar und plötzlich sich gewandelt hat, wie schäme ich mich, jemals schwach geworden zu sein! Stand ich denn nicht auf einem gesicherten Glaubensgrund? Freilich, wer um unseres Vaters Anfechtung weiß und sie nicht begreift, der könnte wähnen, dieser Mann habe ein schlechtes Gewissen gehabt oder aber einen

Glauben, der dem nicht gemäß war, was er so mutig fröhlich predigte. Aber wenn Martinus auch noch so oft angefochten wurde und damit sich abplagte, so fand er doch immer und schon bald zurück zu seinem Glaubensgrunde: Die Gnade Gottes, die mit hinein geknüpft worden ist in den oftmals so krausen und so schmerzlichen Teppich unseres Lebens. Anders ist unser Teppich und das, was er von uns forderte, nicht zu begreifen.

So mag denn kommen, was will, auch Anfechtungen. Wenn noch einmal etwas geschehen sollte, das mich umzubringen droht, meinen Glaubensgrund will ich nicht verlassen. Will in meinem Herzen so tun, wie mein Doktor geraten hat: »Wenn ihr traurig seid und will überhand nehmen so sprecht: ›Auf! Ich muß unserem Herren Christo ein Lied schlagen auf der Orgel. Und greift frisch in die Tasten und singet darein, bis die Gedanken vergehn! Kommt der Teufel wieder und gibt euch Sorgen oder traurige Gedanken ein, so wehret euch frisch und sprechet: ›Aus, Teufel! Ich muß jetzt meinem Herrn Christo singen und spielen.‹«

*

Wieder im Schwarzen Kloster.

Gott sei Dank!

Wie schnell doch die Wogen sich glätten, wenn Stürme mit Wildbächen in den See sprangen, ihn aufwühlten und kochen machten, und dann ists plötzlich aus mit der Wildheit, Bäche und Stürme fallen kraftlos zusammen, und wer am Ufer steht, kann durch die glatten, sich läuternden Wasser bis auf den Grund blicken.

Ach, nicht mehr bei fremden, wenn auch noch so gütigen Menschen hausen müssen! Am eigenen Tische sein eigenes Brot essen dürfen!

Liebes Schwarzes Kloster! Dein Name klingt traurig, als müsse ein jeder darauf gefaßt sein, auf irgendein Unheiles, Bedrohendes, Gefährliches zu stoßen. Aber als eine ganz neue Entdeckung erfahre ich: Hier weilt nur noch der lichte, beruhigende Geist meines Doktors. Der hat nun alle Schwermut abgelegt, die ihm vordem zu eigen war, alle Härte und Strenge, die erzeugt wurde durch die Abwehr gegen Fluten, die sein Werk zu unterspülen und zu versanden trachteten.

In seiner beglückenden Verklärung spüre ich ihn: Flut und Sand schrecken ihn nicht mehr. Er weiß, daß sein Werk durch menschliche Schwachheiten muß, bis es sein Ziel auf Gottes seltsamen Wegen erreicht hat.

Nun bin ich gewiß, Martinus, auch um meine Zukunft machst du dir keine Sorgen. Du weißt sie in guten Händen.

So will auch ich mich nicht mehr zersorgen, was auch geschehe. War mein ganzes Leben bisher Gnade, so wird es Gnade bleiben bis zur Vollendung.

*

Nach der Übergabe unserer Stadt stand des Kaisers Majestät an der noch unvollendeten Gruft des Doktors Martinus Luther, der in der kaiserlichen Politik eine so große Bedeutung hatte. Man sagt vom Kaiser, sehr ernst und mit entblößtem Haupte habe er auf die armselige Grabplatte geblickt. Da habe einer aus dem Gefolge ihm zugeflüstert, der

Leichnam müsse verbrannt werden, wie es einem Ketzer gebühre. Aber der Kaiser soll zur Antwort gegeben haben: »Wir kämpfen nicht mit den Toten, sondern mit den Lebenden.«

Wenn nun des Kaisers Majestät ein wenig weiter dächte, ein Christ, der er doch sein will, er würde unseren unglücklichen gnädigsten Herrn Kurfürsten nicht so schmählich im Heerzuge mit sich schleppen, ihn demütigend durch die schadenfrohen Gesichter der Städte und Dörfer, die dem Kurfürsten wegen seines evangelischen Glaubens nicht hold sind. Schauerlich, diese äußeren und mehr noch diese inneren Qualen, die der aufrechte und lautere Fürst erdulden muß. Wäre doch so ein Mann wie der Kaiser, der bei all seinen Schwächen und Irrtümern doch ein Großer ist, in all seinen Gedanken, Worten und Werken christlich durch und durch, welch ein anderes Gesicht und Wesen würde die Welt zeigen! Aber so? Als ob die Zeit sich wiederholte, wie sie im Buche Hiob beschworen worden ist: »Der Herr sprach zum Satan? »Siehe da, sie sei in deiner Hand. Da fuhr der Satan aus von dem Angesichte des Herrn und schlug sie mit bösen Schwären von der Fußsohle bis zum Scheitel.«

*

Da wir heimkehrten, fanden wir unseren Wolf Sieberger nicht mehr unter den Lebenden. Bald nach der Unterwerfung unserer Stadt ist unser getreuer Diener und Faktotum gestorben. Er konnte wohl nicht mehr bestehen ohne meines Doktors Liebe zu allen Schwachen und Geringen, ohne meine Betreuung und den kindlichen Umgang mit meinen

Kindern. Sein kleines Leben zerbrach in der Einsamkeit, das Leben eines unmündigen Sperlings, dem die Schwungfedern nicht gewachsen sind. Nie hat er fliegen können, aber mit seinem unbeholfenen Flattern hat er uns oft erheitert, und mit seiner einfältigen, doch groß gewachsenen Treue diente er uns im Maße, das ihm gegeben war. Wir vermissen ihn auf Schritt und Tritt.

*

Die kleinen Dinge meines Alltags ordnen sich wieder. Vieles geht schon bergauf. Freilich, ich gehöre jetzt zu den »armen Leuten«. Seide und pelzverbrämtes Gewand ist nicht mehr vorhanden. Und besäße ich noch solche Dinge, sie würden mich lächerlich machen. Als wollte ich den Menschen vorspielen, was für ein immer noch erhabenes Wesen ich sei. Zudem: Betteln habe ich nicht mehr nötig. Und das genügt.

Bald nach unserer Rückkehr versuchten wir, unseren Garten, unser Gütlein Zulsdorf und das Rittergut Wachsdorf wieder aufzubauen. Zumal Wachsdorf. Dort soll wieder gutes Vieh weiden. Aber da fehlt es nun allenthalben: Saatgut, Bäume, Ackergerät, Jungvieh. Manchmal fehlt auch Brot. Und Geld. Die letzten Kleinode mußte ich verkaufen. Ackergerät und Saatgut sind notwendiger.

Und sonst: Aus unseres Vaters Kleidung schneidere ich Sachen für die Kinder. Jaja, man wird ihnen ansehen, daß sie nicht junkern wollen noch können. Herr Brück fürchtete ja, nach unseres Vaters Tode gelüstete es unsere Jungen, auf Wachsdorf tüchtig zu junkern. Sie haben anderen Sinn.

*

Langsam gesundet die Hohe Schule. Wie zu des Doktors Martinus Zeiten wird sie nicht mehr blühen, trotz des Namens berühmter Professoren, die weiterhin hier lehren. Denn viele Studenten gehen jetzt nach Leipzig. Aus merkwürdigen Ursachen, wie ich hörte: Einige, weil unser festgehaltener Kurfürst sich seiner Universität nicht mehr annehmen kann. Andere hoffen, zu Leipzig bessere Aussichten für ihre Zukunft zu gewinnen, da der Ruhm Wittenbergs ein für alle Mal erloschen sei und also Leipzig in aller Welt als die beste Hohe Schule gepriesen werde. Schließlich fehlen auch jene nicht, die den Vorwurf fürchten, sie hätten ihre Weisheit von ketzerischen und dem Kaiser abholden Professoren empfangen. Schleunigst hängen sie ihr Fähnlein nach dem Winde: »Wir? Nein, wir sind nicht dabei gewesen. Viel mehr, da wir nun einmal genötigt waren, zu Wittenberg zu lernen, so haben wir doch leise und laut gegen diese ketzerischen Leute disputiert. Ihr Kurfürst war uns schon immer ein Dorn im Auge. Gott sei Dank, daß der Kaiser ihn an seinen Wagen gebunden hat!«

So ist das: Heute »Hosianna«, morgen »Kreuzige ihn!«

*

Trotzdem, immer noch kommen genügend Studenten nach Wittenberg, solche von vordem, und solche, die einen Mut haben und die in Mißachtung geratene Hohe Schule um ihres alten Ruhmes und um der alten Professoren willen lieben und aufsuchen.

So fragen denn mehr und mehr Studenten bei mir nach einer Bleibe, zumal nach so schweren Kriegszeiten und solchem Unglück der Stadt viele Bürger darauf bedacht sind, um schweres Geld eine Kammer zu vergeben. Ich fordere nicht mehr, als mein Doktor mir erlauben würde. Die Mahlzeiten sind bei mir wohlfeil zu haben wie sonst nirgendwo in der Stadt. Das hat sich schnell rundgeredet. Und so verdiene ich mit meiner Hände Arbeit meinen Kindern und mir ausreichendes Brot, darüber einiges, was Zulsdorf und Wachsdorf zugute kommen wird.

Mit meiner Gesundheit ist es nicht aufs Beste bestellt. Aber ich habe in vielen Jahren gelernt, Gebrechen und Schmerzen allein zu ertragen. Klagerei ist ein schlechter Arzt.

Maruschel steht mir getreu zur Seite. Wohl der Mutter, die in ihren alten Tagen auf eine solche Hilfe sich stützen kann!

Maruschel! Welch ein prächtiges Menschenkind! Gesund und sauber an Leib, Seele und Geist! Schön von Gestalt! Ich bin stolz auf mein und meines Doktors Töchterlein. Maruschel geht in ihr 18. Lebensjahr.

In unserem Kloster herrscht schon wieder strenge Zucht und Sitte des nicht mehr großen Gesindes und auch der Studenten. Alles muß nach dem Schlage der Uhr gehen. Bei Tische gedenken wir der Weisheit unseres Doktors. Dieser und jener erinnert sich eines ernsten oder lustigen Geschichtleins, eines klugen Wortes, einer ernsten Mahnung, Tröstung und Hoffnung. Und wenn den Tischgesellen das Wort ausgeht, gebe auch ich zum Besten, woran ich mich erinnern will, und dessen ist gar viel. Am Morgen und Abend versammeln wir die ganze Hausgemeinschaft, lesen vor Nacht aus dem Evangelium und Psalter und singen Lieder.

Nur mit der lieben Musica will's nicht mehr gelingen. Die ist fast stumm geworden, seitdem Martinus sein Instrument hat niederlegen müssen. Hie und da nur, wenn die Studenten übermütig werden, zupft einer an einer Viola, und der Chor singt eines der Lieder, die bei dem Volk der Studenten üblich sind. Aber die Musica, die kunstreiche und herrliche, wie wir sie früher an manchen Abenden hören konnten, die ist von uns gegangen.

Bei all den Aufgaben, Arbeiten und tagtäglichen Sorgen meines jetzigen Lebens fehlt es mir manchmal an Kraft, die Chronik vom Teppich meines Lebens weiter zu schreiben. Als müßte ich mich entschuldigen oder rechtfertigen, sage ich, von mir sei doch nichts mehr zu berichten, nachdem ich allein ohne meinen Doktor nichts weiter mehr sei als ein Baum, der seine Zeit längst vollbracht hat und nur noch warten muß, bis die Axt kommt. Gewiß, wenn ich's recht betrachte, hat mein Leben nur im Bunde mit Doktor Martinus einen Sinn gehabt. Oder muß ich sagen: Das zuerst, dann aber deine Kinder? Aber die Kinder gehören auch zum Teppich meines Lebens. So will ich nicht auf die Axt warten, sondern jede Stunde, die mir bleibt, für die Kinder leben und also auch weiterschreiben an dieser Chronik. Denen, die nach mir sein werden, möge sie Deutung sein, Mahnung, Trost, Freude! Ich selber jedoch bedarf des Zwiegespräches mit meinem Doktor. Gerade beim Schreiben wird er mir greifbar nahe. Er hört mich, er spricht zu mir. Auf diese Weise ist mir diese Chronik zu einer Kapelle geworden, in der ich neben meinem Doktor sitzen darf, Hand in Hand. Er lauscht mir, ich lausche ihm, im Angesicht des Gekreuzigten Herren Christus. Und, ich sehe es, ja, durch die Fenster schimmern die ewigen Sterne. Ist es bald an der Zeit, Martinus?

*

Die schwerste meiner Sorgen ist nun auch von mir genommen: Nun endlich hat unser Hans zu Königsberg die Examina der Hohen Schule bestanden. Ein schönes Zeugnis hat man ihm geschrieben. Damit darf er sich sehen lassen.

Wenn er nun heimkommt, der liebe Junge, und Doktor Cruziger gibt ihm die Elisabeth zu einer Ehefrau, so wird er mit ihrer Hilfe wohl auch die ihm so schwierigen Examina des Lebens bestehen. Ich möchte, er käme bald.

*

Die Pest!

Wieder einmal kriecht das Ungeheuer heran: Die Pest!

Daß doch Wittenberg verschont bliebe!

Wann jemals gab es eine Zeit so groß, so klein, so reich, so arm, so gut, so böse, so voller Leben, so voller Tod?

*

Die Pest! Sie ist da. Durch die Luft, über die Mauern. Gut, daß Hans noch nicht zurückkam von Königsberg. Dürfen wir bleiben? Müssen wir wiederum fliehen? Nicht um meinetwillen. Aber die Kinder!

Bei einer anderen Pestilenz sagte unser Vater: »Nun hab ich drei Pestilenzen ausgestanden. Bin auch bei etlichen gewesen, die sie gehabt, wie zum Exempel des Ratsherren Schadewald Sohn. Ich habe ihn angefaßt, aber es hat mir nichts geschadet. Gott Lob! Damals kam ich heim und griff meiner Margareta, die zur Zeit noch klein war, um das Maul mit ungewaschenen Händen. Aber ich hatt es wahrlich vergessen, sonst hätt ichs auch nicht getan. Denn es wäre Gott versucht.«

Schon liegt mir ein Student in meinem Kloster krank danieder. Andere fühlen sich bereits elend, sind wohl schon gezeichnet. Jetzt muß ich Wittenberg verlassen, muß!

Die Kinder raten nach Torgau. Auch unsere Hohe Schule ist nach Torgau gewichen.

In Gottes Namen!

Margareta Lutherin berichtet von der Flucht nach Torgau, von Krankheit, Sterben und Begräbnis ihrer Mutter.

TORGAU. Vier Wochen vor der heiligen Weihnacht 1552.

Ich, Margareta, des seligen Herrn Doktor Martinus Luther und seiner Hausfrau Katharina, geborenen von Bora Tochter und jüngstes Kind befolge hiermit den Befehl meiner lieben Mutter, diese Chronik weiterzuführen, bis die liebe Mutter wieder mit eigener Hand schreiben kann. Gott gebe es!

Da wir wegen der Pestilenz von Wittenberg weichen mußten, humpelte auf der arg zerschundenen Straße ein Kriegsknecht. Auf zwei Krücken sahen wir ihn uns entgegen auf Wittenberg zu humpeln. Ihm fehlte das eine Bein. Meine Mutter sagte: »Wohl noch einer von der Lochauer Heide?«

Da er näher kommt, meint sie ihn zu erkennen als einen Sohn jener Klara, des Eberhard Lorenz Hausfrau, die vor Jahren unnütze Worte gemacht und meinen Vater und Mutter geschmäht und gescholten und dafür 120 Gulden Buße hat zahlen müssen. Meine Mutter neigt sich ein wenig über die Planke des Wagens, dem Söldner ins Gesicht zu schauen, da er schon neben den Pferden humpelt. Da hält er an, starrt meiner Mutter ins Gesicht, hebt plötzlich die eine Krücke, fuchtelt damit, schreit und flucht so jämmerlich und furchtbar, daß die Pferde scheuen und durchgehen. Die liebe Mutter springt vom Wagen, die Zügel zu fassen, die durch den Schlamm schleifen. Aber sie schlägt in ein Loch, bleibt ohnmächtig liegen.

Wir trugen sie auf den Wagen, fuhren weiter gen Torgau. Unterwegs kam sie zu sich, schüttelte sich vor Kälte, sie war so durchnäßt, daß wir sie in Dekken und Stroh hüllten. Sie litt große Schmerzen, am Rücken und innen, klagte sie.

Zu Torgau fand sich eine barmherzige Frau, die uns aufnahm in ihr kleines Haus.

Der Arzt schüttelte bedenklich den Kopf, verschwieg aber mehr, als er wußte.

Seitdem ist es mit unserer lieben Mutter schnell bergab gegangen. Mit ihrem harten Willen versuchte sie bisweilen, das Bett zu verlassen. Aber ihre Kraft reichte kaum länger aus als eine halbe Stunde.

*

Ich bin in großer Sorge. Zumal Mutter in einer merkwürdigen, beängstigenden Unruhe mich drängt, niederzuschreiben.

Ich fragte unsere barmherzige Samariterin, was die Unruhe meiner Mutter wohl anzeige. Die nahm mich beiseite. Ich müsse doch längst gesehen haben, daß der Tod schon am Krankenbette stehe. Sie jedenfalls habe ihn gesehen, jeden Tag, von Anfang an. Es gebe keinen anderen Arzt als den, der am Grabe des Lazarus über den Tod geweint habe.

Die gute Frau! Wie sie besorgt ist um meine Mutter! Schafft ihr die besten Dinge herbei, legt ihr heiße Steine an die frierenden Füße, glühende Tücher unter das Kreuz, läuft zu Frauen, die Heiltümer haben könnten, betet über meine Mutter und fragt sie, was sie noch wünsche. Mutter wünscht nicht mehr viel: »Daß ich bald erlöst werde. Daß Gott meinen Kindern helfe. Daß Hans bald von Königsberg zurück sei.«

Aber die gute Samariterin sucht, wie sie helfen oder erfreuen könne. Wenn ihr etwas einfällt, macht sie einen Knoten in die lange, dünne Silberkette, die sie täglich trägt. Sie will nichts vergessen.

Soeben trat sie in unsere Stube. Irgendwo hat sie eine Christrose gefunden, die blüht um diese Zeit des heiligen Advent wunderbar weiß und gelb. Herzlich freut sich meine liebe Mutter. Sie hat die Zweiglein mit den weißen Blumen vor sich auf dem Bett, in gefalteten Händen. O Gott!

*

Auf Mutters Drängen hab ich Botschaft nach Königsberg geschickt. Hans muß kommen.

*

Das Folgende muß ich nach Mutters Willen und Wort niederschreiben: »Herr Gott, du hast den Teppich meines Lebens zu Ende geknüpft. All dein Wirken ist Barmherzigkeit gewesen.

Mit Danksagung will ich vor dein Angesicht treten.

Noch bedrücken mich zwei Sorgen: Meine Kinder, Herr, und deine Kirche.

Bewahre meine Kinder in der Liebe!

Deiner Kirche gib die Einheit im Namen ihres einigen Herren Jesus Christus! Nur so wird die Welt erkennen, daß du ihn gesandt hast.

Vergib uns unsere Schuld, wie wir vergeben unseren Schuldigern!

Meine Kinder, über allem haltet die Liebe! Sie ist das Band der Vollkommenheit. Wenn ihr etwas widereinander habt, so lasset eure Gabe am Altare liegen, gehet zu eurem Bruder, versöhnt euch mit ihm, dann kommt und opfert eure Gabe!

Noch wenige Schritte, so habe ich meines Lebens Zeit vollbracht, so gut ich vermochte. Euch aber ist aufgetragen, das Kommende zu bestehen. Es wird schwerer sein als meine und eures Vaters Vergangenheit. Könnten wir euch helfen!

Aber leset und glaubet des Sankt Paulus Gebet, Römer 15!

Das wird das Gebet eurer Eltern sein über euch.

Mit eurem Vater will ich es beten auch über die ganze Christenheit.

Wenn nun meine leiblichen Augen erblinden und mir aufgehen die geistigen Augen, so möge der Herr Gott mir den vollendeten Teppich meines Lebens hinhalten! Dann will ich sprechen: ›Ja, Herr Gott, ja! Zu allem sage ich Ja und Amen.‹«

Bis hierhin schrieb ich nach, was meine Mutter sagte, nein, betete. Danach rief sie mich zu sich: »Wir müßten singen: Allein Gott in der Höh sei Ehr und Dank für seine Gnade. Aber die Stimme tuts nicht mehr. Maruschel, wie wars so schön, damals, im Schwarzen Kloster! Wie wir da mit unserem Vater sangen! Jetzt hol mir den Pfarrer! Ich will Abendmahl halten mit dem Herrn Christus.«

*

Mutter hat Abendmahl gehalten. Dabei war sie so streng anzusehen, erschreckend ernst. Sie war immer streng und ernst, wenn sie vom Abendmahle kam. Hier auf ihrem Krankenbett erkannte ich es deutlicher. Ich fragte: »Warum seid Ihr so streng und ernst, Mutter?« Sie antwortete: »Weil uns das Abendmahl in die vergebende, tröstliche, auch gefährliche Nähe des Herrn Christus bringt. Und jetzt ... ich scheue mich, es zu sagen, aber es ist so: Ich bin ihm sehr nahe. Es ist die Stunde, da die Geheimnisse sich lüften. Da ist nicht mehr Sakrament, da ist Licht, Wirklichkeit. Maruschel, frag mich nichts mehr! Ich muß still und allein sein.«

Plötzlich wachte meine liebe Mutter auf, wie aus dem Schlafe. Aber ich sah wohl, daß sie nur die Augen geschlossen hielt. Nun öffnete sie ihre Augen, schaut um sich, fragt sehr leise: »Kommt Hans?« Ich konnte nicht ja sagen. »Bald, Mutter.«

Wir haben den Pfarrer nochmals gerufen. Wir standen bei unserer Mutter. Wir beteten leise.

Mutter bewegte die Lippen, wir hörten nur den Atem.

Der Pfarrer sagte sehr behutsam, in einer traurigen, aber ruhigen und sicheren Weise: »Frau Lutherin, glaubt Ihr wie Euer seliger Doktor Martinus geglaubt hat?«

Sie antwortete, kaum vernehmbar: »Ja, Herr Christus.«

Hans ist noch nicht gekommen.

Den 21. Dezember 1552.

Gestern hat unsere liebe Mutter Seele und Geist ohne Kampf mit dem Tod aufgegeben dahin, woher sie gekommen ist.

Aus ihrem Dahindämmern plötzlich aufwachend

zu hellem Bewußtsein hob sie eine Hand, uns nahe zu sich zu winken.

Sah uns an. Fragte noch einmal: »Hans?« Da wir betrübt schwiegen, flüsterte sie: »Liebe Kinder ... Wir müssen warten ... Amen.«

Und schloß die Augen.

*

Noch muß ich berichten, daß die Gemeinde und Stadt Torgau unsere selige Mutter mit großen Ehren zu ihrer letzten Ruhestatt geleitet hat. Da ist sie nicht mehr der armselige, kleine Flüchtling gewesen. Da war sie unseres seligen Vaters Doktor Martinus ehrenvolle Ehegemahlin.

Auch will ich berichten, daß Herr Magister Melanchthon zu Wittenberg den Tod der Frau Lutherin durch einen Anschlag am schwarzen Brett der Hohen Schule meldete und sagte darin:

»Als der Krieg ausbrach, irrte sie mit ihren verwaisten Kindern im Elend umher, unter sehr großen Beschwerden und Gefahren. Und außer den Übelständen, die für eine Witwe vielfältig sind, erfuhr sie auch großen Undank von vielen, von denen sie wegen der überaus großen öffentlichen Verdienste ihres Gemahls um die Kirche Wohltaten erhoffte, aber in schändlicher Weise enttäuscht wurde.«

Durch diese Worte des Herrn Magisters ermahnt, eilten viele Studenten nach Torgau, unserer seligen Mutter, der Hausfrau ihres Professors Luther, Dank und Ehrung zu erweisen. Unter ihnen sahen wir eine große Schar derer, die bei uns im Schwarzen Kloster Heim und Unterhalt gefunden haben.

Sobald die Umstände es erlauben, werden wir auf das Grab unserer lieben Mutter in der Marienkirche zu Torgau ein Epitaphium setzen, darauf sie in ihrer irdischen Gestalt gesehen werden mag.

Wer dann an ihrem Grabe steht, bedarf nur, daß er die Inschrift des Epitaphiums lese, so wird er wissen, von welch einer Frau ihm der Tag gemeldet wird, an dem der Teppich ihres Lebens sich vollendete:

Anno 1552 den 20. Dezember ist in Gott selig
entschlafen allhier zu Torgau
Herrn Doktor Martinus Luthers seligen
hinterlassene Witwe
Katharina von Bora.

»Was aber zuvor geschrieben ist, das ist uns zur Lehre geschrieben, auf daß wir durch Geduld und Trost der Schrift Hoffnung haben.

Der Gott aber der Geduld und des Trostes gebe euch, daß ihr einerlei gesinnt seid untereinander nach Jesu Christo, auf daß ihr einmütig mit einem Munde lobet Gott und den Vater unseres Herrn Jesu Christi.

Darum nehmet euch untereinander auf, gleich wie Christus euch hat aufgenommen zu Gottes Lobe.

Ich weiß aber gar wohl von euch, liebe Brüder, daß ihr selber voll Gütigkeit seid, erfüllt mit aller Erkenntnis, daß ihr euch untereinander könnt ermahnen.

Ich habe es aber dennoch gewagt und euch etwas wollen schreiben, liebe Brüder, euch zu erinnern um der Gnade willen, die mir von Gott gegeben ist.«

Römer 15.